Die Geburtsstunde der Lügenpresse

Peter Mersch

DIE GEBURTSSTUNDE DER LÜGENPRESSE

Der Fall Eva Herman

OSIRIS Verlag

1. Auflage März 2019

Umschlaggestaltung, Satz und Layout: Luna Design KG

ISBN: 978-3-947397-14-3

Dieser Titel ist auch als eBook erhältlich, ISBN (eBook): 978-3-947397-15-0

Gerne senden wir Ihnen unser Verlagsverzeichnis:
OSIRIS-Verlag
Marktplatz 10
D-94513 Schönberg
Email: info@osirisbuch.de
Tel.: (08554) 844
Fax: (08554) 942894

Unser Buch- und DVD-Angebot finden Sie auch im Internet unter:
www.osirisbuch.de

INHALTSVERZEICHNIS

EINFÜHRUNG

Der Fall Eva Herman gehört zweifellos zu den größten Medienskandalen der Nachkriegsgeschichte. Unmittelbarer Auslöser war eine Äußerung der ehemaligen Sprecherin der Tagesschau zur fehlenden „Wertschätzung der Mutter" durch die 68er, die sie am 6. September 2007 auf einer Pressekonferenz anlässlich der Veröffentlichung ihres Buches *Das Prinzip Arche Noah*[1] getätigt hatte. Eine einzelne Journalistin legte ihre Worte als Lob für die Wertschätzung der Mutter durch die Nationalsozialisten aus, eine Interpretation, der sich praktisch die gesamte Presse und schließlich auch der Bundesgerichtshof anschlossen.

Das vorliegende Buch analysiert die Äußerungen Eva Hermans auf ihrer damaligen Pressekonferenz im Kontext des finalen Urteils des Bundesgerichtshofs, der Medienlandschaft, der Gleichberechtigung der Geschlechter und des Anliegens der 68er-Generation und kommt zu dem Schluss, dass der ehemaligen Tagesschau-Sprecherin sowohl von der Presse als auch der Judikative schwerstes Unrecht zugefügt worden ist. Sie ist im Grunde das Opfer einer öffentlich geführten Mobbingattacke geworden.

Ermöglicht wurde dies durch eine Medienlandschaft, der es längst an Vielfalt in der veröffentlichten Meinung mangelt. Dazu gehört, dass sich ein überragender Anteil aller Journalisten der linken Sache verbunden fühlt, während kaum jemand mehr dem bürgerlichen Lager zugeneigt ist[2]. Gemäß einer Studie verteilen sich die politischen Standpunkte unter den Journalisten ganz anders und vor allem auch viel einseitiger als in der deutschen Bevölkerung. Während linke Meinungsmacher gerne von sozialer Vielfalt und Buntheit schwärmen, ist etwas Entsprechendes bei den politischen Standpunkten von Journalisten und der veröffentlichten Meinung eben gerade nicht gegeben. Dies hat längst zu einem Verlust an demokratischer Qualität geführt. Im Fall Eva Herman drückte sich dies unter anderem darin aus, dass sie – anders als in der Bevölkerung – in den sogenannten Qualitätsmedien keinen einzigen ernsthaften Fürsprecher besaß, der frühzeitig und energisch darauf hinwies, dass bevor die von ihr auf der Arche Noah-Pressekonferenz gesprochenen Sätze nicht wortgetreu vorliegen, überhaupt nichts zur Sache gesagt oder geschrieben werden könne.

Eine eingehende Analyse des Falls Eva Herman zeigt, dass der beschriebene „Gleichschaltungsprozess“ [3] der veröffentlichten Meinungen in den Medien selbst erfolgt, indem klassische bürgerliche Standpunkte zunehmend als nicht länger zulässig (politisch inkorrekt), „rechts“ oder gar „nationalsozialistisch“ bezeichnet und deren Vertreter öffentlich diskreditiert beziehungsweise ausgegrenzt werden. Insoweit könnte der Fall Eva Herman auch als Blaupause für den heutigen Kampf der politischen Linken gegen „rechts“ verstanden werden, der in Wahrheit die bürgerliche Mitte zum Ziel hat.

In den Medien wird all dies meist genau andersherum dargestellt, etwa so, wie es der Medienwissenschaftler Bernhard Pörksen noch am 05.01.2015 im SPIEGEL unter dem vielsagenden Titel „Der Hass der Bescheidwisser. Die aktuellen Attacken von Verschwörungstheoretikern bedrohen den Journalismus“ formuliert hat [4]:

> Die Idee einer Medienverschwörung – die ideologisch verschärfte Spielform einer ohnehin verbreiteten Medienverdrossenheit – ist momentan schwer in Mode. (…) Man entdeckt sie in den Videos der geschassten Moderatoren Eva Herman und Ken Jebsen, dem Umfeld des Rechtspopulisten Jürgen Elsässer oder den Veröffentlichungen von Udo Ulfkotte, Autor des Verschwörungsbuchs „Gekaufte Journalisten“, das sich seit Wochen auf den Bestsellerlisten hält.

Gemäß einer solchen Sicht sind die Medien das Opfer, während Eva Herman als Angreiferin beziehungsweise Täterin den Medien in unzutreffender und unzulässiger Weise vorgeworfen hat, eine Verschwörung gegen sie geführt zu haben. Ähnliches gilt für die Verwendung des Wortes „Lügenpresse“, das für *Reporter ohne Grenzen* eine pauschale Verunglimpfung der Medien darstellt [5].

Dabei hatte Eva Herman in den Jahren 2006 und 2007 lediglich eine völlig legitime eigene Meinung kundgetan. Dennoch ist ihr von praktisch der gesamten Medienlandschaft fälschlicherweise ein Nazi-Lob und eine gedankliche Nähe zu den Ideologien des Dritten Reichs unterstellt worden.

Mich selbst hatten die Vorgänge während des Eva Herman-Skandals zutiefst betroffen gemacht. Unter anderem verlor ich jegliches Vertrauen in die Arbeit der sogenannten Qualitätsmedien. Wenn es nicht möglich war, selbst renommierten

Journalisten zu vermitteln, dass ein einfacher, in freier Rede gesprochener Dreizeiler kein Nazi-Lob enthält, welchen Grund sollte es dann geben, ihren sonstigen Nachrichten und Berichten zu vertrauen? Und warum hatte damals nicht wenigstens ein einziger namhafter Journalist energisch darauf hingewiesen, dass sich Eva Hermans Worte auf die Epoche der 68er bezogen haben und allein deshalb schon vom zeitlichen Kontext her kein Nazi-Lob sein konnten?

Verschwörung hin oder her, für mich existieren in der konkreten Angelegenheit im Grunde nur zwei Möglichkeiten: Entweder wird die damals zu Unrecht beschuldigte Eva Herman seitens der Medien nachträglich vollständig rehabilitiert, oder die Medien müssen sich den Vorwurf der Lügenpresse weiterhin gefallen lassen.

Ich bin übrigens selbst ein ehemaliger 68er. Als ich die von Eva Herman auf ihrer Arche Noah-Pressekonferenz ursprünglich gesprochenen Worte in der legendären Kerner-Sendung zum ersten Mal unverfälscht zu Gesicht bekam, verstand ich sie sofort: Sie hatte nicht die „Wertschätzung der Mutter" durch die Nationalsozialisten gelobt, sondern die fehlenden Familienwerte bei den 68ern und den Nationalsozialisten bemängelt. Aus der Wort für Wort-Analyse des Kapitels *Was Eva Herman wirklich sagte* geht dies unmittelbar hervor.

In meiner Studienzeit (Beginn 1968) gehörte ich von Anfang an der Studentenbewegung an. Bereits im zweiten Semester saß ich für eine linke Fachschaftsgruppe im Studentenparlament. Neben meinem Mathematikstudium, bei dem ich mich frühzeitig für die Grundlagen der Mathematik (mathematische Logik etc.) interessierte, beschäftigte ich mich auch eingehend mit den damals angesagten theoretischen Werken (Herbert Marcuse, Max Horkheimer etc.) und Zielen der 68er-Bewegung. Nebenbei besuchte ich Seminare an der philosophischen Fakultät. Als Mathematiker und Naturwissenschaftler interessierte ich mich unter anderem für die Frage, was eine bestimmte naturwissenschaftliche Theorie wie die Relativitätstheorie gegenüber einer alternativen Theorie (wie die klassische Mechanik) oder dem reinen Glauben auszeichnet. Bei meinen Forschungsbemühungen stieß ich frühzeitig auf das Buch *Die Logik der Forschung*[6] des österreichisch-britischen Philosophen Karl Popper, das mich als Naturwissenschaftler zutiefst beeindruckte und beeinflusste, und dessen *Falsifikationsprinzip*[7] mir – auch aufgrund meiner Kenntnisse in mathematischer Logik – unmittelbar einleuchtete. Allerdings wusste ich zum damaligen Zeitpunkt noch nicht, dass Popper einer der großen Gegenspieler Max Horkheimers (einer der wichtigsten Theoretiker der 68er-Bewegung) im Positivismusstreit über Werturteile in den Sozialwissenschaften war.

Als Mathematiker war mir bekannt, dass bei einfachen logischen Schlussfolgerungen gewissermaßen eine Asymmetrie besteht. Beispielsweise würde aus dem fiktiven Naturgesetz „wenn es regnet, dann wird die Straße nass" und der Beobachtung einer trockenen Straße unmittelbar folgen, dass es zurzeit nicht regnen kann. Regnet es dennoch, dann wäre das fiktive Naturgesetz bereits widerlegt („falsifiziert"). Ist die Straße hingegen nass, dann folgt daraus rein logisch noch gar nichts, weder dass es regnet noch das es nicht regnet. Die Straße könnte auch nass sein, weil gerade ein Hydrant geplatzt ist.

In einem im Laufe meines Studiums besuchten wissenschaftstheoretischen Seminar an der philosophischen Fakultät kam auch das Poppersche Falsifikationsprinzip zur Sprache. Vielleicht sollte ich genauer sagen: Es wurde dort in hämischen Worten durch den Kakao gezogen. Ich meldete mich deshalb zu Wort und sagte: „Aber in diesem Punkt hat Popper doch recht, allein schon wegen der Asymmetrie in den logischen Schlussfolgerungen." Mein Einwand löste unter den zahlreich anwesenden damaligen – überwiegend an der philosophischen Fakultät studierenden – Wortführern der Studentenbewegung größte Empörung aus. Fast inquisitorisch fragten mich gleich mehrere Studierende: „Bist du etwa ein Popper-Fan?" Renegat war schon immer ein gern gemachter Vorwurf innerhalb der politischen Linken.

Es kam mir so vor, als sei ich in irgendeine Sekte hineingeraten. Mit Wissenschaft hatte das jedenfalls nichts zu tun. Ich beschloss, mich ganz auf mein Studium zu konzentrieren und mich aus der Studentenbewegung „aus zeitlichen Gründen" zu verabschieden.

In Anbetracht des Eva Herman-Falls und einiger ähnlich gelagerter Fälle ist zu vermuten, dass sich ein Großteil der Vertreter der politischen Linken und des

Gleichheitsfeminismus auch heute noch zu den oben beschriebenen Methoden zur Einschränkung der Meinungsfreiheit und zur Schaffung eines Bündels vermeintlich korrekter Ansichten („politische Korrektheit") bekennt, denn all dies hat den öffentlichen Diskurs längst durchdrungen – mit einer bedeutsamen Beteiligung der Medien.

Ein wesentliches Merkmal eines solchen, durch die Medien stark beeinflussten Debattenstils, ist, dass bei abweichenden (nicht politisch korrekten) Ansichten auch stets die Person angegriffen wird. Es ist im gesellschaftlichen Diskurs heute kaum mehr möglich zu sagen: „In diesem Punkt hat Thilo Sarrazin meines Erachtens recht, in einem anderen aber nicht." Man ist entweder für oder gegen Sarrazin, tertium non datur – ein Drittes gibt es nicht[8]. Es wird also nicht einer bestimmten Ansicht von Thilo Sarrazin zugestimmt und ihm in einem anderen Kontext widersprochen, sondern man ist für oder gegen die Person Thilo Sarrazin. Am Beispiel des Eva Herman-Falls werde ich exemplarisch aufzeigen, welche zutiefst undemokratischen, inhumanen und unethischen Konsequenzen ein solches Verhalten hat.

Allerdings hatte sich Eva Herman in ihrer damaligen Arche Noah-Pressekonferenz meiner Meinung nach die falsche Zielgruppe für ihre Schelte ausgesucht. Für viel bedeutsamer für den desolaten Zustand der aktuellen deutschen Familien- und Nachwuchssituation als die „68er" halte ich den sogenannten Gleichheitsfeminismus. Wenn es eine fehlende „Wertschätzung der Mutter" zu bemängeln gibt, dann eher im Gleichheitsfeminismus als bei den 68ern. Was genau ist aber der Gleichheitsfeminismus?

Gemäß Alice Schwarzer gliedert sich die Frauenbewegung in zwei grundsätzlich verschiedene Lager[9]:

> Die eine Strömung, das sind die Antibiologistinnen, genannt die Radikalen bzw. Universalistinnen bzw. Gleichheitsfeministinnen. Sie gehen von einer grundsätzlichen Gleichheit der Menschen und damit auch der Geschlechter aus. Nicht der biologische Unterschied, sondern die sozialen, ökonomischen und politischen Unterschiede sind für sie

die Ursache der heutigen Differenz zwischen den Geschlechtern. In dieser Tradition stehen (...) alle AutorInnen dieses Buches.

Die andere Strömung beruft sich auf den Unterschied der Geschlechter, auf die Differenz. Die Differenzialistinnen halten den Unterschied zwischen Frauen und Männern für unabänderlich; sei es, dass er naturgegeben oder aber, dass er irreversibel geprägt, also quasi genetisch verankert sei. Sie sind für „Gleichberechtigung", aber gegen „Gleichheit" und wollen den bestehenden Unterschied nicht aufheben, sondern umwerten.

Unter den Autorinnen des von Alice Schwarzer herausgegebenen Buchs gehört unter anderem die ehemalige Bundesfamilienministerin (1985-1988) Rita Süssmuth [10]. Auch sie bekennt sich demnach zum Gleichheitsfeminismus gemäß Alice Schwarzers Definition. Alice Schwarzer bezeichnet ihn synonym als antibiologistischen Feminismus. Tatsächlich ist er gemäß Definition jedoch antibiologisch. Er ignoriert jegliche Erkenntnisse der Naturwissenschaften. Er könnte deshalb auch als realitätsferner Feminismus bezeichnet werden. Wer annimmt, dass in einer Gesellschaft, die wesentlich von ihren Ingenieursleistungen lebt, naturwissenschaftliche Erkenntnisse ignoriert werden könnten, bewegt sich letztlich in einer realitätsfernen Parallelwelt.

Während Eva Herman von der Autorin Thea Dorn aufgrund ihrer skeptischen Aussagen zu einem schrankenlosen Individualismus kritisiert und in die Nähe der Ideologien des Dritten Reichs gerückt wurde, zweifelt der auf der soziologischen *Gleichheitsideologie* beruhende antibiologistische Feminismus gemäß Alice Schwarzer jegliche echte Individualität an. Eine Grundannahme der *Gleichheitsideologie* ist nämlich, dass die individuellen Unterschiede zwischen Menschen (fast) ausschließlich auf sozialen, ökonomischen und politischen Unterschieden beruhen. Eine solche Sicht ist letztlich menschenverachtend. Und sie steht im Widerspruch zur Evolutionstheorie und zu grundsätzlichen Erkenntnissen der Biologie und der Entwicklungspsychologie.

Beispielsweise ist in unserer Gesellschaft zu beobachten, dass an den Schulen im Mittel eher das weibliche Geschlecht Vorteile besitzt, an den Universitäten und bei der Besetzung von leitenden Positionen hingegen das männliche. Die Erklärung des Gleichheitsfeminismus für die späteren männlichen Vorteile (nicht aber der frühen weiblichen Vorteile an den Schulen) sieht die Ursachen ausschließlich in sozialen, ökonomischen und politischen Unterschieden (ohne diese konkret benennen zu können).

Ein entscheidender – wenn nicht gar der alles entscheidende – Grund für das beobachtbare Phänomen dürfte jedoch in der größeren Varianz der männlichen Intelligenzverteilung im Vergleich zur weiblichen (und auch einiger sonstiger Merkmale) liegen [11] [12] [13] [14] [15]. Beispielsweise ergab ein Test unter 2.500 Geschwistern, dass sich unter den „klügsten" und „dümmsten" zwei Prozent einer Bevölkerung doppelt so viele Männer wie Frauen befinden [16] . Gemäß anderen Untersuchungen [17] [18] haben doppelt so viele Männer wie Frauen einen IQ oberhalb von 125 Punkten. Ab einem IQ von 155 soll auf 5,5 Männer durchschnittlich nur noch eine Frau kommen [19].

Ähnliches gilt für sehr niedrige IQs, auch dabei dominieren die Männer zahlenmäßig deutlich, und zwar je niedriger der IQ ist, desto ausgeprägter. Kurz: Männer sind sowohl dümmer als auch klüger als Frauen [20].

Hinzu kommt, dass Männer häufiger als Frauen von genetischen Mutationen betroffen sind, was möglicherweise auf die männliche XY-Chromosomen-Asymmetrie zurückzuführen ist [21]. Beispielsweise sind durchschnittlich sechs von sieben Inselbegabten [22] (Savants) Männer. Der Savant *Kim Peek* [23], der das Vorbild für die Figur des autistischen Raymond Babbitt im 1988 erschienenen Film *Rain Man* [24] war, verfügte zwar über außergewöhnliche geistige Fähigkeiten, die sich auf ein gegenüber Vergleichspersonen völlig anders strukturiertes Gehirn zurückführen lassen, gleichzeitig war er aber auch geistig behindert. Die meisten Mutationen dieser Art wirken sich nämlich in der Summe eher unvorteilhaft aus. Dennoch kann der Natur dabei gelegentlich ein „Volltreffer" gelingen. So behauptet der Hirnforscher Michael Fitzgerald etwa, selbst bei Genies wie Einstein, Newton, Beethoven oder Mozart habe eine mehr oder weniger starke Ausprägung von Autismus vorgelegen [25].

All dies kann erklären, warum es bei Männern im Vergleich zu Frauen anteilsmäßig sowohl mehr geistig behinderte Personen als auch Genies gibt.

Eine solche biologische, durch empirische Beobachtungen als auch evolutionstheoretische Überlegungen [26] bestens gestützte Erklärung wird vom „antibiologistischen“ (in Wahrheit „antibiologischen“) Gleichheitsfeminismus jedoch abgelehnt und in der öffentlichen Debatte diskreditiert. Die Folge ist: Statistische Unterschiede bei der Erlangung von sozialen Erfolgspositionen zugunsten des männlichen Geschlechts werden als „unfair erworben“ diffamiert und oftmals durch Frauenquoten auf verordnete Weise ausgeglichen. Dass die beschriebenen Unterschiede jedoch gleichfalls im gesamten Leistungssport (einschließlich Schachsport) in oftmals noch wesentlich deutlicherer Form zutage treten und deshalb einen eigenen Frauensport erforderlich machen [27], wird durch systematisches Totschweigen des Sachverhalts ignoriert.

Mit dem bislang Gesagten wurde übrigens keineswegs behauptet, dass Frauen keine Nobelpreisträger für Physik, keine Fields-Medaillen-Träger für Mathematik werden oder sonst wie überragende geistige Leistungen vollbringen könnten. Der aktuelle Stand der Wissenschaften lässt jedoch erwarten, dass ihnen das bereits aus natürlichen/biologischen Gründen anteilsmäßig seltener als Männern gelingen wird. Und dass ein zukünftiger Isaac Newton oder Albert Einstein mit hoher Wahrscheinlichkeit ebenfalls wieder männlich sein wird.

Auch wurden keine rassistischen Aussagen getroffen, etwa der Art, dass nur Menschen mit weißer Hautfarbe über bestimmte geistige Fähigkeiten verfügen könnten. Darum ging es auch bei Thilo Sarrazins Aussagen zur Teilerblichkeit von individuellen menschlichen Intelligenzunterschieden nicht, obwohl ihm das oft und gerne unterstellt wurde. Wesentlich bleibt jedoch die bereits dem Volksmund bekannte Weisheit, dass Eltern auch einen Teil ihrer natürlichen Potenziale (ihrer natürlichen Individualität) an ihre Kinder weitergeben, und ihnen damit eine echte eigene, natürliche und nicht durch staatliche Maßnahmen beeinflussbare Individualität mit auf den Lebensweg geben. Wenn es in der Öffentlichkeit aber angesichts der Tatsache, dass akademisch ausgebildete Eltern in unserer Gesellschaft anteilsmäßig deutlich häufiger akademisch ausgebildete Kinder hervorbringen als Nichtakademiker, sinngemäß heißt [28], „dass gute Hochschulbildung ein Privileg der höheren Schichten bleibe und akademische Abschlüsse weiterhin von Generation zu Generation vererbt werden“, dann wird den Menschen eine solche natürliche Individualität generell abgesprochen. Dann ist unsere Gesellschaft beim Menschenbild vorstellungsmäßig im Kommunismus angekommen.

Vor exakt dem gleichen Hintergrund argumentieren sowohl Gleichheitsideologie als auch Gleichheitsfeminismus (siehe die obige Definition Alice Schwarzers): Sie bezweifeln jegliche, auf biologischen Unterschieden beruhende menschliche Individualität. Sind dennoch statistische Unterschiede bei der Erlangung von Erfolgspositionen zu beobachten, so sind sie – den Gleichheitsideologen zufolge – konsequenterweise durch Zwangsmaßnahmen (insbesondere Frauenquoten) auszugleichen, da die Privilegien offenkundig „unfair" erworben wurden.

Es gäbe demnach deutlich mehr Gründe, die Gleichheitsideologie aus humanen oder moralischen Gründen abzulehnen, als etwa Eva Hermans skeptische Äußerungen gegenüber einem schrankenlosen Individualismus. Zumal auf der Gleichheitsideologie eines der größten Verbrechen der Menschheitsgeschichte beruhte: das Wirken der maoistischen *Roten Khmer* (Pol-Pot-Regime) in Kambodscha, über das es auf Wikipedia heißt[29]:

> Den kommunistischen Ideen hing Pol Pot schon als junger Mann an und trat mit 18 Jahren in die Kommunistische Partei Kambodschas ein und wenig später, als Student in Paris, in die Kommunistische Partei Frankreichs. Die Ursachen für die Armut Kambodschas sah er (...) gerade im Unterschied von Stadt und Land. Also glaubte er, das Bauerntum stärken und alles Städtische zerstören zu müssen. (...)
>
> Die sofortige Deportation der Stadtbevölkerung auf die Reisfelder des Landes verwandelte das zuvor über zwei Millionen Einwohner zählende Phnom Penh binnen weniger Tage in eine Geisterstadt, ebenso wurden die Provinzhauptstädte entvölkert. Auf diesem „langen Marsch", der bis zu einem Monat dauerte, starben tausende Menschen (insbesondere Ältere und Kinder) aufgrund der Strapazen.
>
> Bald war jeder Überlebende zum Arbeiter gewandelt und gezwungen, eine schwarze Einheitskleidung zu tragen, die jede Individualität beseitigen sollte. Die Sprecher der Roten Khmer verkündeten den Beginn eines neuen revolutionären Zeitalters, in dem jede Form der Unterdrückung und der Gewaltherrschaft abgeschafft sei. (…)

Die „Bourgeoisie" wurde „abgeschafft", und um ein „Bourgeois" zu sein, reichte es oft, lesen oder eine Fremdsprache (vor allem Französisch) sprechen zu können. Unter der Diktatur der Roten Khmer wurden massenhaft Oppositionelle wie Monarchisten und Anhänger des LonNol-Regimes und deren Ehegatten und Kinder getötet, aber auch jene Kommunisten, die kurz vor der Machtübernahme aus Vietnam nach Kambodscha zurückgekehrt waren.

Während der vierjährigen Schreckensherrschaft wurden schätzungsweise 1,7 bis 2,2 Millionen Menschen in Todeslagern umgebracht oder kamen bei der Zwangsarbeit auf den Reisfeldern ums Leben (bei einer Gesamtbevölkerung von etwas mehr als sieben Millionen, was einem Viertel bis über 30 % entspricht). Im berüchtigten „Sicherheitsgefängnis 21" in Phnom Penh, das unter der Leitung des unter seinem Pseudonym „Duch" (…) bekannten Kaing Guek Eav stand, überlebten sieben von insgesamt 15.000 bis 30.000 Gefangenen. Wer dort nicht an der Folter starb, wurde auf den Killing Fields vor den Toren der Stadt umgebracht.

Die Massensäuberung wird auch als Autogenozid bezeichnet, da die Vernichtungsmaßnahmen der Regierung auf das eigene Staatsvolk zielten. Ebenfalls von Massenmorden betroffen waren Angehörige der vietnamesischen Minderheit, der indigenen muslimischen Cham und der Bergvölker. Die Rechte dieser und anderer Ethnien wurden vom Pol-Pot-Regime grundsätzlich ignoriert und missachtet.

Folgt man Alice Schwarzers Definition des Gleichheitsfeminismus, dann handelt es sich bei ihm um Feminismus plus *Gleichheitsideologie* und damit letztlich um Feminismus plus Kommunismus. Der weitaus größte Teil des Feminismus bekennt sich heute zum wissenschaftlich unhaltbaren Gleichheitsfeminismus und nicht etwa zum Differenzfeminismus, den ich für die einzige wissenschaftlich haltbare Form des Feminismus halte. Es ist mir ehrlich gesagt schleierhaft, wie eine den reproduktiven Bereich unserer Gesellschaft (Familie, Kinder etc.) maßgeblich bestimmende „kommunistische" *Gleichheitsideologie* mit einer ansonsten marktwirtschaftlich organisierten Gesellschaft (Wirtschaft etc.) zusammenpassen soll. Viele Menschen in Politik, Wissenschaft, Wirtschaft und Medien scheinen sich des Problems nicht einmal ansatzweise bewusst zu sein. Oder es ist ihnen im Grunde zu abstrakt und womöglich auch „zu hoch", sodass sie lieber dazu schweigen.

Wenn Sie mir als Mathematiker und Atheisten die beiden Fragen stellen würden, ob ich es für möglich halte, dass die Welt von Gott geschaffen wurde (wie es religiöse Menschen glauben), oder dass die sozialen, ökonomischen und politischen (und nicht die biologischen) Unterschiede die fast alleinige Ursache der heutigen Differenz zwischen den Geschlechtern und Menschen sind (wie es der Gleichheitsfeminismus beziehungsweise die Gleichheitsideologie annehmen), dann würde ich Ihnen antworten, dass ich die Gotteshypothese natürlich nicht vollkommen verwerfen kann (anders gesagt: ich weiß es nicht, ein göttlicher Schöpfer kommt in meinem Weltbild lediglich nicht vor), dass die Grundannahme des Gleichheitsfeminismus für mich jedoch genauso albern und haltlos ist wie die Vorstellung vom Mann im Mond. Das Erschreckende ist nun aber, dass Menschen, die an solch krude und wissenschaftlich unhaltbare Hypothesen wie die Gleichheitsideologie glauben, in unserer Gesellschaft maßgeblich das Sagen haben und das öffentliche Denken bestimmen.

Am Fall Eva Herman lässt sich nachweisen, dass die Attacken gegen sie schon lange vor ihrer angeblich problematischen Äußerung auf der Arche Noah-Pressekonferenz vorangetrieben wurden. Die vermeintliche Nähe ihrer Thesen zu Nazi-Gedankengut wurde nämlich schon sehr frühzeitig konstruiert, und zwar nicht von den 68ern, sondern von Gleichheitsfeministinnen. Besonders hervorgetan hatten sich in diesem Zusammenhang Alice Schwarzer und die Autorin Thea Dorn. Sie konnten ihre Attacken auf etablierten Mainstream-Medien ausüben, ohne jemals dafür kritisiert zu werden.

Mit anderen Worten: Die kruden, unbelegten und wissenschaftlich nicht haltbaren Standpunkte des Gleichheitsfeminismus werden in unserer Gesellschaft vielfach auf undemokratische Weise durchgesetzt. Gegen Kritik, die den Interessen des Gleichheitsfeminismus zuwiderläuft, wird nicht selten mit systematischem Mobbing und mit Nazi-Begriffen und Ausgrenzung vorgegangen. Wie grotesk das am Ende ist, zeigt ein Vergleich der familienpolitischen und frauenemanzipatorischen Thesen Eva Hermans, so wie sie in ihren Büchern *Das Eva-Prinzip*[30] und *Das Prinzip Arche Noah*[31] vorgetragen wurden, mit den entsprechenden Vorgaben des Korans und des Islam, die in unserer Gesellschaft aus anderen Gründen als schützenswert angesehen werden. Wie im Laufe des Buches noch gezeigt wird, kann der

Gleichheitsfeminismus in einem gewissen Sinne als der Steigbügelhalter einer islamischen Einwanderung angesehen werden.

Wie die Diskreditierung und Nazifizierung des politischen Gegners in der Praxis vonstattengeht, kann am Beispiel der Kerner-Show vom 09.10.2007 demonstriert werden, in der Johannes B. Kerner die ehemalige Tagesschaumoderatorin Eva Herman unvermittelt mit den folgenden Sätzen konfrontierte[32]:

> Ich möchte nur vorher (...) zwei Zitate miteinander vergleichen. Und zwar lautet das eine: „Die Forderung der heutigen Frauenemanzipation wurde im Namen eines schrankenlosen Individualismus erhoben". Das ist das eine Zitat! Das zweite Zitat heißt: „Das Hohelied des Individualismus hat längst seinen verführerischen Klang verloren, doch mittlerweile haben sich reichlich Gründe erschlossen, warum man sich von dieser gefährlichen Vorstellung befreien sollte"! Das klingt vergleichsweise ähnlich. Das eine ist aus deinem ersten Buch und das andere ist von Alfred Rosenberg aus dem Buch „Mythos des 20. Jahrhunderts" von 1930, das war der Chefideologe der deutschen Nationalsozialisten.

Johannes B. Kerner berief sich in diesem Zusammenhang auf einen Artikel der Autorin Thea Dorn, die – wie bereits erwähnt – mit ihren Beiträgen schon lange vor dem eigentlichen Eva Herman-Skandal zu den stärksten Verleumdern der Tagesschaumoderatorin zählte (siehe Kapitel *Vor dem Skandal*).

Zitat-Vergleiche, wie sie von Johannes B. Kerner und Thea Dorn angestellt wurden, sind in einer öffentlichen Debatte absolut unzulässig. Auch haben sie den demokratischen Diskurs in unserem Land regelrecht vergiftet. Es bedarf heute oftmals nicht mehr als irgendeinen x-beliebigen Satz eines politischen Gegners herauszugreifen, ihn mit einem anderen Satz eines Nationalsozialisten zu vergleichen, und schon ist aus ihm ein Nazi geworden. In der politischen Debatte geschieht das mittlerweile nahezu täglich, auf Facebook praktisch tausendfach am Tag.

Dabei haben sich die beiden zitierten Autoren Eva Herman und Alfred Rosenberg in ihren jeweiligen Äußerungen lediglich gegenüber einem schrankenlosen oder übertriebenen Individualismus ausgesprochen. Das haben viele Persönlichkeiten getan, sehr ausgeprägt auch im linken Umfeld, beispielsweise Wladimir Iljitsch

Lenin [33] oder Che Guevara [34]. Über Boris Pasternaks Roman „Dr. Schiwago" schrieb die sowjetische Zeitschrift Nowyj Mir im September 1956, die Liebesgeschichte des Arztes Juri Schiwago und der Krankenschwester Lara kranke am „pathologischen Individualismus" des Helden und lasse erkennen, dass der Autor die Revolution für einen „Fehler" halte [35]. Auch in Mao Zedongs Kulturrevolution war der Kampf gegen den Individualismus wesentlich [36]. Unter Sinologen ist die Meinung verbreitet, der Konfuzianismus kenne nicht einmal den Begriff eines Individuums, das als Träger von Rechten gegen den Staat infrage käme [37]. So ist im vatikanischen Dokument *Auf der Suche nach einer universalen Ethik. Ein neuer Blick auf das natürliche Sittengesetz* über die chinesische Kultur das Folgende zu lesen [38]:

> Die chinesische Zivilisation ist zutiefst geprägt durch den Taoismus des Lǎozǐ oder LaoTse (6. Jh. v. Chr.). Nach Lao-Tse ist der Weg oder das Dào das vorrangige Prinzip, das dem ganzen Universum innewohnt. Es ist ein unbegreifliches Prinzip des ständigen Wandels unter dem Wirken der beiden konträren und komplementären Pole yīn und yáng. Es ist Sache des Menschen, sich mit diesem natürlichen Prozess der Umwandlung zu verbinden, sich treiben zu lassen im Fluss der Zeit dank der Haltung des Nicht-Handelns (wúwéi). Die Suche nach Harmonie mit der Natur, die untrennbar zugleich materiell und spirituell ist, befindet sich also im Herzen der taoistischen Ethik. Was Konfuzius angeht (551–479 v.Chr.), „Meister Kong", so versucht er anlässlich einer Periode tiefer Krise, die Ordnung wiederherzustellen durch das Respektieren der Riten, gründend auf der Ehrerbietung der Kinder gegenüber ihren Eltern, die im Zentrum des ganzen sozialen Lebens stehen muss. In der Tat nehmen die sozialen Beziehungen die Familienbeziehungen zum Modell. Die Harmonie wird erreicht durch eine Ethik des rechten Maßes, wobei die ritualisierte Beziehung (das lǐ), das den Menschen in die natürliche Ordnung einfügt, das Maß aller Dinge ist.

Von Individualismus findet sich darin keine Spur, dafür ist viel von einer Harmonie mit der Natur die Rede. Und weite Teile des Christentums und des Islam stehen dem westlichen Individualismus ohnehin äußerst kritisch gegenüber. Beispielsweise mahnte der „deutsche" Papst Benedikt XVI. auf dem zwölften Weltjugendtag in Madrid (2011), dass wer den Glauben „entsprechend der in der Gesellschaft vorherrschenden individualistischen Auffassung" zu leben versuche, Gefahr laufe, Christus niemals zu begegnen oder einem Zerrbild von ihm zu folgen [39].

Die Sozialwissenschaftler Meinhard Miegel und Stefanie Wahl verfassten gar ein Buch mit dem Titel *Das Ende des Individualismus. Die Kultur des Westens zerstört sich selbst*[40].

Warum musste es bei Johannes B. Kerner oder Thea Dorn also unbedingt ein Satz eines Nationalsozialisten sein, mit dem eine Äußerung Eva Hermans zum Individualismus verglichen wurde? Warum konnte es nicht eine Formulierung von Che Guevara oder irgendeines anderen prominenten Kommunisten sein?

Die Antwort lautet: Weil in Deutschland der Nazi-Vorwurf als äußerst erfolgreiches Mittel zur Diskreditierung oder gar Ausschaltung von politischen Gegnern beziehungsweise sonstiger unliebsamer Meinungen eingesetzt wird. Eine Nebenwirkung davon ist, dass hierdurch immer mehr Meinungen und Ansichten „politisch inkorrekt" werden. Sie können nicht mehr wirklich frei geäußert werden.

Es fängt damit an, dass sich Menschen dann für ihre Meinungen bereits vorab zu rechtfertigen und entschuldigen versuchen. Die im Kapitel *Herman zur Nazi-Familienpolitik* auf Seite 67 wiedergegebene *Schlussbemerkung*[41] aus Eva Hermans Buch Das *Prinzip Arche Noah* stellt eine solche Rechtfertigung dar. In der Kerner-Sendung wies Herman in aller Deutlichkeit darauf hin, dass sie sich auf der Pressekonferenz vom 6. September 2007, die den Skandal auslöste, sehr klar von allen rechten Ideologien distanziert habe[42]:

> Das Originalband der gesamten Pressekonferenz wird nicht herausgegeben. RTL hat es aufgezeichnet. Auf diesem Band ist zu sehen, dass ich mich mehrfach, nicht nur in diesem Zitat, vorher und nachher von allen diesen Ideologien ausdrücklich distanziere, mit tiefster Ablehnung diese Begriffe aus dem Dritten Reich auch bewehrte. Und mein Verleger Christan Strasser vom Pendo-Verlag hat die Schlussbemerkung in meinem neuen Buch vorgelesen, worin ich das nochmal zum Ausdruck bringe und wir es erklärt haben. Wir tun dieses alles damit nicht wieder Missverständnisse aufkommen.

Und an anderer Stelle sagte sie[43]:

> Also, ich meine das steht doch außer Frage, dass ich das Dritte Reich ablehne. Ich habe wie gesagt, ich habe Leute angezeigt, auch das stand hier in großen Tageszeitungen und habe darauf

gedrungen, dass Leute, die den Holocaust geleugnet haben, verurteilt werden. Das ist doch klar. Ich habe mit meiner Großmutter, die sehr alt geworden ist, bis vor kurzer Zeit darüber diskutiert, und habe gesagt, wie konnte das passieren, warum habt ihr nichts unternommen?

Das Problem an solchen Stellungnahmen ist: Sie nützen nichts. Ganz im Gegenteil. Für die politischen Gegner laufen sie ohnehin unter dem Motto „wer sich verteidigt (entschuldigt), klagt sich an". Auf diese Weise gerät die bedrängte Person zunehmend in die Defensive, und sieht sich gegebenenfalls genötigt, sich noch mehr zu rechtfertigen und zu entschuldigen, da die Attacken trotz der eigenen freiwilligen Unterwerfung nicht aufhören wollen.

Ein typisches Beispiel waren auch die regelrecht unzivilisierten Angriffe gegen Thilo Sarrazin und dessen Buch *Deutschland schafft sich ab*[44], das von den meisten Kritikern wohl nicht einmal angelesen worden war.

Der damalige Herausgeber der *Frankfurter Allgemeinen Zeitung* Frank Schirrmacher – immerhin ein Leser – kritisierte es in seinem Artikel *Biologismus macht die Gesellschaft dümmer* mit den folgenden markanten Worten[45]:

> Denn im Innersten dieses Buches steckt eine vulgärdarwinistische Gesellschaftstheorie, die mit einer Unbefangenheit dargelegt wird, als hätte es alle Erfahrungen des zwanzigsten Jahrhunderts nicht gegeben. Ein Kernsatz des Buches lautet: „Das Muster des generativen Verhaltens in Deutschland seit Mitte der sechziger Jahre ist nicht nur keine Darwinsche, natürliche Zuchtwahl im Sinne von ‚survival of the fittest', sondern eine kulturell bedingte, vom Menschen selbst gesteuerte negative Selektion, die den einzigen nachwachsenden Rohstoff, den Deutschland hat, nämlich Intelligenz, relativ und absolut in hohem Tempo vermindert."
>
> Das sind unerhörte Sätze. Und Sarrazin weiß das.

Das eigentlich Unerhörte an diesem Sachverhalt ist, dass der zitierte Satz Thilo Sarrazins sachlich richtig ist, er von Frank Schirrmacher dafür jedoch des Sozialdarwinismus – und indirekt auch einer theoretischen Nähe zum Nationalsozialismus – bezichtigt wurde, obwohl Schirrmacher überhaupt nicht verstanden zu haben schien, was die primäre Problematik des *Sozialdarwinismus* (den er in seinem Artikel *vulgärdarwinistische Gesellschaftstheorie* nennt) war und ist[46].

In der Folge gilt es heute als guter Stil, sich von Thilo Sarrazins Thesen und Büchern vorab abzugrenzen. Die Medien erwarten dies gewissermaßen. Hierdurch gibt man sich als eine aufgeschlossene, keineswegs dem rechten Lager zurechenbare Person zu erkennen. Ein typisches Beispiel ist Tania Kambouris Buch *Deutschland im Blaulicht. Notruf einer Polizistin*, in dem es unvermittelt heißt[47]:

> Ich bin wahrlich kein Befürworter von Sarrazins Thesen, die zum Teil richtig bizarr sind, wenn sie mit ihren Intelligenz-Vererbungstheorien mehr oder weniger stark an Eugenik und Rassenlehre erinnern – dennoch spricht er negative Entwicklungen an, die schlicht und ergreifend wahr sind.

Tatsächlich gehört Thilo Sarrazins Behauptung, dass die Intelligenzunterschiede zwischen Menschen zu einem erheblichen Anteil genetisch bedingt sind, zu den bestvalidiertesten Resultaten der gesamten Humanwissenschaften überhaupt. Lediglich unter den Vertretern der in der Soziologie weit anerkannten – unwissenschaftlichen – Gleichheitsideologie ist sie umstritten, da sie dem Geschäftsmodell der Sozialwissenschaften letztlich zuwiderläuft.

Langfristig bewirkt all dies einen schleichenden Linksruck. Während die liberalkonservative Seite sich zu immer mehr Erklärungen und Abgrenzungen gegen rechts genötigt sieht, weitet die linke Seite das Spektrum der angeblich politisch inkorrekten beziehungsweise unzulässigen rechten Standpunkte unverdrossen weiter aus. Und sie gewinnt dabei an Einfluss. Dies gilt umso mehr, als im liberalkonservativen Lager jegliche Solidarität noch zu fehlen scheint. Sollte eine Einzelperson ins Visier der linken McCarthy-Jäger[48] geraten, wird sie im Allgemeinen nicht in Schutz genommen, sondern von allen anderen allein im Regen stehen gelassen, in der Hoffnung, nicht selbst zur Zielscheibe der selbst ernannten Nazi-Jäger zu werden. Der Fall Eva Herman ist ein klassisches Beispiel dafür. Im Ergebnis führt die Entwicklung dazu, dass die liberalkonservativen Kräfte wie das Kaninchen vor einer bestens aufgestellten Nazi-Jäger-Schlange und deren immer wüster werdenden Attacken und Hetzkampagnen verharren.

Da sich die politischen Standpunkte auf diese Weise sukzessive nach links verschieben, werden eventuell noch verbliebene liberalkonservative oder gar rechte Positionen mit immer drastischeren Worten bedacht. Galt die AfD etwa zunächst allgemein noch als rechtspopulistisch, so wird sie mittlerweile gern als rechtsradikal, möglicherweise verfassungswidrig bis – kaum noch steigerungsfähig – „offen nationalsozialistisch“[49] bezeichnet. Letztere Einordnung stammt – wie fast zu erwarten – keineswegs von Linksextremen, sondern von Friedrich Merz, der im Jahr 2002 bereits Vorsitzender der CDU/CSU-Fraktion im Bundestag war und somit das damalige Wahlprogramm der CDU für die Bundestagswahl 2002 mit zu verantworten hatte[50]. Aus heutiger Sicht ist dieses jedoch keineswegs links vom aktuellen Grundsatzprogramm der AfD[51] einzuordnen, was zeigt, wie weit sich die Orientierungspunkte mit den Jahren nach links verschoben haben.

Eine interessante unterstützende Erklärung für die beschriebene Entwicklung findet sich in einem kurzen Abschnitt in Douglas Murrays Buch *Der Selbstmord Europas*[52]. Sie entspricht exakt der Grundannahme der von mir entwickelten Systemischen Evolutionstheorie, gemäß der alles Leben absolute und komparative (Kern-)Kompetenzverlustvermeidung ist[53]. Leider ist der Abschnitt in Murrays Buch dermaßen schlecht ins Deutsche übersetzt, dass ich es vorgezogen habe, seinen vollen Wortlaut in die obige Endnote zu verschieben. Ich begnüge mich im Folgenden damit, Murrays Grundgedanken inhaltlich wiederzugeben und ihn hier und da in die Terminologie der Systemischen Evolutionstheorie zu übersetzen.

Murray zufolge beginnt zunächst alles mit einem Anliegen (beispielsweise die Verhinderung von Diskriminierung, Rassismus oder Fremdenfeindlichkeit), das durchaus seine Berechtigung haben kann. Finden die Vertreter des Anliegens in der Gesellschaft damit hinreichend Gehör, sodass sie sich einen gewissen sozialen Status [Systemische Evolutionstheorie: Kompetenzen zur Erlangung von Ressourcen wie Geld oder Aufmerksamkeit] erarbeiten können, dann gewinnt die Absicherung der neu erworbenen Kompetenzen zunehmend an Bedeutung. Oder in Murrays Worten: „Während sie am Anfang gegen tatsächliche Diskriminierungen vorgingen, verfolgten sie nach einiger Zeit das Ziel, ihren Einfluss, ihre Verbindungen und ihre Finanzausstattung zu vergrößern.“

Spätestens ab diesem Zeitpunkt ist das primäre Ziel der „Vertreter des Anliegens" nicht mehr das ursprüngliche, gegebenenfalls sinnvolle Anliegen (Diskriminierung, Rassismus, Fremdenfeindlichkeit, gegen rechts, …), sondern die Kompetenzverlustvermeidung. Im Laufe dieses Prozesses können sich sogar die Ziele wandeln und ins genaue Gegenteil verkehren, etwa von der Verbesserung einer bestimmten diskriminierenden sozialen Situation zur Aufrechterhaltung eben jener. Oder es wird alternativ behauptet, dass sich trotz aller bisherigen Anstrengungen noch nicht wirklich etwas gebessert hat, sodass es weiterer – kostenintensiver – Anstrengungen bedarf. Eine bewährte Methode besteht auch darin, immer mehr Situationen als diskriminierend oder politische Meinungen als „rechts" beziehungsweise „rechtsextrem" zu erklären, damit die vorgeschlagenen kostenintensiven Maßnahmen und Aktionen gerechtfertigt werden können. Beziehungsweise in Murrays Worten: „Es war ihnen bewusst, dass sie diese Ziele [in der Terminologie der Systemischen Evolutionstheorie: die Bewahrung ihrer Kernkompetenzen] nur erreichen konnten, wenn das Problem nicht gelöst wurde. Also musste es so erscheinen, als würde die Diskriminierung immer schlimmer und müsste deshalb immer stärker bekämpft werden – gerade dann, wenn die Lage besser zu werden begann."

Das Lebensprinzip der Kompetenzverlustvermeidung gilt natürlich auch für Organisationssysteme wie Unternehmen oder Stiftungen [54]. Es muss letztlich nur irgendeine Organisation gegründet und mit einer Aufgabe (der Verfolgung eines Ziels) betraut werden, und schon wird sie versuchen, die eigenen Kernkompetenzen zu bewahren und gegebenenfalls noch weiter auszubauen, ganz so wie es Murray in seinem Buch beschreibt. Eine Organisation, die es sich beispielsweise zum Ziel gesetzt hat, „gegen rechts" zu kämpfen, wird deshalb überall rechte Gesinnung sichten, selbst wenn sich die politischen Orientierungspunkte – wie es sich für die Bundesrepublik Deutschland nachweisen lässt – mit der Zeit immer weiter nach links verschoben haben. Das Lebensprinzip der Kompetenzverlustvermeidung treibt die Organisation dazu an. Am Ende stellt sich auf diese Weise eine Situation ein, die die ehemalige Bundesfamilienministerin Kristina Schröder (CDU) sehr treffend mit den Worten umschrieb: *Der „Kampf gegen rechts" zielt auf die bürgerliche Mitte* [56].

Ich habe übrigens selbst einen familienpolitischen Vorschlag zur Lösung der prekären deutschen Familiensituation und des demografischen Wandels eingebracht, und zwar das sogenannte Familienmanager-Konzept [57]. Seine Grundzüge werden im Kapitel *Senta Berger bei Kerner* kurz angerissen und diskutiert.

Wesentlich im gegebenen Kontext ist nun aber, dass es mir im Jahr 2006 noch recht leicht gelang, den damals sehr bekannten Familiensoziologen Franz-Xaver Kaufmann dazu zu bewegen, mein Buch *Die Familienmanagerin* [58] bereits vor seiner Veröffentlichung zu lesen und zu begutachten. Er erlaubte mir sogar den folgenden Text auf den Buchumschlag zu drucken:

> Das Plädoyer für eine Professionalisierung von Familientätigkeiten hat vieles für sich. Manche werden einwenden, das Familienmanager-Konzept leiste einer Deinstitutionalisierung von Familie weiter Vorschub. Auf jeden Fall spricht der konsequente Vorschlag aber eine bisher kaum bedachte Dimension in der Diskussion um die prekäre Nachwuchssicherung an.

Der Punkt, auf den es mir ankommt, ist der Satz: „Manche werden einwenden, das Familienmanager-Konzept leiste einer Deinstitutionalisierung von Familie weiter Vorschub."

In einem Artikel der Zeitschrift ‚beziehungsweise' heißt es dazu erläuternd [59]:

> Steigende Scheidungszahlen bei gleichzeitigem Höchststand an Ehen und eine Vielzahl an unterschiedlichen Lebensformen sind für das ausgehende 20. Jahrhundert typisch geworden. Wissenschaftler sprechen von den Prozessen der „Individualisierung" und der „Deinstitutionalisierung". Die Individualisierung ist die Herauslösung des Einzelnen aus traditionellen Bindungen; eine Entwicklung, die von Soziologen als Übergang in die Moderne gewertet wird. Unter Deinstitutionalisierung wird die zunehmende Befreiung des Einzelnen von den umfassenden gesellschaftlichen Regelungen bezüglich Ehe und Familie verstanden, ohne dass sich aber diese Institutionen auflösen. Die Deinstitutionalisierung ist aber wahrscheinlich eine deutlich jüngere Entwicklung, als die Individualisierung. In den 50er und frühen 60er Jahren erfuhren die „Einrichtungen" Ehe und Familie ein Höchstmaß an gesellschaftlicher

> Anerkennung. Die Abnahme der Vorbildwirkung der Institution Familie begann erst Ende der 60er Jahre.

Anders gesagt: Während Eva Herman – wie weiter oben dargelegt wurde – vorgeworfen wurde, dass sie – wie etwa der Nationalsozialist Alfred Rosenberg – die zunehmende Individualisierung in der Gesellschaft kritisiere und umkehren möchte, wurde bei dem von mir entwickelten Familienmanager-Konzept von einem führenden Familiensoziologen angemerkt, es könnte die Deinstitutionalisierung von Ehe und Familie weiter vorantreiben. Genau damit müsste nach meiner eigenen Einschätzung auch tatsächlich gerechnet werden.

Das hat aber etliche Feministinnen nicht daran gehindert, auch den Vorschlag der Familienmanagerin mit Mutterkreuz und Lebensborn in Verbindung zu bringen, ihn als sozialdarwinistisch oder rechtskonservativ zu bezeichnen, beziehungsweise als Versuch eines Mannes, die Frauen wieder an den Herd zu bringen [60]. Anders gesagt: Es geht den Kritikern überhaupt nicht um Individualisierung, auch bei Eva Herman nicht. Es scheint starke Gruppierungen in Deutschland zu geben, die gegen jede Erhöhung der Geburtenraten insbesondere bei den Deutschen und Gebildeten sind, ganz gleich ob die Vorschläge von Eva Herman, Thilo Sarrazin, mir oder wem auch immer stammen. Jeder Versuch einer Erhöhung der Geburtenraten bei den Deutschen und Gebildeten wird mit Mutterkreuz, Lebensborn und anderen Nazi-Konzepten assoziiert, um sicherzustellen, dass exakt dies nicht geschieht. Es ist Aufgabe der Politik, dafür zu sorgen, dass diese offen staatsfeindlichen Kräfte einen nicht noch größeren Einfluss als bislang in unserer Gesellschaft erlangen können.

Ich bin der Ansicht, dass die Situation längst dermaßen verfahren ist, dass wir zusätzliche Gesetze benötigen, die das willkürliche Verknüpfen von ganz normalen Meinungsäußerungen oder Standpunkten mit den ungeheuerlichen und jegliches Vorstellungsvermögen sprengenden Verbrechen der Nationalsozialisten unter Strafe stellen. Im vorliegenden Buch werden eine ganze Reihe von öffentlichen Stellungnahmen zum Fall Eva Herman wiedergegeben, die ich persönlich als unvereinbar mit dem Prinzip der freien Meinungsäußerung halte, da sie erkennbar eine andere Person durch Entwürdigung zum Verstummen bringen möchten, statt lediglich deren Meinung zu attackieren. Ganz gleich, ob man sich nun – wie ich – als Atheist vom *kategorischen Imperativ* beziehungsweise der *goldenen Regel der praktischen Ethik*[61] („Was du nicht willst, das man dir tut, das füg' auch keinem anderen zu") oder als Christ vielleicht vom *Achten Gebot*[62] („Du sollst nicht falsch Zeugnis reden wider deinen Nächsten.") leiten lässt: Beim Eva Herman-Skandal und vielen, der ihm vorausgegangenen und sich anschließenden Stellungnahmen in den Medien, handelte es sich um öffentliches Mobbing, das heißt letztlich um ein Verbrechen. Daran ändert auch das abschließende Fehlurteil des Bundesgerichtshofs nichts.

Hinzu kommt, dass eine bestimmte politische Position – irrtümlich – längst glaubt, sie allein besäße das Recht, die andere Seite des Nazigedankentums zu bezichtigen. Auch das wird im vorliegenden Buch am Beispiel des von Eva Herman erhobenen Vorwurfs einer gleichgeschalteten Presse verdeutlicht (siehe Kapitel *Gleichschaltung*), der in den Medien für größte Empörung sorgte. Gemäß diesem Verständnis darf die eigene Seite zwar Eva Herman munter vorwerfen, einen Mutterkreuzzug zu führen, ähnliche Thesen und Ideen wie Alfred Rosenberg zu vertreten oder gar ein Eva Braun-Prinzip verfasst zu haben, Eva Herman im Gegenzug aber nicht von einer gleichgeschalteten Presse sprechen: Wenn das in den Medien unter Demokratie und Meinungsfreiheit verstanden wird, dann haben wir so etwas längst nicht mehr.

Eva Herman hat nach meiner Einschätzung ihre familienpolitischen Texte, angefangen von *Die Emanzipation – ein Irrtum?*[63] über *Das Eva-Prinzip*[64] bis *Das Prinzip Arche Noah*[65] vor einem stark (christlich) religiös fundierten Weltbild verfasst. Aus dieser Sicht argumentiert sie. An keiner einzigen Stelle ist eine Nähe zu den Ideologien des Nationalsozialismus zu erkennen.

Ich bin auf der anderen Seite Atheist. Mein Weltbild stützt sich wesentlich auf naturwissenschaftliche Erkenntnisse und die Aufklärung[66]. Insoweit habe ich naturgemäß in vielen Punkten andere Vorstellungen als sie. Ich bestehe aber darauf, dass sie ihren Standpunkt in unserer Gesellschaft ohne Angst vor Repressalien oder Statusverlusten sagen darf. Kann sie das nicht, dann haben wir definitiv keine Meinungsfreiheit mehr. Die Aufarbeitung des Eva Herman-Skandals ist deshalb für mich entscheidend, damit sich etwas Vergleichbares in unserer Gesellschaft nie wieder ereignen kann.

1 Herman, Eva (2007): Das Prinzip Arche Noah. Warum wir die Familie retten müssen. München/Zürich: Pendo

2 http://www.spiegel.de/politik/deutschland/s-p-o-n-der-schwarze-kanal-warum-sind-so-viele-journalisten-links-a-895095.html

3 Siehe die Kapitel Gleichschaltung und Lügenpresse und Fake News.

4 http://www.spiegel.de/spiegel/print/d-131147816.html

5 https://www.reporter-ohne-grenzen.de/deutschland/alle-meldungen/meldung/steigende-gewalt-gegen-journalisten/

6 Popper, Karl R. (2002): Logik der Forschung. Tübingen: Mohr Siebeck

7 https://de.wikipedia.org/wiki/Falsifikationismus

8 https://de.wikipedia.org/wiki/Satz_vom_ausgeschlossenen_Dritten

9 Schwarzer, Alice (Hrsg.) (2002): Man wird nicht als Frau geboren, 2. Auflage. Köln: Kiepenheuer & Witsch

10 https://de.wikipedia.org/wiki/Rita_S%C3%BCssmuth

11 Deary, Ian J./Irwing, Paul/Derr, Geoff/Bates, Timothy C. (2007): Brother-sister differences in the g factor in intelligence: analysis of full, opposite-sex siblings from the NLSY1979. Intelligence, 35 (2007), S. 451-456

12 Zechner, Ulrich/Wilda, Monika/Kehrer-Sawatzki, Hildegard/Vogel, Walther/Fundele, Rainald/Hameister, Horst (2001): A high density of X-linked genes for general cognitive ability: a run-away process shaping human evolution? Trends Genet, 17 (2001), S. 697-701

13 Myers, David G. (2010): Psychology. New York, NY: Worth Pub-lishers, S. 431-434

14 Ein Grund könnte in der unterschiedlichen Chromosomenausstattung der Geschlechter liegen: Männer haben nur ein X-Chromosom (und ein vernachlässigbares Y-Chromosom), Frauen

dagegen zwei, von denen jedoch eins pro Zelle inaktiv ist. Bei Menschen und den höheren Säugetieren (Plazentatiere) wird die bleibende Auswahl des zu inaktivierenden X-Chromosoms in den Zellen des Embryos zufällig und in jeder Zelle eigenständig getroffen. Diese Art der Auswahl wird als Vorteil angesehen, da so im weiblichen Organismus bei einer schädlichen Mutation auf einem der X-Chromosomen diese nur in etwa der Hälfte der Zellen zum Tragen kommt und die gesunden Zellen dies in vielen Fällen weitgehend ausgleichen können. Sie könnte aber auch dazu führen, dass bei Frauen weniger häufig „extreme" (sehr niedrige oder sehr hohe) IQ-Werte gemessen werden. Siehe: http://de.wikipedia.org/wiki/X-Inaktivierung

15 Zur Greater Male Variability Hypothesis siehe etwa:
https://en.wikipedia.org/wiki/Variability_hypothesis;
Stevens, Sean (2017): The Google Memo. What Does the Research Say About Gender Differences? Heterodox Academy, https://heterodoxacademy.org/the-google-memo-what-does-the-research-say-about-gender-differences/;
Stevens, Sean/Haidt, Jonathan (2017): The Greater Male Variability Hypothesis. An Addendum to our post on the Google Memo. Heter-odox Academy, https://heterodoxacademy.org/the-greater-male-variability-hypothesis/;
Halpern, Diane F./Benbow, Camilla P./Geary, David C./Gur, Ruben C./Hyde, Janet Shibley/Gernsbacher, Morton Ann (2007): The Science of Sex Differences in Science and Mathematics; In: Association for Psychological Science, 2007, Volume 8, Number 1, S. 1-51,
http://web.missouri.edu/~gearyd/files/Halpernetal2007PsychScience.pdf;
https://de.wikipedia.org/wiki/Google%E2%80%99s_Ideological_Echo_Chamber
https://en.wikipedia.org/wiki/Sex_differences_in_intelligence
und die darin zitierten Forschungsarbeiten und Links.

16 Deary, Ian J./Irwing, Paul/Derr, Geoff/Bates, Timothy C. (2007): Brother-sister differences in the g factor in intelligence: analysis of full, oppositesex siblings from the NLSY1979. Intelligence, 35 (2007), S. 451-456

17 Irwing, Paul/Lynn, Richard (2005): Sex differences in means and variability on the progressive matrices in university students: A metaanalysis, in: British Journal of Psychology, 96, 505-524

18 Lynn, Richard/Irwing, Paul (2004): Sex differences on the Progressive Matrices: a metaanalysis, in: Intelligence, 32, 481-498

19 sueddeutsche.de (2005): Also doch: Männer sind intelligenter als Frauen. 26.08.2005, in: http://www.sueddeutsche.de/panorama/neue-studie-also-doch-maenner-sind-intelligenter-als-frauen-1.859443

20 http://www.zeit.de/online/2007/39/studie-maenner-frauen

21 Zechner, Ulrich/Wilda, Monika/Kehrer-Sawatzki, Hildegard/Vogel, Walther/Fundele, Rainald/Hameister, Horst (2001): A high density of X-linked genes for general cognitive ability: a runaway process shaping human evolution? Trends Genet, 17 (2001), S. 697-701

22 https://de.wikipedia.org/wiki/Inselbegabung

23 https://de.wikipedia.org/wiki/Kim_Peek

24 https://de.wikipedia.org/wiki/Rain_Man

25 Siehe: http://www.3sat.de/page/?source=/ard/dokumentationen/175897/index.html

26 Der evolutionstheoretische Vorteil besteht in der leichteren sexuellen Selektion (männliche Individuen mit Erfolgsmerkmalen sind dann für das weibliche Geschlecht leichter zu erkennen). Ganz entsprechend ist das Phänomen im Tierreich weit verbreitet.

27 Damit von Frauen überhaupt etwas gewonnen werden kann (was ihnen im unmittelbaren Wettkampf mit Männern um Spitzenpositionen kaum möglich wäre).

28 https://www.stern.de/panorama/gesellschaft/studenten-in-deutschland-akademikerkinder-dominieren-weiter-die-hochschulen-3801290.html

29 https://de.wikipedia.org/wiki/Rote_Khmer (abgerufen am 01.12.2018)

30 Herman, Eva (2006): Das Eva-Prinzip. Für eine neue Weiblichkeit. München/Zürich: Pendo

31 Herman, Eva (2007): Das Prinzip Arche Noah. Warum wir die Familie retten müssen. München/Zürich: Pendo

32 http://www.welt.de/fernsehen/article1252851/Eva-Hermans-Auftritt-bei-Kerner-im-Wortlaut-2.html
https://www.youtube.com/watch?v=nSB-YmEJD6o (4/6), ab 03:19

33 „Anarchismus ist umgestülpter bürgerlicher Individualismus." Siehe:
https://www.marxists.org/deutsch/archiv/lenin/1901/xx/anarchsoz.htm

34 „Der Individualismus als solcher, das vereinzelte Handeln einer Person inmitten einer sozialen Bewegung muss in Kuba verschwinden", dekretierte Che Guevara. Das Individuum komme nur als „Rädchen im Getriebe" des Kollektivs zu seiner Erfüllung. Siehe: https://www.welt.de/politik/article1240245/Die-Wahrheit-ueber-ein-Emblem-der-Moderne.html

35 https://www.sueddeutsche.de/kultur/doktor-schiwago-und-die-cia-das-imperium-schlaegt-zurueck-1.485832

36 Siehe: http://www.china-kultur.at/content/index.aspx?CatalogItemID=30071
„Mao und die Kulturrevolution (...)
In den Augen der Anhänger der Kulturrevolution waren die Jugendlichen für die Revolutionäre wichtiger als die von der alten Gesellschaft infizierten Erwachsenen. Daher bekamen die Jugendlichen das Recht, die Erwachsenen zu kritisieren und zu erziehen. (...)

Niemals zuvor hatten die Jugendlichen in China eine so große Macht besessen. Diese Macht sollten sie jedoch kollektiv zur Erreichung von kulturrevolutionären Zielen gebrauchen. Man erwartete, dass sich die junge Generation von jenen schädlichen Einflüssen fernhalte, mit denen angeblich die ältere Generation behaftet war: Individualismus, Subjektivismus, Egoismus, Karrierestreben und Streben nach materiellen Vorteilen."

37 https://www.deutschlandfunk.de/konfuzius-und-die-demokratie.1148.de.html?dram:article_id=180805

38 Siehe: http://www.vatican.va/roman_curia/congregations/cfaith/cti_documents/rc_con_cfaith_doc_20090520_legge-naturale_ge.html

39 http://www.faz.net/aktuell/gesellschaft/papst-warnt-vor-den-gefahren-des-individualismus-11107687.html

40 Miegel, Meinhard/Wahl, Stefanie (1994): Das Ende des Individualismus. Die Kultur des Westens zerstört sich selbst, München: mvg Verlag

41 Herman, Eva (2007): Das Prinzip Arche Noah. Warum wir die Familie retten müssen. München/Zürich: Pendo, S. 247

42 http://www.welt.de/fernsehen/article1252851/Eva-Hermans-Auftritt-bei-Kerner-im-Wortlaut-2.html
https://www.youtube.com/watch?v=fy4O7esQtSQ (3/6), ab 00:37

43 http://www.welt.de/fernsehen/article1252851/Eva-Hermans-Auftritt-bei-Kerner-im-Wortlaut-2.html
https://www.youtube.com/watch?v=476Fsu_zDCs (2/6), ab 03:14

44 Sarrazin, Thilo (2010): Deutschland schafft sich ab. Wie wir unser Land aufs Spiel setzen. München: Deutsche Verlags-Anstalt

45 http://www.faz.net/aktuell/feuilleton/sarrazin/das-buch/sarrazins-quellen-biologismus-macht-die-gesellschaft-duemmer-11030071.html

46 Siehe dazu auch: Mersch, Peter (2019): Was ist Leben? Mit den Augen eines Systemtheoretikers betrachtet. Reiskirchen: Independently Published

47 Kambouri, Tania (2015): Deutschland im Blaulicht. Notruf einer Polizistin. München: Piper, S. 11

48 https://de.wikipedia.org/wiki/McCarthy-%C3%84ra

49 https://www.zeit.de/politik/deutschland/2018-11/merz-afd-nationalsozialistisch-cdu

50 Siehe: http://www.documentarchiv.de/brd/2002/wahlprogramm_cdu_2002.html
Auszug: „Das demokratische Deutschland hat sich in den vergangenen Jahrzehnten weltweites Ansehen erarbeitet und Vertrauen gefunden. Zusammengehörigkeitsgefühl und ein aufgeklärter

Patriotismus, also ein positives Verhältnis zur Nation, sind eine Grundlage, auf die für die gemeinsame Gestaltung einer guten Zukunft nicht verzichtet werden kann. (...)
Deutschland muss Zuwanderung stärker steuern und begrenzen als bisher. Zuwanderung kann kein Ausweg aus den demografischen Veränderungen in Deutschland sein. Wir erteilen einer Ausweitung der Zuwanderung aus Drittstaaten eine klare Absage, denn sie würde die Integrationsfähigkeit unserer Gesellschaft überfordern. Verstärkte Zuwanderung würde den inneren Frieden gefährden und radikalen Kräften Vorschub leisten.
Rot-Grün will keine wirksame Steuerung und Begrenzung der Zuwanderung. Rot-grün schafft mit der ungeregelten Aufgabe des Anwerbestopps Einfallstore für erweiterte Zuwanderung und mit der angeblichen ‚Härtefallregelung' und der Ausweitung der Aufenthaltsrechte über die Genfer Flüchtlingskonvention hinaus massive Anreize für Armutsflüchtlinge aus aller Welt. Dies würde in kurzer Zeit zu einer erheblich höheren Zuwanderung nach Deutschland führen, die nicht im Interesse unseres Landes ist. Wir werden unverzüglich nach der Wahl die falschen Weichenstellungen der rot-grünen Bundesregierung korrigieren. (...)
Ohne Solidarität und das Gefühl der Zusammengehörigkeit kann auch ein moderner Staat nicht bestehen. Deutschland soll seine Identität bewahren. Die von Rot-Grün betriebene Umgestaltung in eine multikulturelle Einwanderergesellschaft lehnen wir ab."

51 https://www.afd.de/grundsatzprogramm/

52 Murray, Douglas (2018): Der Selbstmord Europas. Immigration, Identität, Islam. München: FinanzBuch Verlag, S. 112:

„Doch auch die ‚antirassistischen' Gruppen verfolgten politische Ziele jenseits ihrer ursprünglichen Zielsetzungen. Während sie am Anfang gegen tatsächliche Diskriminierungen vorgingen, verfolgten sie nach einiger Zeit das Ziel, ihren Einfluss, ihre Verbindungen und ihre Finanzausstattung zu vergrößern. Es war ihnen bewusst, dass sie diese Ziele nur erreichen konnten, wenn das Problem nicht gelöst wurde. Also musste es so erscheinen, als würde die Diskriminierung immer schlimmer und müsste deshalb immer stärker bekämpft werden – gerade dann, wenn die Lage besser zu werden begann. Anklagen gegen die Gesellschaft versprachen die Gelegenheit zu wachsen. Zufriedenheit starb aus.
Gleichzeitig durfte die einzige Kultur nicht gefeiert werden, die es den anderen in erster Linie erlaubt hatte, gefeiert zu werden. Um multikulturell zu werden, mussten sich die Länder selbst schlecht machen, vor allem ihre negativen Seiten hervorheben. Und so kam es, dass Länder, die offen und liberal genug waren, um die groß angelegte Migration zu erlauben, als besonders rassistisch dargestellt wurden. Während jede, aber auch wirklich jede Kultur in der Welt in Europa gefeiert werden durfte, war es verdächtig, selbst die guten Seiten Europas zu loben. Das Zeitalter des Multikulturalismus ist

das der europäischen Selbstverleugnung, in der sich Gastgeberländer von sich selbst distanzieren und darauf hofften, bestenfalls als gutmütige Vertreter ihrer selbst wahrgenommen zu werden."

53 Mersch, Peter (2019): Was ist Leben? Mit den Augen eines Systemtheoretikers betrachtet. Reiskirchen: Independently Published

54 Wie etwa die Amadeu Antonio Stiftung: https://www.amadeu-antonio-stiftung.de/

55 Vergleiche Endnote 50 auf Seite 28.

56 Schröder, Kristina: Der *„Kampf gegen rechts" zielt auf die bürgerliche Mitte.* WELT 24.11.2018, https://www.welt.de/debatte/kommentare/plus181283652/Kristina-Schroeder-Der-Kampf-gegen-rechts-zielt-auf-die-buergerliche-Mitte.html

57 Mersch, Peter (2017): Die Familienmanagerin. Kindererziehung und Bevölkerungspolitik in Wissensgesellschaften. Erstauflage 2006. Norderstedt: Books on Demand; Mersch, Peter (2016): Familie als Beruf. Erstauflage 2008. Norderstedt: Books on Demand

58 Mersch, Peter (2017): Die Familienmanagerin. Kindererziehung und Bevölkerungspolitik in Wissensgesellschaften. Erstauflage 2006. Norderstedt: Books on Demand

59 ‚beziehungsweise', Ausgabe 22/1997, Österreichisches Institut für Familienforschung an der Universität Wien

60 Ich bin recht sicher, dass Familienmanagerinnen, sofern sie es einmal geben wird, als allererstes einen Großteil der klassischen Hausarbeit an Dritte auslagern werden, da ihre primäre Aufgabe (für die sie auch bezahlt werden) die Erziehung ist.

61 https://de.wikipedia.org/wiki/Goldene_Regel

62 https://www.ekd.de/Zehn-Gebote-10802.htm

63 Herman, Eva (2006): Die Emanzipation – ein Irrtum? In: Cicero, Ausgabe Mai 2006; https://www.cicero.de/kultur/die-emanzipation-%E2%80%93-ein-irrtum/37347

64 Herman, Eva (2006): Das Eva-Prinzip. Für eine neue Weiblichkeit. München/Zürich: Pendo

65 Herman, Eva (2007): Das Prinzip Arche Noah. Warum wir die Familie retten müssen. München/Zürich: Pendo

66 Kant, Immanuel (1784): Was ist Aufklärung? In: Berlinische Monatsschrift 4 (1784), S. 481-494

VOR DEM SKANDAL

Der Eva Herman-Skandal des Jahres 2007 könnte als der Endpunkt einer Entwicklung angesehen werden, die bereits ein Jahr zuvor ihren Ursprung nahm. Nach meiner Einschätzung war ihr primärer Auslöser Eva Hermans im Mai 2006 in der Zeitschrift Cicero erschienener Artikel *Die Emanzipation – ein Irrtum?*[67], in dem sie gewissermaßen mit dem schon damals in unserer Gesellschaft dominierenden Gleichheitsfeminismus – wie er von Alice Schwarzer und dem größten Teil der Politik vertreten wurde – abrechnete.

Ich muss gleich dazu sagen, dass ich die von ihr im Artikel beschriebenen Auswirkungen der „Emanzipation“ auf die Familie, das Alltagsleben und das Miteinander der Geschlechter durchaus teile, nicht aber die von ihr daraus gezogenen Konsequenzen. Auch teile ich als Mathematiker und Atheist nicht ihr zutiefst religiöses Welt- und Menschenbild, wie es bereits aus den Ausführungen des Einführungskapitels hervorgegangen sein dürfte. Wichtiger vielleicht noch: Ich halte Eva Herman für eine Vertreterin des Strukturkonservativismus (sie versucht, bislang erfolgreiche soziale Strukturen wie die Familie zu bewahren), mich selbst hingegen für einen Kompetenzkonservativen (ich bemühe mich – im Sinne der Evolution – darum, die Kompetenzen einer Gesellschaft – gegebenenfalls unabhängig von den bislang vorhandenen Strukturen – von Generation zu Generation zu bewahren).

So ist es nun aber einmal in einer Demokratie: Menschen haben unterschiedliche Ansichten, Weltbilder und Vorstellungen über die Zukunft, die sie auch frei äußern dürfen sollten, solange sie anderen damit nicht (willentlich) einen Schaden zufügen.

An exakt diese Prinzipien hatte sich Eva Herman in ihrem Emanzipations-Text gehalten. Sie argumentierte zwar mitunter beinhart, allerdings ohne irgendjemanden zu beleidigen. Ganz im Gegenteil: Der Text ist über weite Strecken selbstkritisch gehalten. Er wendet sich gegen bestimmte Entwicklungen, Vorstellungen, Normen, nicht jedoch gegen namentlich erwähnte Personen. Hinzu kommt, dass er exzellent geschrieben ist. Offen gestanden, ich könnte das in dieser Form nicht. Meine Stärken liegen eher in der Analyse, nicht der Formulierung. Überhaupt ist ihr

Text – so wie es ihre später folgenden Bücher zum Thema sind – intelligent und präzise verfasst. Was sie sagen will, bringt sie ohne Umschweife auf den Punkt.

Das Bild der blonden (aka blöden) Eva – wie es in einigen späteren öffentlichen Stellungnahmen in den Raum gestellt wurde – passt somit nicht. Wer so argumentiert, sollte sich lieber fragen, warum es ihm selbst so schwer fiel, einen knappen, in freier Rede gesprochenen Dreizeiler Eva Hermans zum *Bild der Mutter in Deutschland* (Seite 51) sicher zu interpretieren.

Im Folgenden wird der damalige Cicero-Artikel *Die Emanzipation – ein Irrtum?* in einigen Auszügen wiedergeben. Urteilen Sie selbst[68]:

> Wir Frauen kommen nicht drum herum: Jetzt müssen wir uns selbst einmal kritisch betrachten und nach unserem Handeln als Frau in all unserer Verantwortung fragen. Betrachten wir uns also ohne Verklärungen, ohne auftrumpfendes Ego-Marketing. Die Frau der unmittelbaren Gegenwart ist in aller Regel aktiv, berufstätig, selbstständig und verdient meist ihr eigenes Geld, ganz gleich, ob sie gebunden ist oder nicht. Zu ihrem selbstverständlichen Sein gehören Autonomie und als höchstes Ziel die Selbstverwirklichung. Wenn es darüber hinaus zeitlich passt und ein adäquater Partner in der Nähe ist, denkt sie eventuell auch über Kinder nach. Eventuell. Kinder sind für sie eine Option, keine Selbstverständlichkeit. Sollte es mit viel Glück doch zur Mutterschaft kommen, muss das Leben in genaue Zeitfenster eingeteilt und minutiös organisiert werden: Karriere und Küche werden nach Plan koordiniert, die Betreuung der Kinder arrangiert und gemanagt. Die Frau von heute ist im Stechschritt unterwegs, um die heterogenen Lebensinhalte unter einen Hut zu bringen. (…)
>
> Ziehen wir Bilanz nach fast einem halben Jahrhundert Feminismus und Frauenemanzipation. Es werden so viele Ehen geschieden wie noch nie zuvor. In immer weniger Haushalten wird regelmäßig oder gar zeitaufwändig gesund gekocht. Die berufliche Karriere von Frauen stockt und erleidet deutliche Einbrüche vor, während und nach der Schwangerschaft. Bei beinahe der Hälfte aller Kinder in Deutschland werden anlässlich der vorschulischen Untersuchungen wegen fehlender Bemutterung deutliche Defizite wie motorische oder sprachliche Störungen, kognitive Entwicklungsbarrieren und verhaltensauffälliges Benehmen festgestellt. Und es werden, wie erwähnt, erschreckend wenige Geburten verzeichnet. Am ernüchterndsten aber: Die Frauen, die vor knapp einem halben Jahrhundert entschlossen und hoffnungsvoll dem

Ruf der Emanzen und Feministinnen auf dem Weg nach weiblichem Erfolg folgten, sind im beruflichen Kampf gegen die Männer am Ende ihrer Kräfte und Ressourcen angelangt. Sie sind ausgelaugt, müde und haben wegen ihrer permanenten Überforderung nicht selten suizidale Fantasien. So zieht eine hochzivilisierte Kultur wie die unsere sich selbst den Boden unter den Füßen weg, die Basis, die uns Halt im täglichen Überlebenskampf geben könnte: die intakte Familie. (…)

Seit einigen Jahrzehnten verstoßen wir Frauen zunehmend gegen jene Gesetze, die das Überleben unserer menschlichen Spezies einst gesichert haben. Wir missachten sie, weil wir glauben, uns selbst verwirklichen zu müssen und mindestens genauso gut zu sein wie Männer. Durch dieses Verhalten ramponierten wir en passant auch noch das Ansehen der nicht berufstätigen Mutter, deren sozialer Status im Laufe der Emanzipationsanstrengungen immer schwächer wurde und heute kaum noch gesellschaftsfähig ist. Nur Hausfrau? Nur Mutter? Kein attraktiver Smalltalk für eine Party, und schon gar keine gesellschaftliche Reputation. Ist die zu faul?, fragt man hinter vorgehaltener Hand. Oder etwa zu dumm? Dabei sollten sich umgekehrt die so genannten Vorzeigefrauen zur Abwechslung auf den Prüfstand stellen und sich fragen lassen, welche Ziele sie eigentlich leiten. Die ehrliche Antwort wäre: Es sind Selbstgefälligkeit und Eitelkeit. Wir Frauen sind dem Wahn verfallen, uns beweisen zu müssen, dass wir zu allem fähig sind. Und so führen wir auf fatale Weise unsere wunderbaren Kräfte in die falsche Richtung. Man könnte auch sagen: Wir vergeuden sie. Wer einmal den Wert häuslichen Friedens in Harmonie und Wärme kennen lernen durfte, einen Ort, der Sicherheit, Glück und Seelenfrieden gibt, weiß, wovon die Rede ist. Diesen Boden kann nur die weibliche Seite bereiten. Es ist die Frau, die in der Wahrnehmung ihres Schöpfungsauftrages die Familie zusammenhalten kann.

Das soll nicht heißen, dass sich die weibliche Existenz ausschließlich darauf stützt. Es ist selbstverständlich, dass Frauen etwas lernen, dass sie sich weiterbilden und Aufgaben auch außerhalb der Familie übernehmen, wenn sie das Talent dafür haben. Doch all das sollte in Maßen geschehen. Es darf ihr Glück nicht allein darin bestehen, Geld zu verdienen und sich in der männlichen Berufswelt zu behaupten. Es ist eine simple, naturwissenschaftliche Feststellung: Wenn Frauen sich zunehmend zu maskulinen Wesen entwickeln, werden wir keine Nachkommen mehr haben. Wenn wir gegen die Natur arbeiten, müssen wir uns nicht wundern, wenn die Natur sich gegen uns wendet. Eine Frau, die über die ihr von der Natur zugedachten Aufgaben hinaus in Konkurrenz treten will zu dem Männlichen, wird und kann in keiner der beiden Richtungen

> wirklich stark sein. Der auferlegte Zwang führt unweigerlich in die Entweiblichung der Frau und die Entmännlichung der Herrenwelt. Denn mit diesem Handeln, auch das ist nur logisch, lähmen wir jede starke Männlichkeit in unseren Partnern, die wir uns in der Tiefe unserer Seelen sehnlichst wieder herbeiwünschen. Sie zucken nur noch verständnislos mit ihren breiten Schultern, an die wir uns so gern lehnen möchten, und wenden sich von uns ab. Diese Entwicklung muss zielgenau in die Kinderlosigkeit unserer Gesellschaft führen. Diesen Punkt haben wir nun bald erreicht.

Soweit der Auszug aus Eva Hermans im Mai 2006 in der Zeitschrift Cicero erschienenen Artikel *Die Emanzipation – ein Irrtum?*.

Nicht wenige Feststellungen des Artikels geben den aktuellen Status der Familie und des Verhältnisses der Geschlechter durchaus realistisch und zutreffend wieder. Wie groß beispielsweise der Wunsch vieler Mädchen und Frauen nach dem starken ungezügelten Mann weiterhin ist, konnte erst unlängst im Rahmen der Flüchtlingskrise (Refugees Welcome) beobachtet werden.

Unabhängig davon werden manche sozialen Entwicklungen von den Gleichheitsfeministinnen oftmals überraschend falsch eingeschätzt. Geradezu legendär ist der Satz Alice Schwarzers [69]:

> Wenn wir den Kampf gegen die Pornografie nicht gewinnen, verlieren wir den Kampf um unsere Emanzipation. So einfach ist das.

Ich selbst hätte hingegen immer eher vermutet – und die Praxis hat dies auch bestätigt –, dass es unter der Gleichberechtigung zu einer Zunahme von Prostitution und Pornografie kommt, unter anderem auch deshalb, weil viele Frauen dann in solchen Jobs eine mögliche legale Einnahme und Selbstverwirklichungsquelle sehen. Dies zeigt beispielhaft der Lebensweg des „schmutzigsten Mädchens der Welt“, Sasha Grey [70], die nach meinem Dafürhalten als Frau mindestens so emanzipiert ist wie Alice Schwarzer selbst. Im *Rolling Stone-Magazine* wurde sie als intelligente Frau mit feministischen Zügen charakterisiert [71].

Man müsste Pornografie und Prostitution unter der Emanzipation letztlich verbieten, um den Kampf gegen sie doch noch zu gewinnen.

Die erste wesentliche Gegenoffensive auf Eva Hermans Emanzipationsartikel kam – wie nicht anders zu erwarten war – nicht etwa aus den Reihen der Alt-68er, sondern des Gleichheitsfeminismus in Person ihrer Galionsfigur Alice Schwarzer. Im SPIEGEL gab sie noch im gleichen Monat des Erscheinens von Eva Hermans *Die Emanzipation – ein Irrtum?*[72] das folgende Interview[73]:

> SPIEGEL: Wie etwa „Tagesschau"-Sprecherin Eva Herman, die in einem Artikel das Ideal der Hausfrau beschwört und die Emanzipation für die Kinderlosigkeit verantwortlich macht.
>
> Schwarzer: Mal abgesehen von dem Niveau dieser Suada zwischen Mutterkreuz und Steinzeitkeule – da ist sogar etwas dran. Die Frauen in Deutschland sind in einem stillen Gebärstreik, weil sie nicht mehr um jeden Preis Mutter werden müssen. Die meisten wollen Kinder, aber sie wollen auch einen Beruf. Und vor allem: Sie wollen Unterstützung von den Vätern und vom Staat.
>
> SPIEGEL: Ihnen bereitet es also keine Sorgen, dass in Deutschland so wenig Kinder geboren werden?
>
> Schwarzer: Ehrlich gesagt: nicht die Bohne. Wir müssen doch im Jahr 2006 dem Führer kein Kind mehr schenken.

Das Interview war für alles Folgende richtungsweisend, da es Eva Hermans Artikel gleich an zwei Stellen mit dem Gedankengut des Nationalsozialismus in Verbindung brachte, einerseits durch das unzulässige Wort „Mutterkreuz" (siehe Kapitel *Gleichschaltung*), andererseits durch den Satz „Wir müssen doch im Jahr 2006 dem Führer kein Kind mehr schenken."

Wie sich gleich zeigen wird, setzten auch die beiden noch im gleichen Jahr veröffentlichten Artikel und Interviews von und mit der Autorin Thea Dorn genau auf der gleichen Argumentationslinie an. Dies belegt, dass bereits weit vor dem eigentlichen Eva Herman-Skandal (im Anschluss an Eva Hermans Arche Noah-Pressekonferenz vom 06.09.2007) von namhaften Feministinnen versucht wurde, Eva Herman als eine Apologetin des Nationalsozialismus darzustellen. Es spricht deshalb einiges dafür, dass der Skandal systematisch inszeniert wurde.

Das obige SPIEGEL-Interview mit der zweifachen Bundesverdienstkreuzträgerin Alice Schwarzer ist aber auch aus anderen Gründen ein wichtiges Zeitdokument. Zum einen offenbart es in aller Deutlichkeit, dass sich Schwarzer ausschließlich für ihre eigenen Interessen (und möglicherweise der aktuell lebenden berufstätigen Frauen) interessiert, nicht („die Bohne") jedoch für die Folgegeneration. Zwar müssen heute tatsächlich keine Nachkommen mehr für den Führer in die Welt gesetzt werden, für die Folgegeneration – wie es während der gesamten mehr als 4 Milliarden Jahre währenden Evolution des Lebens auf der Erde erforderlich war – aber sehr wohl. Es sei denn, man begnügte sich mit der Aussicht, dass die Mehrheit der europäischen Frauen in 50 Jahren zwar nicht unter der von Eva Herman präferierten christlichen sexuellen Arbeitsteilung „dahin vegetieren" müssen, sondern unter dem islamischen Schleier. Mit anderen Worten: Es interessiert Alice Schwarzer nicht die Bohne, ob nach der Emanzipation der Schleier über die Frauen fällt. Und er wird definitiv fallen, wenn so weitergemacht wird wie bislang.

Alice Schwarzer irrte in dem zitierten SPIEGEL-Interview aber auch noch aus einem ganz anderen Grund: In Deutschland sind weniger die Frauen in einen stillen Gebärstreik getreten, sondern primär die Männer in einen Zeugungsstreik.

Während der gesamten Geschichte der Menschheit hatten wohlhabende oder mit Macht ausgestattete Männer eine größere Zahl an Sexualpartnerinnen und setzten auch mehr Kinder in die Welt als Männer mit einem niedrigeren Sozialstatus [74]. Diese Aussage konnte in zahlreichen Untersuchungen mit unterschiedlichen Gesellschaftsformen (vormoderne Bauerngesellschaften, Wildbeuter etc.) bestätigt werden [75]. Beispielsweise konnte bei den matriarchalisch organisierten südamerikanischen Yanomami beobachtet werden, dass Häuptlinge im Durchschnitt mit mehr Frauen verheiratet sind als Nichthäuptlinge, und die Häuptlingsfrauen im Mittel zudem besonders fruchtbar sind [76].

Hohes Alter bei gleichzeitiger guter Gesundheit dient den Weibchen in vielen biologischen Arten – aus nachvollziehbaren Gründen – als Fitnessindikator für die Männchen. Es ist zu vermuten, dass dies im Laufe des längsten Abschnitts der Menschheitsgeschichte auch in menschlichen Populationen der Fall war. Sowohl das Selektionsverhalten von Frauen, als auch die bis ins hohe Alter reichende Fortpflanzungsfähigkeit vieler Männer deuten darauf hin. Es kann deshalb festgestellt werden: Ein hohes männliches Erstheiratsalter stellt aus evolutionärer Sicht kein grundsätzliches Problem dar. Ein gesunder, sozial erfolgreicher Mann könnte selbst im Alter von 50 Jahren noch eine 20-jährige Frau heiraten und mit ihr zehn oder mehr Kinder haben. Und umgekehrt wäre für eine an Fortpflanzung interessierte junge Frau ein solcher Mann möglicherweise nicht nur wegen seines Wohlstands, sondern auch aufgrund seiner offenbar gut angepassten Gene attraktiv. Aus ihrer Sicht besäßen ihre Kinder dann eine größere Chance, ebenfalls sowohl Wohlstand als auch ein hohes Alter bei guter Gesundheit zu erlangen.

Ganz anders sieht es für ein hohes mittleres Erstheiratsalter von Frauen aus, wie es in Deutschland und in vielen anderen vergleichbaren Gesellschaften seit etlichen Jahren zu beobachten ist. Im Jahr 2008 wurde in Deutschland dabei erstmalig die 30-Jahre-Grenze erreicht und überschritten.

Für Frauen stellt ein hohes Alter bei gleichzeitiger guter Gesundheit aus Sicht des männlichen Geschlechts nämlich eben gerade keinen Fitnessindikator dar. Und anders als es bei den Männern der Fall ist, könnte eine gesunde, sozial erfolgreiche Frau auch nicht im Alter von 50 Jahren noch einen 20-jährigen Mann heiraten und mit ihm zehn oder mehr Kinder haben. Die Verbindung einer reiferen (nicht mehr fortpflanzungsfähigen), sozial erfolgreichen Frau mit einem jüngeren Mann war in früheren Gesellschaften, in denen die Kindersterblichkeit hoch war und Frauen im Mittel noch vier oder mehr Kinder in die Welt setzen mussten, um die Generationenstärke der Gesellschaft zu wahren (quantitative Bestandserhaltung), deshalb in der Regel verpönt. Sie war erkennbar primär auf Sex (das heißt, auf privates Vergnügen) statt auf Fortpflanzung ausgelegt. Anders sah dies bei einer Verbindung eines reiferen, sozial erfolgreichen Mannes mit einer deutlich jüngeren Frau aus. Solche Ehen ließen eine große Zahl an Kindern geradezu erwarten und wurden folglich auch sozial ausdrücklich gutgeheißen.

Da der – in der gesamten Geschichte der Menschheit in dieser Form unbekannte – Anstieg des Erstheiratsalters von Frauen ab circa 1970 einsetzt, ist zu vermuten, dass er wesentlich durch die weibliche Emanzipation (Gleichberechtigung der

Geschlechter) und die ab diesem Zeitpunkt insbesondere aufseiten der Frauen erfolgte Bildungsexpansion bedingt ist.

Weil im Rahmen der weiblichen Emanzipation auch die soziale Norm von der paritätischen Aufteilung der Familienarbeit unter den Geschlechtern propagiert und durchgesetzt wurde, entstand für beide Geschlechter erstmalig ein enges zeitliches Fenster (die sogenannte *Rushhour des Lebens*[77]), in der nicht nur von beiden Seiten verlässliche Einnahmenquellen für die Gründung einer Familie erschlossen, sondern auch die mit der Familiengründung einhergehenden zusätzlichen Aufgaben und Arbeiten (Familienarbeit, Hausbau etc.) bewältigt werden mussten. Diese den Interessen vieler Männer zuwiderlaufende Situation hat inzwischen dazu geführt, dass Männer in Deutschland einen historisch niedrigen Kinderwunsch besitzen, der auch deutlich unterhalb der von Frauen liegt (siehe *Abbildung 1*)[78]. Anders gesagt: Männer sind in Deutschland aufgrund der für sie neu geschaffenen unpassenden Lebensverhältnisse, die – wie gezeigt wurde – nicht einmal mit ihren natürlichen biologischen Potenzialen harmonieren, gewissermaßen in einen Zeugungsstreik getreten[79].

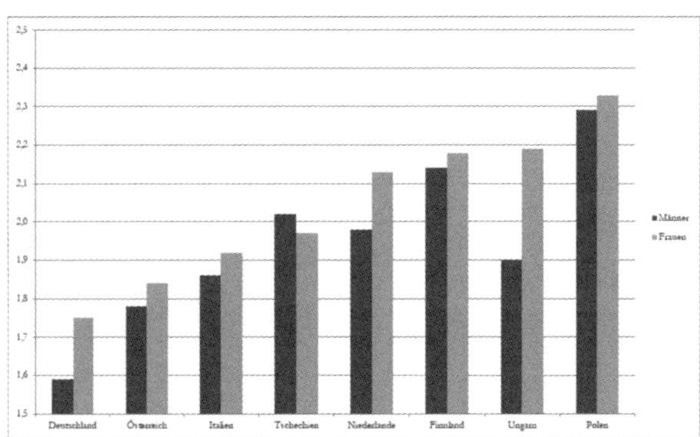

Abbildung 1: Kinderwunsch von Männern und Frauen im Alter 20 bis 49

Die Konsequenzen dieser auf der Gleichheitsideologie beziehungsweise dem in den Sozialwissenschaften normativ vertretenen Antibiologismus beruhenden Fehleinschätzungen sind beträchtlich: Demografischer Wandel, demografisch-ökonomisches Paradoxon, Erhöhung der Opportunitätskosten von Kindern für beide Geschlechter, zunehmende Verarmung von Kindern, Verschlechterung der Bildungsfähigkeit von Kindern, Verschlechterung der Gesundheit von Kindern[81], Verlagerung eines Großteils der Mehrkindfamilien (mit drei oder mehr Kindern) in sozial schwache, bildungsferne Schichten etc.: Die genannten Phänomene haben allesamt ihre Ursache in der beschriebenen problematischen Familiensituation. Anders gesagt: Mit der Gleichberechtigung der Geschlechter wurde eine soziale Maßnahme umgesetzt, deren Konsequenzen für die Familiensituation und die langfristige Überlebensfähigkeit von Gesellschaften in den Sozialwissenschaften und der Politik bis heute nicht verstanden werden. Und von Alice Schwarzer sowieso nicht, zumal sie sich nicht dafür interessiert.

Der entscheidende Angriff auf Eva Herman inklusive der Herstellung einer engen Verbindung ihrer Ansichten mit den Ideologien des Nationalsozialismus erfolgte aber erst in den Interviews und Artikeln von Thea Dorn. Im Willanders-Blogeintrag zur „Heiligen der Wendehälse" (Thea Dorn) heißt es dazu sehr treffend[82]:

> Fräulein Scherer/Dorn war bei der medialen Hetzjagd auf Eva Herman ganz, ganz vorne dabei. Das wollen wir, dürfen wir nicht vergessen.

Nur 14 Tage nach Alice Schwarzers Interview im SPIEGEL sagte Thea Dorn in der ZEIT zunächst das Folgende über Eva Herman und deren Ansichten[83]:

> *Thea Dorn:* Die Unübersichtlichkeit der Welt verunsichert die Menschen. Sie drücken sich vor komplizierten Fragen wie „Wer kann ich sein?" oder „Wie wollen wir in der Gesellschaft zusammenleben?" und delegieren die Antworten an die scheinbar objektiven Naturwissenschaften. Die Natur, so argumentieren sie, ist ja das Urälteste, die ewige Wahrheit, sie gibt Sicherheit. Das ist gefährlich.
>
> ZEIT: Warum?
>
> *Thea Dorn:* Die Sehnsucht nach der Natur als Wahrheitskriterium bedeutet letztlich eine totalitäre Abkehr vom Konzept von Freiheit und Individualität. Wenn alles biologisch ist, ist der Einzelne ja nicht mehr für sein Leben verantwortlich. Wie weit das geht, zeigt ein Vergleich von Eva Hermans Eva-Prinzip mit Hitlers *Mein Kampf.* Bei einem Satz wie „Indem der Mensch

versucht, sich gegen die eiserne Logik der Natur aufzubäumen, gerät er in Kampf mit den Grundsätzen, denen auch er selber sein Dasein als Mensch allein verdankt" ist nicht so leicht zu entscheiden, aus welchem Buch er ist.

ZEIT: Und? Hitler oder Herman?

Thea Dorn: Hitler. Bei Herman heißt es: „Nur wenn wir uns im Einklang mit den Gesetzen der Natur befinden, wenn wir sie erkennen und akzeptieren, kann das segensreiche Schöpfungsprinzip der menschlichen Zweigeschlechtlichkeit förderlich für uns und unsere Gesellschaft wirken." Das ist nicht so weit weg.

Gemäß Thea Dorn besitzt eine Person folglich bereits dann eine ideologische Nähe zu Adolf Hitler (gemäß dessen Buch *Mein Kampf*), wenn sie sich für ein Leben in Einklang mit der Natur und für die Zweigeschlechtlichkeit ausspricht. Absurder geht es eigentlich kaum noch.

Von der Vorgehensweise Thea Dorns inspiriert, sollen im Folgenden einige andere Sprüche zitiert werden:

Indianerweisheit[84]:

Nimm dir ein Beispiel an der Natur, selbst an der vom Menschen verwundeten und verwüsteten. Sie ist das Herz deines eigenen Herzens.

Zentralrat der Muslime in Deutschland e. V.[85]:

Der Islam ist ein Lebensweg, der sich auf alle Bereiche des menschlichen Daseins erstreckt und der in grundsätzlicher Übereinstimmung mit der Natur, ihren Gesetzen und ihren Anforderungen steht.

Koran 2:223 (in der Übersetzung von Hartmut Bobzin):

Eure Frauen sind für euch ein Saatfeld. So geht zu eurem Saatfeld, wann ihr wollt! Schickt etwas für euch voraus, fürchtet Gott, und seid gewiss, dass ihr ihm begegnen werdet! Verkündige den Gläubigen frohe Botschaft.

Koran 4:34 (in der Übersetzung von Hartmut Bobzin):

> Die Männer stehen für die Frauen ein, deshalb, weil Gott den einen von ihnen den Vorzug vor den anderen gewährte und weil sie etwas von ihrem Vermögen aufgewendet haben. Die frommen Frauen sind demütig ergeben, hüten das Verborgene, weil auch Gott es hütet. Die aber, deren Widerspenstigkeit ihr befürchtet, die ermahnt, haltet euch fern von ihnen auf dem Lager, und schlagt sie. Wenn sie euch gehorchen, dann unternehmt nichts weiter gegen sie. Gott ist hoch erhaben, groß.

Wer es darauf anlegt, wird überall auf der Welt Nationalsozialisten am Werk sehen. Oder anders gesagt: Wer ständig hämmert, sieht überall Nägel.

Im November 2006 legte Thea Dorn mit ihrem taz-Artikel *Das Eva-braun Prinzip*[86] noch einmal gehörig nach, indem sie einige Formulierungen aus Eva Hermans Buch *Das Eva-Prinzip* mit Sätzen aus dem Buch *Der Mythos des 20. Jahrhunderts* von Alfred Rosenberg (des Chef-Ideologen der Nationalsozialisten) verglich. Nach einer Klage Eva Hermans musste der taz-Artikel zurückgezogen (abgeschaltet) werden, er ist aber gelegentlich noch im Internet einsehbar[87]. Doch warum sah die taz-Redaktion eigentlich nicht bereits vor der Veröffentlichung ihres Artikels ein, dass Zeitungen nicht als Mobbing-Plattformen missbraucht werden sollten?

Mit den beiden Beiträgen von Thea Dorn war das Feld für den großen Angriff auf die ehemalige Tagesschausprecherin bestellt.

67 Herman, Eva (2006): Die Emanzipation – ein Irrtum? In: Cicero, Ausgabe Mai 2006; https://www.cicero.de/kultur/die-emanzipation-%E2%80%93-ein-irrtum/37347

68 Herman, Eva (2006): Die Emanzipation – ein Irrtum? In: Cicero, Ausgabe Mai 2006; https://www.cicero.de/kultur/die-emanzipation-%E2%80%93-ein-irrtum/37347

69 https://www.aliceschwarzer.de/artikel/die-wuerde-der-frau-ist-antastbar-264966

70 https://de.wikipedia.org/wiki/Sasha_Grey
https://www.welt.de/kultur/article120863021/Sasha-Grey-das-schmutzigste-Maedchen-der-Welt.html
http://www.spiegel.de/kultur/gesellschaft/ex-pornostar-sasha-grey-ich-wollte-die-maenner-verunsichern-a-791470.html

71 https://www.rollingstone.com/movies/movie-news/sasha-grey-the-dirtiest-girl-in-the-world-the-story-behind-the-story-63211/

72 Herman, Eva (2006): Die Emanzipation – ein Irrtum? In: Cicero, Ausgabe Mai 2006; https://www.cicero.de/kultur/die-emanzipation-%E2%80%93-ein-irrtum/37347

73 DER SPIEGEL 22/2006: „Panik im Patriarchat", Interview mit Alice Schwarzer, 29.05.2006, http://www.spiegel.de/spiegel/print/d-47074011.html

74 Betzig, Laura L. (1986): Despotism and Differential Reproduction. A Darwinian View of History. New York, NY: Aldine Publishing Company

75 Hopcroft, Rosemary L. (2006): Sex, status, and reproductive success in the contemporary United States; In: Evolution and Human Behaviour, 27, S. 105; Voland, Eckart (2000): Grundriss der Soziobiologie. Heidelberg: Spektrum Akademischer Verlag, S. 89f.

76 Voland, Eckart (2000): Grundriss der Soziobiologie. Heidelberg: Spektrum Akademischer Verlag, S. 89

77 Bertram, Hans/Rösler, Wiebke/Ehlert, Nancy (2005): Nachhaltige Familienpolitik. Zukunftssicherung durch einen Dreiklang von Zeitpolitik, finanzieller Transferpolitik und Infrastrukturpolitik. Berlin: Bundesministerium für Familie, Senioren, Frauen und Jugend

78 Vergleiche etwa Höhn, Charlotte/Ette, Andreas/Ruckdeschel, Kerstin/Grothe, Friederike (2006): Kinderwünsche in Deutschland. Konsequenzen für eine nachhaltige Familienpolitik. Wiesbaden: Bundesinstitut für Bevölkerungsforschung/Robert Bosch Stiftung; Boll, Christina/Bonin, Holger/Gerlach, Irene/Hank, Karsten/Laß, Inga/Nehrkorn-Ludwig, Marc-André/Reich, Nora/Reuß, Karsten/Schnabel, Reinhold/Schneider, Ann Kristin/Stichnoth, Holger/Wilke, Christina B. (2013): Geburten und Kinderwünsche in Deutschland. Bestandsaufnahme, Einflussfaktoren und Datenquellen – Gutachten im Auftrag der Prognos AG für das Bundesministerium der Finanzen und das Bundesministerium für Familie, Senioren, Frauen und Jugend. Mannheim: ZEW; Klein, Doreen (2006): Zum Kinderwunsch von Kinderlosen in Ost- und Westdeutschland; In: BiB, Materialien zur Bevölkerungswissenschaft (2006), Heft 11

79 Ich musste mir im (patriarchalischen) Ausland eine Frau suchen, um bei meinem Job, meinem Verdienst und den damit verbundenen Arbeitszeiten in Deutschland Familie haben zu können. Auch war ich bei meinem Einkommen auf keinerlei staatliche Betreuungseinrichtungen angewiesen.

Wenn es darauf angekommen wäre, hätten die Kinder ganztägig von Studentinnen betreut werden können. Das feministische Vereinbarkeitsmodell (inklusive der damit verbundenen paritätischen Aufteilung von Familienarbeit) leidet unter feministischer Arroganz und Ignoranz.

80 Boll, Christina/Bonin, Holger/Gerlach, Irene/Hank, Karsten/Laß, Inga/Nehrkorn-Ludwig, Marc-André/Reich, Nora/Reuß, Karsten/Schnabel, Reinhold/Schneider, Ann Kristin/Stichnoth, Holger/Wilke, Christina B. (2013): Geburten und Kinderwünsche in Deutschland. Bestandsaufnahme, Einflussfaktoren und Datenquellen – Gutachten im Auftrag der Prognos AG für das Bundesministerium der Finanzen und das Bundesministerium für Familie, Senioren, Frauen und Jugend. Mannheim: ZEW, S. 50

81 https://www.zeit.de/wissen/gesundheit/2018-08/kinder-und-jugendreport-gesundheit-kinder-bildungsstatus-karies-uebergewicht
https://www.aerztezeitung.de/politik_gesellschaft/praevention/article/970299/dak-analyse-bildung-eltern-beeinflusst-gesundheit-kinder.html

82 https://willanders.wordpress.com/2010/10/13/thea-dorn-die-heilige-der-wendehalse/

83 ZEIT ONLINE 12.06.2006
http://www.zeit.de/zeit-wissen/2007/01/Interview-Thea-Dorn/komplettansicht:
Interview: „Ich bin der lebende Beweis"; Thea Dorn über Weiblichkeit, Hitler und Eva Herman. Von Eva-Maria Schnurr

84 http://www.zitate-und-weisheiten.de/indianische-weisheiten/

85 http://islam.de/72 (abgerufen am 01.11.2018)

86 Thea Dorn: „Das Eva-braun-Prinzip". In: taz, 29.11.2006

87 https://willanders.wordpress.com/2010/10/13/thea-dorn-die-heilige-der-wendehalse/

DER EVA HERMAN-SKANDAL

Doch nun zum Geschehen des damaligen Skandals im Einzelnen:

Am 6. September 2007 äußerte sich Eva Herman auf einer Pressekonferenz anlässlich der Veröffentlichung ihres Buches *Das Prinzip Arche Noah – warum wir die Familie retten müssen*[88] gegenüber anwesenden Journalisten unter anderem wie folgt[89]:

> Wir müssen den Familien Entlastung und nicht Belastung zumuten und müssen auch 'ne Gerechtigkeit schaffen zwischen kinderlosen und kinderreichen Familien. Wir müssen vor allem das Bild der Mutter in Deutschland auch wieder wertschätzen, das leider ja mit dem Nationalsozialismus und der darauf folgenden 68er-Bewegung abgeschafft wurde. Mit den 68ern wurde damals praktisch alles das – alles was wir an Werten hatten – es war ´ne grausame Zeit, das war ein völlig durchgeknallter hochgefährlicher Politiker, der das deutsche Volk ins Verderben geführt hat, das wissen wir alle – aber es ist eben auch das, was gut war – das sind die Werte, das sind Kinder, das sind Mütter, das sind Familien, das ist Zusammenhalt – das wurde abgeschafft. Es durfte nichts mehr stehen bleiben.

Am Folgetag erschien im *Hamburger Abendblatt* ein Artikel, in dem die Journalistin Barbara Möller Eva Hermans Pressekonferenz mit den folgenden Worten zusammenfasste[90]:

> „Das Prinzip Arche Noah“ sei wieder ein „Plädoyer für eine neue Familienkultur, die zurückstrahlen kann auf die Gesellschaft“, heißt der Klappentext. Die Autorin, die übrigens in vierter Ehe verheiratet ist, will auch schon festgestellt haben, dass die Frauen „im Begriff sind, aufzuwachen“, dass sie Arbeit und Karriere nicht mehr unter dem Aspekt der Selbstverwirklichung betrachten, sondern unter dem der „Existenzsicherung“. Und dafür haben sie ja den Mann, der „kraftvoll“ zu ihnen steht. In diesem Zusammenhang machte die Autorin einen Schlenker zum Dritten Reich. Da sei vieles sehr schlecht gewesen, zum Beispiel Adolf Hitler, aber einiges eben auch sehr gut. Zum Beispiel die Wertschätzung der Mutter. Die hätten die 68er abgeschafft, und deshalb habe man nun den gesellschaftlichen Salat. Kurz danach war diese Buchvorstellung Gott sei Dank zu Ende.

Der Artikel des Hamburger Abendblattes trug maßgeblich dazu bei, dass Eva Herman in den folgenden Tagen in die Nähe von Nazi-Ideologien gerückt und schließlich aus allen Fernsehdiensten entlassen wurde. Besonders gravierend war vor allem die Behauptung des Artikels, dass Eva Herman in ihrer Rede die *Wertschätzung der Mutter* im *Dritten Reich* als *sehr gut* bezeichnet beziehungsweise gelobt hatte.

Allerdings fühlte sich Eva Herman von der Zeitung falsch zitiert und reichte eine Klage gegen den Axel-Springer-Verlag ein. Die ersten beiden Instanzen gaben ihr im Wesentlichen Recht. In der Revision wies der Bundesgerichtshof (BGH) die Klage am 21.06.2011 (VI ZR 262/09) dann jedoch endgültig zurück. In der Pressemitteilung zum Urteil heißt es [91]:

> Der u. a. für den Schutz des allgemeinen Persönlichkeitsrechts zuständige VI. Zivilsenat des Bundesgerichtshofs hat entschieden, dass die beanstandete Berichterstattung das allgemeine Persönlichkeitsrecht der Klägerin nicht beeinträchtigt. Zwar umfasst das allgemeine Persönlichkeitsrecht auch das Recht am eigenen Wort und schützt den Einzelnen davor, dass ihm Äußerungen zugeschrieben werden, die er nicht getan hat und die seine Privatsphäre oder den von ihm selbst definierten sozialen Geltungsanspruch beeinträchtigen. Der grundrechtliche Schutz wirkt dabei nicht nur gegenüber Fehlzitaten, sondern auch gegenüber unrichtigen, verfälschten oder entstellten Wiedergaben einer Äußerung. Die Beklagte hat die Äußerung der Klägerin aber weder unrichtig noch verfälscht oder entstellt wiedergegeben. Die Äußerung lässt im Gesamtzusammenhang betrachtet gemessen an Wortwahl, Kontext der Gedankenführung und Stoßrichtung nur die Deutung zu, die die Beklagte ihr beigemessen hat.

Der BGH stellt mit seinem Urteil somit keineswegs infrage, dass das Persönlichkeitsrecht auch das Recht am eigenen Wort umfasst. Ferner betont er, dass von einer unrichtigen Wiedergabe einer an sich mehrdeutigen Äußerung bereits dann auszugehen ist, wenn dabei der Eindruck vermittelt wird, die dargelegte Interpretation sei die einzig mögliche. Allerdings wäre dies – so die Urteilsbegründung – im vorliegenden Fall ohne Relevanz, da die Äußerung der Klägerin nicht mehrdeutig sei [92].

Die Urteilsbegründung ist insoweit bemerkenswert, als der BGH damit primär ein sprachanalytisches und kein juristisches Urteil gefällt hat. Die Klage wurde nämlich zurückgewiesen, weil sich Eva Hermans Äußerungen gemäß BGH nicht anders deuten lassen, als es Barbara Möller seinerzeit in der Ausgabe des Hamburger Abendblatts vom 07.09.2007 getan hatte. Anders gesagt: Der Klage konnte allein schon deshalb nicht stattgegeben werden, weil der Artikel des Hamburger Abendblatts in den Augen des BGHs eine zutreffende Tatsachenbehauptung war[93].

Ich werde im nächsten Kapitel zeigen, dass diese Aussage vollkommen falsch ist, es sich bei dem Urteil des BGH somit um ein Fehlurteil gehandelt hat.

Das Bundesverfassungsgericht (BVerfG) nahm Eva Hermans Beschwerde gegen das Urteil des BGHs erst gar nicht zur Entscheidung an und beschied mit Datum vom 25. November 2012, dass das klageabweisende Urteil des Bundesgerichtshofs die Beschwerdeführerin nicht in ihren Grundrechten verletzt habe. Im Einzelnen führte es aus[94]:

> Die Verfassungsbeschwerde hat keine Aussicht auf Erfolg, weil die angegriffene Entscheidung die Grundrechte der Beschwerdeführerin nicht verletzt. Dass der Bundesgerichtshof den streitgegenständlichen Absatz im Artikel des Hamburger Abendblatts nicht für ein Falschzitat hält, ist verfassungsrechtlich nicht zu beanstanden. Die Passage ist in ihrem Gesamtzusammenhang zu betrachten und stellt sich dabei als Meinungsäußerung dar. Der Artikel im Hamburger Abendblatt ist schon überschrieben mit „Eine Ansichtssache" und insgesamt in einem süffisanten Ton geschrieben. Der Leser erkennt, dass es sich um eine verkürzende und verschärfende Zusammenfassung der Buchvorstellung handelt. Vor diesem Hintergrund ist das Recht der Beschwerdeführerin am eigenen Wort gewahrt; ihr allgemeines Persönlichkeitsrecht hat hinter die Meinungsfreiheit des Zeitungsherausgebers zurückzutreten. Die Beschwerdeführerin, der es nicht gelungen war, sich unmissverständlich auszudrücken, muss die streitgegenständliche Passage als zum „Meinungskampf" gehörig hinnehmen.

Auffällig ist, dass das Bundesverfassungsgericht auf die zentrale Argumentation in der Urteilsbegründung des Bundesgerichtshofs mit keinem Wort eingeht. Letzterer hatte nämlich behauptet, dass das allgemeine Persönlichkeitsrecht den Einzelnen zwar vor verfälschten Zitaten schütze, eine solche Verfälschung im konkreten Fall jedoch nicht vorgelegen habe, da sich Eva Hermans ursprüngliche Äußerung *nur* so deuten lasse, wie es Barbara Möller in der Ausgabe des

Hamburger Abendblatts vom 07.09.2007 getan habe. Demgegenüber stellte das Bundesverfassungsgericht in seinem Nichtannahmebescheid fest, dass die kritische Passage im Artikel des Hamburger Abendblatts lediglich eine „Meinungsäußerung" darstelle, die durch die Meinungsfreiheit des Zeitungsherausgebers gedeckt und als solche zum „Meinungskampf gehörig" hinzunehmen sei. Anders gesagt: Systematisches Mobbing ist gemäß Bundesverfassungsgericht ein zulässiges Mittel „im Meinungskampf". Solange ein Text als Meinung zu erkennen ist, darf er auch sachlich falsche und ehrverletzende Unterstellungen enthalten. Wenn also in einer Buchbesprechung – bei der es sich zwangsläufig um eine Meinungsäußerung handelt – „in einem süffisanten Ton" behauptet wird, dass der Autor im Buch die Familienpolitik der Nationalsozialisten lobt, dann ist das vom Betroffenen selbst dann hinzunehmen, wenn in seinem Werk tatsächlich das genaue Gegenteil steht.

Unabhängig davon fragt es sich: Wie kann eine Aussage eine reine „Ansichtssache" oder „Meinungsäußerung" sein, wenn sie anschließend von praktisch der gesamten Öffentlichkeit – einschließlich des Bundesgerichtshofs – als wahre Tatsachenbehauptung angesehen wird, und die betroffene Person in der Folge hierdurch ihren Job verliert? Mit anderen Worten: Die Begründung des Bundesverfassungsgerichts ist nicht stichhaltig.

88 Herman, Eva (2007): Das Prinzip Arche Noah. Warum wir die Familie retten müssen. München/ Zürich: Pendo

89 Bundesgerichtshof – Mitteilung der Pressestelle, Nr. 107/2011: „Wiedergabe einer im Rahmen einer Pressekonferenz gefallenen Äußerung"
http://juris.bundesgerichtshof.de/cgi-bin/rechtsprechung/document.py?Gericht=bgh&Art=en&Datum=Aktuell&Sort=12288&Seite=1&nr=56604&linked=pm&Blank=1

90 Bundesgerichtshof – Mitteilung der Pressestelle, Nr. 107/2011: „Wiedergabe einer im Rahmen einer Pressekonferenz gefallenen Äußerung" http://juris.bundesgerichtshof.de/cgi-bin/rechtsprechung/document.py?Gericht=bgh&Art=en&Datum=Aktuell&Sort=12288&Seite=1&nr=56604&linked=pm&Blank=1

91 Ebenda.

92 Urteil des VI. Zivilsenats vom 21.6.2011 – VI ZR 262/09 http://juris.bundesgerichtshof.de/cgi-bin/rechtsprechung/document.py?Gericht=bgh&Art=en&nr=57740&pos=7&anz=9

93 Zu einer recht ähnlichen juristischen und sprachlichen Einschätzung kommt Oliver García (vom dejure.org Rechtsinformationssysteme GmbH) in seinem De legibus Blog-Eintrag vom 23.06.2011: Eva-Herman-Entscheidung: Eine Zeitbombe für das Presserecht? http://blog.delegibus.com/1231

94 Siehe: http://www.bundesverfassungsgericht.de/pressemitteilungen/bvg12-079.html

WAS EVA HERMAN WIRKLICH SAGTE

Im Folgenden soll zunächst gezeigt werden, dass das Urteil des Bundesgerichtshofs vom 21.06.2011 ein Fehlurteil war (was mir möglich ist, da das Urteil nicht juristisch begründet wurde). Dazu soll etwas eingehender auf ihre Äußerungen eingegangen werden.

Der erste Satz der Ausführungen Eva Hermans mit Bezug auf den Nationalsozialismus lautete:

> Wir müssen vor allem das Bild der Mutter in Deutschland auch wieder wertschätzen, das leider ja mit dem Nationalsozialismus und der darauf folgenden 68er-Bewegung abgeschafft wurde.

Inhaltlich geht es darin um die „Wertschätzung der Mutter", die – so die Interpretation des Hamburger Abendblattes – gemäß Eva Herman im Dritten Reich angeblich noch bestanden haben soll (beziehungsweise sogar sehr gut gewesen sei), von den 68ern dann aber abgeschafft wurde.

Eva Hermans Äußerungen lassen eine solche Interpretation jedoch ausdrücklich nicht zu. Dies wäre zweifellos anders gewesen, wenn sie lediglich gesagt hätte: „Wir müssen vor allem das Bild der Mutter in Deutschland auch wieder wertschätzen, das leider ja mit dem Nationalsozialismus abgeschafft wurde." Dann hätte man dies in der Tat so verstehen können, dass die „Wertschätzung der Mutter" zusammen mit dem Nationalsozialismus (im Jahr 1945) abgeschafft wurde.

Doch damit erklärt sich das anschließende *„und der darauf folgenden 68er Bewegung"* nicht. Sie hätte dann nämlich eher sagen müssen (Wortergänzungen werden im Folgenden durch eckige Klammern plus *kursive* Schreibweise kenntlich gemacht):

> ... das leider ja mit dem Nationalsozialismus [von] der darauf folgenden 68er-Bewegung abgeschafft wurde.

Mal abgesehen davon, dass dies nicht ihre Worte waren, wäre dies auch inhaltlich wenig plausibel, denn der Nationalsozialismus wurde bekanntlich nicht von den

68ern abgeschafft, sondern bereits 23 Jahre zuvor von den einmarschierenden Alliierten. Auch wenn uns 68ern dies zur Ehre gereichen würde: So viel Einfluss hatten wir dann doch wieder nicht.

Die andere naheliegende Interpretation ist, dass das Wort „mit" im Satz in einem ähnlichen Sinne wie „durch" verwendet wird. Dies ist im Deutschen durchaus üblich. Beispielsweise könnte gesagt werden: „In Gallien wurde die Getreidekultur erst mit den Römern eingeführt." Dies ist nicht genau das Gleiche wie „durch die Römer", weil ein „mit" eher den zeitlichen Zusammenhang und ein „durch" die Kausalität betont, doch beide Verwendungen geben einen recht ähnlichen Sinn. Versteht man das „mit" also gewissermaßen als „durch", dann würde das darauf folgende „und" automatisch für ein weiteres „mit" stehen. Zumal das Wörtchen „und" den ersten Teil des Nebensatzes automatisch mit dessen zweiten verbindet, der somit ebenfalls eine „mit"-Formulierung ist.

In einer etwas redundanteren Fassung kann der Nebensatz deshalb auch wie folgt formuliert werden:

> ... das leider ja mit dem Nationalsozialismus und [mit] der darauf folgenden 68er-Bewegung abgeschafft wurde.

Für diese Interpretation spricht zusätzlich, dass der Folgesatz gleichfalls mit dem Wörtchen „mit" beginnt, wodurch der vorangehende Satz gewissermaßen gedanklich fortgeführt wird:

> Mit den 68ern wurde damals praktisch alles das – alles was wir an Werten hatten – es war 'ne grausame Zeit, das war ein völlig durchgeknallter hochgefährlicher Politiker, der das deutsche Volk ins Verderben geführt hat, das wissen wir alle – aber es ist eben auch das, was gut war – das sind die Werte, das sind Kinder, das sind Mütter, das sind Familien, das ist Zusammenhalt – das wurde abgeschafft.

Zusammenhängend lautet die etwas redundantere Fassung demgemäß (die Zwischenbemerkung zum durchgeknallten hochgefährlichen Politiker – auf die ich später noch zu sprechen komme – wurde darin ausgepunktet):

> Wir müssen vor allem das Bild der Mutter in Deutschland auch wieder wertschätzen, das leider ja mit dem Nationalsozialismus und [mit] der darauf folgenden 68er-Bewegung abgeschafft wurde. Mit den 68ern wurde damals praktisch alles das – alles was wir an Werten hatten – (...) auch das, was gut war – das sind die Werte, das sind Kinder, das sind Mütter, das sind Familien, das ist Zusammenhalt – das wurde abgeschafft.

Ich denke, damit steht die eigentliche grammatikalische Grundstruktur der ursprünglichen Äußerung Eva Hermans fest und wir können uns dem Inhalt des Gesagten zuwenden. Unwillkürlich fragt man sich zunächst: Wie kann denn etwas sowohl von den 68ern als auch den Nationalsozialisten abgeschafft worden sein? Hätte es dann nicht eigentlich schon vor der Zeit der 68er verschwunden sein müssen?

Die simple Antwort darauf lautet: nein. Denn im vorliegenden Kontext geht es schließlich um Werte. Eva Herman behauptet in ihrem ersten Satz, dass die Nationalsozialisten die „Wertschätzung der Mutter" abgeschafft hätten, die vor dem Nationalsozialismus in der deutschen Gesellschaft noch etabliert war (sonst hätten die Nationalsozialisten sie nicht abschaffen können). Nach dem Ende des Dritten Reichs erneuerte sich – gemäß Eva Herman – diese Wertschätzung aber wieder, woraufhin sie von den 68ern ein weiteres Mal abgeschafft wurde. Das ist leicht nachvollziehbar, denn die Reetablierung der „Wertschätzung der Mutter" und sonstiger Familienwerte erfolgte bereits 1949 im Rahmen der Gründung der Bundesrepublik Deutschland und der Verabschiedung des Grundgesetzes. Im Grundgesetz sind ein Teil der von ihr reklamierten Werte zu Ehe und Familie schriftlich festgehalten, andere reetablierten sich auf informelle Weise. Ich kann diese Sichtweise ausdrücklich bestätigen, denn speziell in den 1960er Jahren besaßen Ehe, Familie, Mütter und Kinder einen hohen sozialen Stellenwert. Ich erinnere mich beispielsweise an einen unangenehmen Vorfall im elterlichen Betrieb, zu dem mein Vater beim Mittagessen anmerkte: „Ich kann den Mann doch nicht entlassen, der hat schließlich Familie." So etwas dürfte heute fast undenkbar sein.

Für die Annahme der „Wertschätzung der Mutter" in der frühen Bundesrepublik Deutschland nach vorheriger Abschaffung durch die Nationalsozialisten spricht auch der letzte Satz in den Ausführungen Eva Hermans:

> Mit den 68ern wurde damals praktisch alles das – alles was wir an Werten hatten – (...) auch das, was gut war – das sind die Werte, das sind Kinder, das sind Mütter, das sind Familien, das ist Zusammenhalt – das wurde abgeschafft.

Dieses ganze Abschaffen wurde also – gemäß Eva Herman – von den 68ern „damals" vollbracht. Und das konnten die 68er – 23 Jahre nach Beendigung des Nationalsozialismus – natürlich nur deshalb tun, weil es diese Werte zur damaligen Zeit (1968) wieder (beziehungsweise noch) gab.

Auch wenn es in Deutschland üblich sein mag, bei der Verwendung des Worts „damals" reflexartig an die dunkle Zeit des Dritten Reichs zu denken, so ist es im konkreten Fall ausnahmsweise einmal unangebracht: „Damals" meint in den Ausführungen Eva Hermans eben gerade nicht die Zeit der Nationalsozialisten, sondern ausdrücklich die Zeit um 1968.

Hierdurch erklärt sich auch der Sinn der Formulierung „auch das, was gut war". Die Frage lautet nämlich: Kann mit dem „Guten" die Wertschätzung der Nationalsozialisten für die Mutter gemeint sein, wie es Barbara Möller im Hamburger Abendblatt Eva Herman in den Mund gelegt hatte? Die Antwort lautet: nein, natürlich nicht. Denn dieses Gute wurde gemäß Eva Herman um 1968 von den 68ern abgeschafft. Mit dem „Guten" können also keine Werte des Nationalsozialismus gemeint sein, sondern nur die in der Bundesrepublik Deutschland um 1968 allgemein akzeptierten Werte.

Insgesamt ergibt sich nach dem bislang Gesagten die folgende präzisierte Satzstruktur:

> Wir müssen vor allem das Bild der Mutter in Deutschland auch wieder wertschätzen, das leider ja mit dem Nationalsozialismus und [*mit*] der darauf folgenden 68er-Bewegung abgeschafft wurde. Mit den 68ern wurde damals praktisch alles das – alles was wir [*in den 1960er Jahren*] an Werten hatten – (...) auch das, was [*in den 1960er Jahren*] gut war – das sind die Werte, das sind Kinder, das sind Mütter, das sind Familien, das ist Zusammenhalt – das wurde abgeschafft. Es durfte nichts mehr stehen bleiben.

Ich denke, dass die so ergänzten Sätze in dieser Form unmittelbar verständlich und auch inhaltlich akzeptabel sein dürften. Genau genommen sind sie sogar politisch korrekt.

Zu klären bleibt einzig der Zwischensatz mit dem hochgefährlichen Politiker, der von Eva Hermans Anwalt in der Verhandlung vor dem Bundesgerichtshof wohl als Anakoluth [95] bezeichnet wurde:

> – es war 'ne grausame Zeit, das war ein völlig durchgeknallter hochgefährlicher Politiker, der das deutsche Volk ins Verderben geführt hat, das wissen wir alle –

Dieser Einwurf sorgt tatsächlich für Irritationen, da er inhaltlich so gar nicht zum Rest der Ausführungen passen will. Unmittelbar erklärend ist er eigentlich nur für ehemalige 68er und Personen, die sich eingehend mit den Zielen und Motiven der damaligen 68er-Bewegung auseinandergesetzt haben. Barbara Möller vom Hamburger Abendblatt scheint nicht dazu zu gehören, zumal sie bereits altersmäßig keine 68er ist.

Meines Erachtens versucht Eva Herman an dieser Stelle lediglich zu erklären, warum die 68er die in der damaligen Bundesrepublik Deutschland etablierten Familienwerte „abschaffen“ wollten. Dass sie das wollten ist unbestritten. Ihre Gründe hatten in der Tat ganz viel mit dem „durchgeknallten hochgefährlichen Politiker“ zu tun. Ansonsten müsste sich ohnehin gefragt werden: War die beabsichtigte damalige Werteabschaffung nur so eine Art Modeerscheinung gewesen, oder was motivierte die 68er dazu?

Theoretische Grundlage der 68er-Bewegung war die Kritische Theorie, zu deren wichtigsten Vertreter unter anderem Max Horkheimer, Theodor W. Adorno, Herbert Marcuse und Erich Fromm zählten. Speziell die Werke Herbert Marcuses besaßen einen sehr großen Einfluss auf die damalige Studentenbewegung. Des Weiteren spielten die Arbeiten Wilhelm Reichs – insbesondere sein Werk „Die Massenpsychologie des Faschismus“[96] – eine entscheidende Rolle. Auf Wikipedia heißt es dazu[97]:

> Reich wandte mit seiner Arbeit Massenpsychologie des Faschismus seine klinischen Vorstellungen von der menschlichen Charakterstruktur auf den gesellschaftlich-politischen Bereich an. Es ist seine erste größere, aus psychoanalytisch-gesellschaftskritischer Sicht

> geschriebene Auseinandersetzung mit dem Faschismus bzw. dem Nationalsozialismus. Er analysiert darin grundlegende Zusammenhänge zwischen autoritärer Triebunterdrückung und faschistischer Ideologie und welche Rolle die autoritäre Familie und die Kirche dabei spielen. Reich vertrat die Ansicht, dass organisierte faschistische Bewegungen durch irrationale Charakterstrukturen des modernen Durchschnittsmenschen hervorgebracht würden, dessen primäre biologische Bedürfnisse und Antriebe seit Generationen unterdrückt worden seien: Die patriarchalische (Zwangs-)Familie als Keimzelle des Staates schaffe die Charaktere, die sich der repressiven Ordnung, trotz Not und Erniedrigung, unterwerfen. Er verneint die Auffassung, Faschismus würde aus der Ideologie oder dem Handeln einzelner Individuen oder irgendwelcher politischen oder ethnischen Gruppen entspringen. Das später von Erich Fromm entwickelte Konzept des autoritären Charakters sah Reich als verwässerndes Plagiat seiner Theorie an.

Von besonderer Bedeutung für die Überlegungen der 68er war auch der im Jahr 1936 erschienene Band „Studien über Autorität und Familie“ in der von Max Horkheimer herausgegebenen Reihe „Schriften des Instituts für Sozialforschung“ mit Texten von Max Horkheimer, Erich Fromm und Herbert Marcuse.

Vor dem Hintergrund solcher theoretischen Arbeiten kamen maßgebliche Persönlichkeiten der 68er-Bewegung zu dem Schluss, dass der Faschismus in der Kleinfamilie mit ihrer autoritären und unterdrückerischen Struktur und dem Machtgefälle zwischen den Geschlechtern gelegt wurde. Die Kleinfamilie sollte deshalb in ihrer bisherigen Struktur zerschlagen („abgeschafft“) werden. In der Folge entstanden Kommunen und Wohngemeinschaften als neue Lebensformen und die antiautoritäre Erziehung als neues Erziehungsparadigma.

Ein Großteil der 68er war also tatsächlich der Ansicht, dass die patriarchalische Kleinfamilie in der Zeit vor 1933 einen wesentlichen Anteil an der Möglichmachung des Faschismus im Dritten Reich hatte. Und deren Grundstrukturen und -prinzipien hatten aus Sicht der 68er auch in der Bundesrepublik Deutschland unverändert Bestand. Da die endgültige Überwindung und Unmöglichmachung des Faschismus eines der primären Anliegen der 68er war, hatte dies zwangsläufig die Infragestellung der bisherigen Familienmodelle und der klassischen Geschlechterrollen zur Konsequenz.

Ein Artikel der *Bundeszentrale für politische Bildung* (bpb) fasst die damalige Debatte mit den folgenden Worten zusammen[98]:

> Der Umstand, dass Fragen der Erziehung in den Fokus der Protestbewegung gerieten, hängt unmittelbar mit dem Nachdenken über die Gründe für den Nationalsozialismus und mit den Debatten um Autorität und Antiautorität zusammen. Antiautorität war in keinem anderen Land ein Schlagwort der 68er Bewegung. In Deutschland hingegen war es zentral und geht unter anderem auf die Rezeption der Kritischen Theorie und deren ‚Studien zum autoritären Charakter' (…) zurück. (…) Die Untersuchung sollte mit Mitteln der empirischen Sozialforschung und der Sozialpsychologie erklären, warum Individuen faschistische Systeme unterstützen, und wie dies mit ihren individuellen psychischen Dispositionen zusammenhängt (…). Der Erziehung kam in den Analysen eine nicht unerhebliche Bedeutung zu.

Meines Erachtens weist Eva Herman in ihrem Zwischeneinwurf („es war 'ne grausame Zeit, das war ein völlig durchgeknallter hochgefährlicher Politiker, der das deutsche Volk ins Verderben geführt hat, das wissen wir alle") auf genau diese Debatte hin. Man könnte das von ihr Gesagte recht salopp und mit minimalen textlichen Veränderungen deshalb auch wie folgt erweitern und präzisieren:

> Wir müssen vor allem das Bild der Mutter in Deutschland auch wieder wertschätzen, das leider ja mit dem Nationalsozialismus und [*mit*] der darauf folgenden 68er-Bewegung abgeschafft wurde. Mit den 68ern wurde damals praktisch alles das – alles was wir [*in den 1960er Jahren*] an Werten hatten – es war 'ne grausame Zeit, das war ein völlig durchgeknallter hochgefährlicher Politiker, der das deutsche Volk ins Verderben geführt hat, das wissen wir alle[, *und ich kann deshalb verstehen, dass die 68er damals alles, was den Faschismus möglich gemacht hatte, abschaffen wollten]* – aber es ist eben auch das, was [*in den 1960er Jahren*] gut war – das sind die Werte, das sind Kinder, das sind Mütter, das sind Familien, das ist Zusammenhalt – das wurde abgeschafft. Es durfte nichts mehr stehen bleiben.

Dies ist letztlich eine politisch durchaus korrekte und vor allem konsistente Interpretation der Ausführungen Eva Hermans, die sich unmittelbar aus ihrem Text ergibt, ohne dass darin Worte verändert oder Sätze umgestellt werden mussten. Es wurden lediglich einige Worte zur Klärung hinzugefügt. Außerdem deckt sich die Interpretation mit Eva Hermans eigenen Erläuterungen[99]. Wesentlich ist, dass gemäß den obigen Sätzen Eva Herman in ihrer ursprünglichen Rede sowohl die mangelnde Mutterwertschätzung der 68er als auch der Nationalsozialisten kritisiert hatte. Ein Hinweis auf eine vermeintliche Wertschätzung der Mutter seitens der Nationalsozialisten findet sich in den Worten nicht.

Eine vergleichbare Herleitung der im Artikel des Hamburger Abendblattes vom 7. September 2007 gelieferten „Interpretation" des Gesagten (insbesondere der Unterstellung, dass die *Wertschätzung der Mutter* im *Dritten Reich* gemäß Eva Herman sehr gut gewesen sei) ergibt sich hingegen nicht, wie bereits gleich zu Beginn der vorliegenden Analyse aufgezeigt wurde.

Im logischen Sinne handelte es sich bei der entscheidenden Aussage des BGH-Urteils um eine Allaussage, etwa der folgenden Art: „*Alle zulässigen Interpretationen der Äußerung Eva Hermans entsprechen inhaltlich der des Hamburger Abendblatts.*"

Aussagen dieser Art sollten dem Papst oder den islamischen Muftis vorbehalten bleiben. In weltlichen Gerichtsurteilen haben sie nichts verloren. Denn: Allaussagen lassen sich durch die Angabe eines einzigen Gegenbeispiels widerlegen („falsifizieren"), im konkreten Fall durch eine einzige zulässige Interpretation, die inhaltlich nicht mit der des Hamburger Abendblatts kompatibel ist [100]. Exakt eine solche Interpretation wurde im Laufe der obigen Ausführungen erarbeitet und begründet.

Das BGH-Urteil war aber noch aus einem weiteren Grund in höchstem Maße problematisch. Wenn es in der Urteilsbegründung schon ausdrücklich und geradezu vermessen heißt, dass „die Äußerung (…) im Gesamtzusammenhang betrachtet gemessen an Wortwahl, Kontext der Gedankenführung und Stoßrichtung nur die Deutung zu[lässt], die die Beklagte ihr beigemessen hat", dann hätte man wenigstens eine einzige Wort-für-Wort-Herleitung der Darstellung des Hamburger Abendblatts aus Eva Hermans tatsächlich gesprochenen Worten in der erweiterten Urteilsbegründung erwarten können, in der insbesondere präzise erläutert wird, aus welchen Formulierungen Eva Hermans geschlossen werden kann und muss, dass die *Wertschätzung der Mutter* im *Dritten Reich* gemäß ihr *sehr gut* gewesen sei. Ohne eine solche Herleitung ist die Urteilsbegründung weder schlüssig noch seriös.

Damit ist restlos belegt, dass die Urteilsbegründung des Bundesgerichtshofs in doppelter Hinsicht falsch ist:

- Die Deutung des Hamburger Abendblattes ist keineswegs die einzige Interpretation.
- Sie ist darüber hinaus nicht mit dem gesprochenen Wort vereinbar.

Man hat Eva Herman oft und gerne vorgeworfen, bei ihrer damaligen Äußerung habe es sich um missverständlichen Wortwirrwarr [101] gehandelt, welcher einer ehemaligen Nachrichtensprecherin unwürdig sei. Beispielsweise meinte Margarethe Schreinemakers in der Kerner-Talkshow vom 09.10.2007 (siehe das Kapitel *Die FAZ zur Kerner-Sendung* und die sich daran anschließenden Kapitel) über den meist kritisierten Satz in Eva Hermans Äußerung auf ihrer Pressekonferenz vom 06.09.2007 [102]:

> Er ist durcheinander, er ist kraus und man versteht es nicht. Das heißt: Der Sinnzusammenhang ist so, dass es sich mir so vermittelt, als würde sie diese Werte auf die NS-Zeit beziehen.

Ich möchte dazu jedoch zu bedenken geben, dass es sich um eine in freier Rede auf einer Pressekonferenz getätigte Äußerung handelte, für die andere Maßstäbe gelten als für das geschriebene Wort. Und: Im Vergleich zur „Zusammenfassung" Barbara Möllers im Hamburger Abendblatt war selbst dieser angebliche Wortwirrwarr beziehungsweise krause, unverständliche Satz ausgesprochen gutes Deutsch. Halbwegs intelligenten, gebildeten und vorurteilsfreien Menschen dürfte es nicht allzu schwer gefallen sein, Eva Hermans Äußerung in dem von ihr beabsichtigten Sinn zu verstehen. Margarethe Schreinemakers hätte sich eben besser vorbereiten und mehr Mühe geben müssen.

Somit steht fest: Beim Urteil des Bundesgerichtshofs zum Fall Eva Herman handelt es sich um ein Fehlurteil. Es ist so falsch wie die Behauptung, dass drei Mal Null gleich Drei ist. Ähnliches gilt auch für die spätere Abweisung einer Verfassungsbeschwerde in der gleichen Sache durch das Bundesverfassungsgericht. Die Wiedergabe der Äußerungen von Eva Herman im Laufe ihrer Pressekonferenz vom 06. September 2007 im von der Journalistin Barbara Möller verfassten Artikel für die Ausgabe des Hamburger Abendblatts vom 7. September 2007 entsprach in keiner Weise dem tatsächlich Gesagten und den später von Eva Herman gegebenen Erläuterungen [103]. Und sie war auch nicht durch die Pressefreiheit oder das Recht auf freie Meinungsäußerung gedeckt. Tatsächlich handelte es sich um eine Falschbezichtigung mit gravierenden wirtschaftlichen, sozialen und persönlichen Konsequenzen für die betroffene Person. Im Grunde haben der Bundesgerichtshof und das Bundesverfassungsgericht durch ihre Urteile und Bescheide öffentliches Mobbing salonfähig gemacht.

Ich kenne die Gründe für das Fehlverhalten der beteiligten Richter nicht. Möglicherweise haben sie sich in ihrem Berufsleben zu sehr mit Juristendeutsch beschäftigt, um ganz normale deutsche Texte sicher interpretieren zu können, vielleicht fehlte es aber auch nur an grundsätzlichen Kenntnissen über die Motive der 68er-Bewegung, in beiden Fällen wäre dies ein Mangel an Bildung gewesen. Über eine denkbare Einflussnahme von Dritten soll an dieser Stelle nicht weiter spekuliert werden. Aber wie zum Himmel ist man beim BGH denn auf die absurde Idee gekommen, das Urteil mit einer nichtjuristischen Allaussage zu begründen?

95 Ein Bruch des Satzaufbaus: https://de.wikipedia.org/wiki/Anakoluth

96 Reich, Wilhelm (1971): Die Massenpsychologie des Faschismus. Erweiterte und revidierte Fassung, Köln: Kiepenheuer & Witsch; Originalausgabe Kopenhagen: 1933

97 Wikipedia: Wilhelm Reich (abgerufen am 27.03.2018), http://de.wikipedia.org/wiki/Wilhelm_Reich

98 http://www.bpb.de/geschichte/deutsche-geschichte/68er-bewegung/51961/erziehung-und-68?p=all

99 Herman, Eva (2010): Die Wahrheit und ihr Preis. Meinung, Macht und Medien. Rottenburg: Kopp, S. 146f.

100 Popper, Karl R. (2002): Logik der Forschung. Tübingen: Mohr Siebeck

101 Thomann, Jörg (2007): Rausschmiss bei Kerner. Wie Eva Herman den Fernsehtod starb; In: FAZ vom 10. Oktober 2007

102 https://www.welt.de/fernsehen/article1252851/Eva-Hermans-Auftritt-bei-Kerner-im-Wortlaut-2.html
https://www.youtube.com/watch?v=fy4O7esQtSQ (3/6), ab 01:56

103 Herman, Eva (2010): Die Wahrheit und ihr Preis. Meinung, Macht und Medien. Rottenburg: Kopp
Eva Herman: Habe niemals NS-Familienpolitik gelobt, Deutschlandfunk, 19.10.2007, https://www.deutschlandfunk.de/eva-herman-habe-niemals-ns-familienpolitik-gelobt.694.de.html?dram:article_id=65039

HERMAN ZUR NAZI-FAMILIENPOLITIK

Wie im letzten Kapitel herausgearbeitet wurde, hatte Eva Herman auf ihrer Pressekonferenz vom 6. September 2007 keineswegs – wie vom Hamburger Abendblatt am folgenden Tag behauptet wurde – die Nationalsozialisten für ihre „Wertschätzung der Mutter" gelobt, sondern ganz im Gegenteil behauptet, dass der Nationalsozialismus die „Wertschätzung der Mutter" abgeschafft habe.

Allerdings befand sich diese Aussage in einem knappen Nebensatz. Letztlich ist dies zu wenig, um daran ihre generelle Haltung zur Familienpolitik des Nationalsozialismus festzumachen. Es kann deshalb nicht schaden, zur Absicherung der bisherigen Ergebnisse auch noch weitere Äußerungen Eva Hermans zum Nationalsozialismus und insbesondere dessen Familienpolitik heranzuziehen. Und solche gibt es in der Tat, allen voran eine ca. fünfseitige scharfe Abrechnung mit dieser Politik, die bereits ein Jahr zuvor in ihrem Buch Das *Eva-Prinzip* [104] erschienen war. Diese Ausführungen werden im Folgenden ungekürzt zitiert, damit sich jeder sein eigenes Urteil bilden kann [105]:

> Was viele nicht wissen: Unsere distanzierte Haltung zu unseren Kindern steht auch in einem direkten Zusammenhang mit einem der dunkelsten Kapitel der deutschen Geschichte, dem Dritten Reich. Die Theoretiker des Nationalsozialismus erkannten früh, dass die Frage der Kindererziehung höchste politische Relevanz hatte. Das beschränkte sich nicht auf die erwünschte Steigerung der Geburtenrate, die sich in der Auszeichnung mit dem „Mutterkreuz-Orden" für Frauen mit vielen Kindern ausdrückte. Es betraf vielmehr die konsequente Einflussnahme auf den vormals privaten, familiären Bereich von Geburt, Mutterschaft und Säuglingspflege. Es ging nicht nur darum, „dem Führer Kinder zu schenken", sondern die Kinder so früh wie möglich nach den Maßgaben des nationalsozialistischen Menschenbilds zu formen.
>
> Betrachtet man diese ideologischen Grundlagen, wird schnell klar, dass der Hitler-Staat alles daransetzte, jeden gesellschaftlichen Bereich zu kontrollieren und jede private Nische zu vernichten, in der sich individuelle Lebensformen entwickeln konnten. Verwirklichen ließ sich das nur, indem die Gruppe, das Kollektiv, die „Volksgemeinschaft" über den einzelnen Menschen gestellt wurde, eine Ideologie, die wir auch im DDR-Sozialismus immer

wieder beobachten konnten. Damit wurden Kinder zum Politikum. Um ihre Erziehung zu nationalsozialistischen Bürgern zu gewährleisten, sollten sie der elterlichen Fürsorge so früh wie möglich entzogen werden. Es gab nur ein Problem: die emotionale Bindung der Eltern an ihre Kinder. So lag es nahe, diese konsequent in Frage zu stellen und zu zerstören. Das begann damit, dass im Nazi-Staat die bereits zu Anfang des 20. Jahrhunderts erprobten und routinemäßig eingesetzten schmerzstillenden Medikamente während der Geburt nicht mehr verwendet werden durften. Der Geburtsschmerz sei eine Tapferkeitsprobe, so die neue Lehrmeinung. Die Gebärende wurde zur Soldatin auf dem Schlachtfeld stilisiert, und so kommentierte denn auch der nationalsozialistische Gynäkologe Walter Stoeckel die acht Schwangerschaften seiner Frau: „Sieben Geburten und eine Fehlgeburt sind sieben Gesundheitsschlachten und eine Manöveranstrengung."

Die Forderung, Frauen müssten den Geburtsschmerz aushalten, hatte aber auch noch einen anderen Hintergrund: Auf diese Weise wurde die Mutter-Kind-Beziehung von vornherein negativ geprägt. Heute weiß man, dass eine massive Ablehnung des Neugeborenen durch den erlittenen Schmerz während einer Geburt möglich ist, bis hin zu Vernachlässigung und Misshandlung. Das wurde bewusst in Kauf genommen, um „übertriebene Muttergefühle" von Beginn an zu unterbinden. Um das zu unterstützen, wurde eine vierundzwanzigstündige Trennung von Mutter und Kind nach der Geburt propagiert, der natürliche Impuls nach Nähe zwangsweise unterdrückt.

Die dramatischen Folgen dieser Trennung sind heute hinreichend erforscht, doch auch schon in den zwanziger Jahren hatten Mediziner Erkenntnisse darüber gewonnen, die nun bewusst in Kauf genommen, sogar begrüßt wurden. Eine emotionale Bindung der Mutter an ihr Kind, das so genannte Bonding, wird besonders mit der Erfahrung körperlicher Nähe zwischen Mutter und Neugeborenem nach der Geburt gefördert. Frauen, die von ihren Neugeborenen getrennt werden, kann es längere Zeit schwerfallen, einfühlsam auf ihr Kind zu reagieren und eine innige Beziehung zu ihm zu entwickeln.

Den Nationalsozialisten war das nur recht. Stand schon das Geburtsgeschehen unter der Leitidee, allzu große Gefühle gar nicht erst entstehen zu lassen, setzte man dieses Denken mit den Vorgaben zur Säuglingspflege fort. In *Die deutsche Mutter und ihr erstes Kind* legte Johanna Haarer, überzeugte Nationalsozialistin und Autorin von mehreren Erziehungsbüchern, eine umfassende Anleitung vor, wie Mütter mit ihren Kindern umgehen sollten. Das schaurige Werk der Münchner Ärztin mit ihren entsetzlichen Empfehlungen erschien erstmals 1934 und wurde bis zum Ende des Krieges mehr als eine halbe Million Mal verkauft. 1936 kam *Unsere kleinen Kinder* auf den Markt, ebenfalls ein Bestseller. Es wurde das Grundlagenwerk der „Reichsmütterschulung“ und galt als wegweisend.

Zwei Gedanken prägten Johanna Haarers Bücher: die physische Trennung von Mutter und Kind und die emotionale Distanz. Eindringlich warnte sie vor einem „Übermaß an Liebe“ und empfahl, den Säugling einzig zum Stillen in den Arm zu nehmen. Mit anderen Worten: Wenn das Baby schreit, lautete die Devise: „Schreien lassen“. „Liebe Mutter, werde hart“, gab Haarer zu verstehen. „Fange nur ja nicht an, das Kind aus dem Bette herauszunehmen, es zu tragen, zu wiegen, zu fahren oder es auf dem Schoß zu halten.“ Das Stillen war allein zu festgelegten Zeiten erlaubt und sollte so rasch und nüchtern wie möglich erfolgen, da es ohnehin jeder Frau „auf die Nerven gehe“. Denn „sonst geht ein endloser Kuhhandel mit den kleinen Plagegeistern los“.

Plagegeister? Die Schriften der Johanna Haarer degradieren Kinder systematisch zu widerspenstigen Störenfrieden, die man besser nicht zu nah an sich heranlässt. „Kleine Nichtsnutze“ nennt sie den Nachwuchs, Erziehung ist für sie der Kampf gegen den Willen des Kindes, alle elementaren menschlichen Gefühle werden als „Affenliebe“ eingestuft. Generell empfiehlt sie „das Unterlassen jeder unnötigen Beschäftigung“ mit dem Kind. „Pflege und Wartung“ seien diszipliniert durchzuführen – eine Wortwahl, die eher an Autos erinnert als an den Umgang mit Kindern.

Alle kindlichen Bedürfnisse nach Geborgenheit und Nähe werden als Tyrannei bewertet, im Zentrum der Mutter-Kind-Beziehung stand für Haarer das Postulat, das Kind zur „Selbstständigkeit“ zu erziehen. Was damit wahrhaft gemeint war, ist klar: Es ging darum, bindungslose Kinder heranzuziehen, die sich früh in das nationalsozialistische Erziehungssystem integrieren ließen. Soldatische Tugenden wie Disziplin und Gehorsam wurden den Kindern vom ersten Schrei an abgefordert, das Bereitstellen von Nachwuchs, der sich mühelos in das System eingliedern ließ, war oberstes Gebot. Der NS-Pädagoge K. F. Sturm schwärmte denn auch von jungen Menschen, die die Erfahrung des „deutschgemeinschaftlichen Lebens“ machten, und Reichsminister Wilhelm Frick forderte die „gliedhafte Einordnung“ ins „Volksganze“: „Der Privatmensch existiert nicht mehr, er ist begraben.“

All das klingt heute erschreckend, die politischen Folgen sind bekannt. Und so ist es kaum zu verstehen, dass Johanna Haarers Werke nach dem Krieg nicht etwa in Vergessenheit gerieten, sondern seit den fünfziger Jahren zahlreiche Neuauflagen erlebten. Rund 1,2 Millionen dieser Bücher sind über den Ladentisch gegangen, die letzte Auflage erschien 1987!

Die Theorien von Haarer prägten somit mehrere Generationen von Müttern, und damit auch noch die Kinder, die in den fünfziger und sechziger Jahren geboren wurden – und heute Mütter werden. Das muss man wissen, wenn man sich fragt, warum Frauen heute offenbar leichten Herzens dazu bereit sind, Kleinstkinder und sogar Babys wegzugeben, um wieder zu arbeiten. Und es macht uns auch klar, dass Bücher wie *Jedes Kind kann schlafen lernen* – hier werden beispielsweise Methoden empfohlen, das Baby minutenlang in seinem Bettchen schreien zu lassen, während Mutter oder Vater mit der Stoppuhr vor der Kinderzimmertür ausharren – sich heutzutage jahrelang auf den Bestsellerlisten finden. Ohne die nationalsozialistische Anleitung von einst, es bedürfe nur der fachgerechten „Pflege und Wartung" von Säuglingen, wäre das nicht möglich.

Die Geringschätzung der Bindung, die Ablehnung der „kleinen Plagegeister" und „Nichtsnutze" mit ihrem Wunsch nach mütterlicher Nähe und Aufmerksamkeit hat also eine unheilvolle Tradition in Deutschland, die sich im System der DDR fast nahtlos fortsetzte. Kinder wurden letztlich als „Sand im Getriebe" gesehen, als Störfaktor im wirtschaftlichen Geschehen, und die frühe Fremdbetreuung hatte überdies den Vorteil, sie von vornherein der privaten Obhut zu entziehen und sie auf die staatliche Ideologie einzustimmen.

Auch wenn heute vordergründig keine Gedanken dieser Art mit der Forderung nach frühester Fremdbetreuung von Kindern verbunden sind, so muss man die Vorrangstellung der Berufstätigkeit vor den emotionalen Bedürfnissen dennoch als ideologische Einflussnahme bezeichnen: Die ökonomischen Anforderungen stehen heute im Verdacht, den Rang einer Weltanschauung und Lebenseinstellung eingenommen zu haben. Wir sollen „opferbereit" sein wie die Mütter im Nationalsozialismus, wir sollen unsere Gefühle unterdrücken, uns von ihnen befreien, um ohne Sehnsüchte und ohne schlechtes Gewissen unserer Erwerbszeit nachzugehen.

Bei der Frage von Babykrippen und Betreuungseinrichtungen gilt daher nicht ohne Grund das Motto: „Je früher, desto besser. Wer sich bindet, ist schwach; wer sich möglichst nüchtern verhält und Bindungen vermeidet, ist am ehesten in der Lage, sein Kind fröhlich lächelnd

> in fremde Hände zu geben." In Einrichtungen, wo es versorgt, aber ganz bestimmt nicht auf den Arm genommen und mit Zärtlichkeiten bedacht wird. Johanna Haarer wäre zufrieden.

Soweit also Eva Hermans Ausführungen zur Familienpolitik der Nationalsozialisten in ihrem Buch Das *Eva-Prinzip*, das ein Jahr vor der den Skandal auslösenden Arche Noah-Pressekonferenz erschienen war. Für mich gehören sie zu den schärfsten und klarsten Abrechnungen, die ich zu diesem Thema gelesen habe.

Und nun fragen sie sich selbst: Ist es wahrscheinlich, dass jemand, der im Jahr 2006 so etwas in einem Buch niedergeschrieben hat, ein Jahr später auf einer Pressekonferenz verkündet, dass die „Wertschätzung der Mutter" im Nationalsozialismus sehr gut gewesen sei? Welche Wertschätzung außer vielleicht, eine leistungsfähige Gebärmaschine zu sein, könnte angesichts von Sätzen wie

> Um die Erziehung der Kinder zu nationalsozialistischen Bürgern zu gewährleisten, sollten sie der elterlichen Fürsorge so früh wie möglich entzogen werden.

von Eva Herman gemeint gewesen sein?

Der BGH hatte in seiner Presseerklärung zum Eva-Herman-Urteil festgestellt, dass Eva Hermans Äußerung vom 06. September 2007 „im Gesamtzusammenhang betrachtet gemessen an Wortwahl, Kontext der Gedankenführung und Stoßrichtung nur die Deutung zu[lässt], die die Beklagte ihr beigemessen hat". Zum Kontext der Gedankenführung gehören bei einem solch vermeintlich sicheren Urteilsspruch dann aber zweifellos auch die sonstigen von Eva Herman öffentlich getätigten Äußerungen zur Familienpolitik der Nationalsozialisten, insbesondere der gerade zitierte Abschnitt aus ihrem Buch *Das Eva-Prinzip*. Offenbar wurden diese nicht berücksichtigt. Damit ist dieses Urteil nicht nur falsch, sondern es ist auch nachlässig zustande gekommen.

Abschließend sei an dieser Stelle noch die Schlussbemerkung des in der Pressekonferenz vom 06. September 2007 von Eva Herman vorgestellten Buchs *Das Prinzip Arche Noah* wiedergegeben. Auch diese Sätze widerlegen die Hamburger

Abendblatt-Interpretation der auf der Pressekonferenz gesprochenen Worte in aller Deutlichkeit[108]:

> Zu meinen Freunden und Bekannten gehören Schwule, Lesben, Verheiratete, Geschiedene, Alleinerziehende, Familien, Ausländer, Deutsche, Behinderte, Kranke und Gesunde. Sie gehören ganz unterschiedlichen Glaubensgemeinschaften und Religionen an, sind also Katholiken, Protestanten, Buddhisten, Moslems, Juden, Atheisten und anderes. Sie haben ein unterschiedliches Alter und sind Mitglieder unterschiedlicher Parteien, außer es handelt sich um extremistische, fundamentalistische oder links- oder rechtsradikale Gruppen, die ich aus tiefster Überzeugung ablehne. Wenn solche Gruppen meine Gedanken für ihre Propaganda benützen wollen, so ist das gegen meinen Willen.
>
> Ich bin ansonsten weder gegen Gruppen noch liegt es mir im Sinn, sie anzufeinden; denn sie bestehen ja aus Individuen mit unterschiedlichen Charakteren. Für mich gilt nur der Einzelmensch. Ich selber gehöre weder einer Partei noch einer Sekte oder irgendeiner Glaubensgemeinschaft an, ich bin also nicht evangelisch oder katholisch, sondern von Geburt an konfessionslos. Meine Erfahrung zeigt, dass man trotzdem allein Gott als die oberste und mächtigste Kraft der gesamten Schöpfung anerkennen und ihm dienen kann.
>
> Der einzige Grund, warum ich Bücher wie dieses oder auch vorherige gesellschaftspolitisch kritische Bücher schrieb, ist meine Sorge um unsere Gesellschaft, um die Menschen und vor allem auch um die Kinder!

104 Herman, Eva (2006): Das Eva-Prinzip. Für eine neue Weiblichkeit. München/Zürich: Pendo

105 Herman, Eva (2006): Das Eva-Prinzip. Für eine neue Weiblichkeit. München/Zürich: Pendo, S. 140-145 (Hervorhebungen im Original)

106 Herman, Eva (2006): Das Eva-Prinzip. Für eine neue Weiblichkeit. München/Zürich: Pendo

107 Herman, Eva (2007): Das Prinzip Arche Noah. Warum wir die Familie retten müssen. München/Zürich: Pendo

108 Herman, Eva (2007): Das Prinzip Arche Noah. Warum wir die Familie retten müssen. München/Zürich: Pendo, S. 247

ÖFFENTLICHES NACHTRETEN

Die Presseerklärung des NDR zur Eva Herman-Kündigung war kaum veröffentlicht, da ereignete sich etwas, das mir damals beinahe wie das Ende der Zivilisation erschien: ein kollektives öffentliches Nachtreten auf eine bereits am Boden liegende Person. Nennen wir es einfachheitshalber einen Zivilisationsbruch. Ich hätte niemals gedacht, dass sich nach den Erfahrungen des Dritten Reichs so etwas so schnell wieder ereignen könnte.

Auch schienen manche Beteiligte in eine Art Wettstreit getreten zu sein: Wer konnte noch einen draufsetzen und noch hämischer, noch herabsetzender, noch entwürdigender schreiben? Mit welcher hässlichen Anmerkung konnte man seine Zugehörigkeit zum erlauchten Kreis der Meinungsführerschaft noch besser demonstrieren und sichern?

Bemerkenswert war, dass all das bereits vonstattenging, als noch überhaupt nicht feststand, was Eva Herman auf ihrer Pressekonferenz überhaupt gesagt hatte. Das Tonbandprotokoll war zu diesem Zeitpunkt noch nicht veröffentlicht.

Ich weiß es noch wie heute, dass ich zunächst zögerte. Es gab zu Beginn des Skandals nur einen einzigen Zeugen, der ein Nazi-Lob aus dem Munde Eva Hermans vernommen haben wollte, und zwar die Journalistin Barbara Möller. Ein Jahr zuvor hatte ich aber bereits Eva Hermans Buch *Das Eva-Prinzip* einschließlich der darin befindlichen Seiten zur Familienpolitik der Nationalsozialisten gelesen, und die wollten so gar nicht zu den ihr nun zugeschriebenen Worten passen. Ich war mir deshalb unsicher. Dies änderte sich, als die *Bild am Sonntag* (BamS) und der NDR bestätigten, dass sich Eva Herman eindeutig Nazilobend ihnen gegenüber geäußert hatte. Ich konnte und wollte mir zum damaligen Zeitpunkt noch nicht richtig vorstellen, dass die Medien kollektiv Fakten fälschen. Skeptisch blieb ich dennoch.

So richtig ins Rollen kam der Fall eigentlich erst durch den *Bild am Sonntag* (BamS)-Artikel „Eva Herman lobt Hitlers Familienpolitik" vom 09.09.2007, denn damit lag erstmalig eine zweite Stimme vor, die unabhängig von Barbara Möller behauptete, Eva Herman habe die Nazi-Familienpolitik gelobt. Es wurde darin sogar präzisiert, dass gemäß Eva Herman Werte wie Familie, Kinder und das Mutterdasein auch im Dritten Reich *gefördert* worden seien. Auf diesen – aufgrund einer späteren Vereinbarung zwischen BamS und Herman mittlerweile längst „abgeschalteten" und damit im Internet nicht mehr auffindbaren – BamS-Artikel und den rätselhaften Umständen seines Entstehens wird im nächsten Kapitel *Die FAZ zur Kerner-Sendung* noch näher eingegangen.

Der BamS-Artikel war insoweit bemerkenswert, als er einerseits das von Barbara Möller auf Eva Hermans Pressekonferenz herausgehörte angebliche Nazi-Lob ausdrücklich bekräftige, andererseits jedoch auch durchblicken ließ, dass die Redaktion im Besitz der entscheidenden Passagen des RTL-Mitschnitts der Pressekonferenz war. Jeder halbwegs gutwillige Leser, der von der grundsätzlichen Seriosität journalistischer Arbeit überzeugt war, musste danach zwangsläufig annehmen, dass Eva Herman auch auf ihrer Arche Noah-Pressekonferenz die Familienpolitik der Nazis bereits gelobt hatte.

Man wird vermutlich nicht mehr herausfinden können, was damals in der BamS-Redaktion wirklich vonstatten ging, und was die Zeitung letztlich dazu bewegt hatte, einen solchen Artikel zu veröffentlichen. Wer an Verschwörungstheorien, an abgekartete Szenarien glaubt, der dürfte sich hier bestätigt fühlen.

Wie auch immer: Unmittelbar nach der NDR-Kündigung zog ein medialer Schwall der Häme und Hetze über die ehemalige Nachrichtensprecherin her. In Eva Hermans Buch *Die Wahrheit und ihr Preis*[109] lässt sich auf den Seiten 123-132 eine große Zahl an solchen „Stellungnahmen" finden.

Das Problem war damals nicht so sehr, dass sich einzelne Personen in der Presse kritisch gegenüber Eva Herman äußerten. Das eigentliche Problem bestand in dem sehr großen Anteil an harsch abwertenden Äußerungen und dem darin erkennbaren Bemühen der Beteiligten, aus der Niederlage eines Menschen für sich selbst, die eigene Zeitung oder Partei Profit zu schlagen. Und es bestand in dem sich manifestierenden Rudelverhalten unter den Journalisten.

Ich möchte aus den damals abgegebenen Stellungnahmen zunächst vier kürzere Statements von bekannteren Persönlichkeiten herausgreifen. Im Anschluss daran sollen noch drei vollständige (von Frauen verfasste) Zeitungsartikel wiedergegeben werden, die es letztlich alle in sich haben.

> Die Kabarettistin Désirée Nick, 11.09.2007 [110]: „Eva Herman selbst hat doch niemals ein Buch geschrieben. Vorne im Buch steht drin, dass die Bücher unter Mitarbeit von Dr. Christine Eichel, einer Journalistin, entstanden sind. Eva Herman hält doch nur ihr Gesicht hin und steckt die Prügel ein. Wer weiß, ob sie das Buch überhaupt selbst gelesen hat. (...) Sie ist eine Wiederholungstäterin und müsste daher schwer bestraft werden. Frau Herman missbraucht Deutschland als ihre private Schadstoffdeponie. Aber was will man von einer schlecht blondierten Nachrichtenaussteigerin schon erwarten?"

> Renate Künast (Grünen), 09.09.2007 [111]: „Es ist gut, dass der NDR Frau Herman entlassen hat. Bei Eva Herman wünscht man sich selbst als Frauenrechtlerin, sie möge doch bitte heim an den Herd gehen."

> Die ehemalige Bundesfamilienministerin Renate Schmidt (SPD), 11.09.2007 [112]: „Die Frauen zurück an den Herd, die Männer hinaus ins feindliche Leben, dieser Tenor schließt nahtlos an die Nazizeit an."

> Der ehemalige WDR-Intendant Friedrich Nowottny, 11.09.2007 [113]: „Ich habe die Geduld des NDR mit dieser Dame immer bewundert, aber nie verstanden. Ich habe immer gedacht, dass eine Frau, die jahrelang in den wichtigsten Sendungen des Deutschen Fernsehens, nämlich ‚Tagesschau' und ‚Tagesthemen' zu sehen war, Bescheid weiß. Frau Herman weiß nichts."

Auffällig ist (auch in Eva Hermans vollständigerer Sammlung) der große Anteil an von Frauen abgegebenen „Stellungnahmen". Einige Äußerungen sind unverhohlen sexistisch, andere offenbaren ein problematisches Rechts- und Demokratieverständnis, das gilt zum Teil auch für die noch folgenden Zeitungsartikel.

Alle drei sind von Frauen verfasst. Emanzipiert wirkt auf mich keine. Emanzipierte Menschen haben es nämlich nicht nötig, nachzutreten und andere Personen mit Häme zu übergießen.

Begonnen werden soll mit dem am 10.09.2007 erschienenen taz-Artikel von Susanne Lang mit dem Titel „Mutterkreuzzug: Es war nichts gut an Eva“ [114]:

> Eva Herman findet nicht alles gut am Dritten Reich. Aber die „Wertschätzung der Mutter“, die sei ganz gut gewesen. Dem NDR reicht es nun: Herman ist gefeuert.
>
> Also gut, also bitte: Noch einmal in Sachen Eva Herman.
>
> Es war ein sonniger Septembertag. Die Frauenmünder waren gerade warmgelästert, da stöckelte sie, die Princess of Brightness, wie eine lebendige Barbiepuppe mit stolz erhobenem Kopf zu ihrem Mikrofon. Die Augen aller Kameras folgten ihr – und Eva Herman ergriff das Wort, verdrückte ein, zwei Tränen und stammelte etwas vom Schmerz, den sie in den letzten Tagen empfunden habe angesichts all der bösartigen Anschuldigungen gegen sie, die Autorin de Luxe. Dabei müsse man doch endlich mal die negativen Folgen der 68er-Frauen-Emanzipation ansprechen dürfen.
>
> Welch ein Auftakt der vorgezogenen Buchvorstellung des Herman‘schen „Eva-Prinzips“ am 7. September 2006 in der Bundespressekonferenz in Berlin – vor exakt einem Jahr also. Damals nahm die Erde für einige wieder die Form einer Scheibe an, denn es gab sie: Eva Herman, die da forderte, dass Kinder bis ins Alter von drei Jahren von der Mutter mit aller Mutterliebe und ohne Erwerbsarbeit erzogen werden müssten. Ein Plädoyer für die neue Mutti-Weiblichkeit. Weil sie ja so viele Zuschriften bekäme von all den Frauen, die finden: Endlich sagt‘s mal eine.
>
> Ein Jahr später, ein etwas schattiger Septembertag in Hamburg. Eva Herman präsentiert ein Buch. Am 6. September 2007. Die 48-Jährige Mutter eines Sohnes erhebt ihre Stimme, die der entrechteten Hausfrauen, Mütter und so weiter und so fort. Weil es sich ja so prima verkauft, haben Eva Herman und ihr kongenialer (oder ist es etwa umgekehrt?) Klein-Verlag Pendo, den zuvor niemand kannte, einen Aufguss der Herman‘schen Thesen auf den Markt geworfen: „Das Prinzip Arche Noah – warum wir die Familie retten müssen“. Eva Herman also erhebt ihre Stimme und sagt das, was viele denken, aber nie aussprechen würden, wenn Kameras laufen: „Im Dritten Reich ist vieles sehr schlecht gewesen, zum Beispiel Adolf Hitler.“ Einiges sei aber auch gut gewesen, „zum Beispiel die Wertschätzung der Mutter.“ Peng. Und Tschüss.

Vier Tage später, am Sonntag, den 9. September, lässt der öffentlich-rechtliche Sender NDR verkünden, dass er die Zusammenarbeit mit der Moderatorin aufkündige, da ihre „schriftstellerische Tätigkeit" damit nicht länger vereinbar sei. „Frau Herman steht es frei, ihren ‚Mutterkreuzzug' fortzusetzen," so Volker Herres, NDR-Programmdirektor Fernsehen, aber leider dann doch ohne zukünftige Auftritte in der NDR-Talkshow „Herman & Tiedjen" – immerhin eine Hausmarke, die ihren Namen im Titel trägt. Sehr plausibel.

Hitler geht zwar immer, außer man verkauft sich selbst schlecht damit. Eine Bild am Sonntag-Schlagzeile „Eva Herman lobt Hitlers Familienpolitik" mag in jeder Hinsicht kongenial sein – eine schöne Gelegenheit für BamS, das Mutterkreuz samt verbotenem Hakenkreuz abzubilden – es ist jedoch nicht schmeichelhaft für den Gebührensender NDR. Bis Samstag jedenfalls stand die NDR-Moderatorin nicht zur Disposition.

Dass sich der NDR von rechtsideologischen Versatzstücken nun distanziert, ist selbstredend richtig. Dass er dazu bis September 2007 warten musste, ist schwer nachvollziehbar. Schließlich wiesen die KollegInnen vom NDR-Medienmagazin „Zapp" auch auf die Mutterkreuzideologie hin, stießen damit jedoch auf wenig Gegenliebe. Eva Herman sei immer noch eine Kollegin. Keine Nazi-Nähe erwünscht. Spätestens jedoch seit Hermans Beinahe-Ausflug zu einer Veranstaltung der rechtspopulistischen Partei FPÖ im März, eingeladen von der „Initiative Freiheitliche Frauen", hätte den Langsamsten dämmern müssen, wem Hermans Thesen nahestehen. Von ihren Spenden an die christlich-fundamentale Organisation „Familiennetzwerk" einmal ganz abgesehen, die sie aus den Einnahmen ihrer Bücher finanziert.

Feinsinnigeren Beobachterinnen wie etwa der Schriftstellerin und Autorin Thea Dorn jedenfalls („Die F-Klasse") stieß Hermans Gedankengut früh auf („Das Eva-braun-Prinzip", taz vom 30.11.2006) – mit der Folge, dass auch sie schnell Bekanntschaft machte mit den Anwälten der sehr sensiblen, klagefreudigen Frau Herman. „Ich frage mich, warum die Verantwortlichen im Sender nicht früher gehandelt haben", kommentierte Dorn die NDR-Entscheidung gegenüber der taz. „Aber offensichtlich musste Frau Herman erst die ‚Es-war-nicht-alles-schlecht ...'-Schwelle überschreiten, um die Alarmglocken auszulösen. In diesem Sinne: Danke, Eva, für die Selbstentlarvung!"

Eva Herman selbst war nicht zu einer Stellungnahme bereit. Ob das mal gut so ist?

Der Inhalt des Artikels lässt sich recht knapp zusammenfassen: Von der ersten bis zur letzten Zeile billigste Polemik.

Auffällig daran ist einmal mehr, wie selbstverständlich ausschließlich der eigene Standpunkt als legitim angesehen wird: Den seit 1971 existierenden Pendo-Verlag kannte angeblich vorher niemand, das „Familiennetzwerk" sei eine bedenkliche christlich-fundamentale Organisation (aber der Islam gehört zu Deutschland), und wer auf einer Veranstaltung der FPÖ spricht, offenbart bereits Nazi-Nähe, wenngleich die FPÖ mittlerweile Regierungspartei in Österreich ist. Das Hakenkreuz beschreibt sie als verboten, das gleichfalls als verfassungsfeindliches Propagandasymbol verbotene Mutterkreuz nimmt sie hingegen ganz locker als Wort in den Mund. Warum beim nächsten Mal nicht gleich sagen, dass Eva Herman einen Hakenkreuzzug zu führen versucht habe?

Bemerkenswert sind auch ihre Anmerkungen zur ach so feinsinnigen „Heiligen der Wendehälse"[115] Thea Dorn, die in ihrem taz-Artikel Das *Evabraun Prinzip*[116] auf überaus dreiste Weise Eva Herman eine Nähe zu den Ideologen des Nationalsozialismus anzudichten versucht hatte. Letztere hatte dagegen geklagt und vor Gericht auch gewonnen, wonach der taz-Artikel wieder zurückgezogen werden musste. Interessanterweise hatte Johannes B. Kerner in der späteren Kerner-Talkshow mit Eva Herman einen von Thea Dorns Satzvergleichen aus dem zurückgezogenen taz-Artikel *Das Evabraun-Prinzip* zitiert, was nur zeigt, wie provokativ die ganze Sendung von vornherein angelegt war.

Susanne Lang spricht in ihrem Artikel von einer „sehr sensiblen, klagefreudigen Frau Herman". Warum schrieb sie dann aber einen solchen hämischen Artikel über eine angeblich sehr sensible Person zu einem Zeitpunkt, als die Faktenlage noch längst nicht geklärt war? Und würde sie selbst etwa nicht klagen, wenn ich in ihrem Geschreibsel eine Ähnlichkeit zur Argumentations- und Vorgehensweise von Joseph Goebbels sichten würde? Wer sucht, der findet. Ich bin mir recht sicher, dass sich bei entsprechender Mühe zu fast jeder Meinungsäußerung ein passendes Pendant in Hitlers Mein Kampf oder den Reden Joseph Goebbels finden ließe, in den Äußerungen von Sozialisten/Kommunisten sowieso.

Susanne Lang glaubte wohl, über eine andere Journalistin richten zu können, obwohl sie deren genaue Äußerung zum Zeitpunkt des Verfassens ihres Artikels noch nicht kannte, es noch kein faires Verfahren gab und sich neutrale Personen das tatsächlich Gesagte noch nicht angesehen hatten. Wenn so etwas Schule machen würde, dann könnte es in Zukunft auch rechten Gruppierungen nicht verwehrt werden, bei jedem öffentlich gewordenen Gewaltdelikt zunächst einmal „es war ein Flüchtling" auf Facebook zu posten. Wenn schon Fake News à la Susanne Lang, dann bitte auch richtig.

Der nächste, zu besprechende Text ist der am 15.09.2007 erschienene WELT-Artikel der heutigen Welt-Chefreporterin Heike Vowinkel [117] mit dem infamen Titel „Eva Herman argumentiert wie die Nationalsozialisten" [118]:

> Eva Herrmann legt mit der Veröffentlichung ihres zweiten Buches „mal wieder" den Finger in die Wunde des Werteverfalls. Dazu wählt sie allerdings eine sehr ungeschickte Strategie. Um den seit den 68er Jahren zunehmenden Niedergang der Rolle der Familie anzuprangern, bedient sie sich der Argumentationslinien nationalsozialistischer Familienpolitik – und wundert sich, dass sie keiner versteht.
>
> Eva Herman hat es immer noch nicht verstanden; nicht, warum sie ihre Anstellung beim NDR verloren hat, und erst recht nicht, warum falsch sein soll, was sie schreibt und sagt. Sie fühlt sich missverstanden. Als die Moderatorin bei der Vorstellung ihres neuesten Buches („Das Prinzip Arche Noah") sagte, dass nicht alles an der Nazizeit schlecht gewesen sei, und sich dabei auf Werte wie „Familie, Kinder und das Mutterdasein, die im Dritten Reich gefördert wurden", berief, da mag ihre Absicht tatsächlich eine andere gewesen sein. Es sei ihr, wie sie später versuchte richtigzustellen, um den Verlust des Familienwertes gegangen, der selbst das Dritte Reich überlebt habe, danach aber von den 68ern abgeschafft worden sei.
>
> Man darf ihr wohl glauben, dass sie tatsächlich mehr ihren Feldzug gegen den Feminismus im Sinn hatte als Propaganda für die Naziideologie. Doch das macht das Ganze nicht besser – im Gegenteil: Denn beides ist in Eva Hermans Denken miteinander verknüpft – offenbar ohne, dass es ihr bewusst wäre. So bedient sie sich mit ihrem Halbsatz, „dass Familie, Kinder und das Mutterdasein, die im Dritten Reich gefördert wurden", einer gefährlichen Verharmlosung, ja Fehlinterpretation der Rolle der Frau und Familie in der Nazizeit, obwohl sie es besser weiß.

Zumindest kann man das auf ihrer Homepage inzwischen nachlesen. Sie weiß, wie die Nationalsozialisten die Mutterrolle und die Familie ideologisch auf fatale Weise instrumentalisiert haben. Dass Frauen für die Nazis Gebärmaschinen waren, die Führer und Volk arisch reines Kanonenfutter zu gebären hatten; dass eben nicht die Familie, sondern das Aufgehen in der nationalsozialistischen Gemeinschaft das Ziel war.

Dennoch wählte sie diese verharmlosende Formulierung und schwimmt damit auf dem dumpf plaudernden Strom des Zeitgeistes. Denn allzu oft wird mehr als sechzig Jahre nach dem Ende des Nationalsozialismus unter dem Deckmantel des „das wird man doch noch mal sagen dürfen" aufgezählt, dass doch nicht alles schlecht war damals – die Autobahnen etwa oder eben die vielen Kinder, die geboren wurden. Dies ist der Nährboden, auf dem braunes Gedankengut in die Mitte der Gesellschaft wächst.

Warum tut Eva Herman das also? Aus schierer Dummheit? Oder aus berechnendem Populismus? Beides ist möglich. Plausibler erscheint, dass sie deswegen so redet, wie sie redet, weil ihre eigenen Thesen zur Rolle der Frau nun einmal in fataler Weise braunem Gedankengut nahestehen. Sie beruft sich auf die Bestimmung der Frau, die an der Seite des Mannes sei, zu Hause am Herd und bei den Kindern. Dass sie als berufstätige Mutter eines Sohnes, die inzwischen mit dem vierten Mann verheiratet ist, dieser Bestimmung selbst nicht folgt, sei nur am Rande bemerkt. Sie argumentiert biologistisch, was in diesem Fall sexistisch ist – und genau so argumentierten die Nationalsozialisten auch.

„Sexismus ist ein ebenso treuer Begleiter des Totalitären wie Antisemitismus und Ausländerfeindlichkeit", schrieb die Schriftstellerin Thea Dorn vor einem Jahr, als Eva Hermans letztes Buch („Das Eva-Prinzip") erschien. Detailliert hatte Thea Dorn herausgearbeitet, wie sehr Eva Hermans Thesen den Ideen Alfred Rosenbergs ähneln, des Chefideologen der Nazis.

Das haben auch Rechtspopulisten wie die österreichische FPÖ erkannt und Eva Herman im März eingeladen, um bei einer Veranstaltung über Familienpolitik zu reden. Erst nachdem der NDR intervenierte, sagte sie ab. Eva Hermans Ausgangspunkt ist die Familie und dass es nicht gut um diese bestellt sei, weil kaum noch jemand Zeit für sie habe. An dieser Diagnose mag einiges richtig sein. Was auch eine Erklärung für den Erfolg ihrer Bücher gibt. Doch die Behandlung, die sie vorschlägt, ist rückwärtsgewandt und ideologisch verblendet. Nicht die

> Emanzipation der Frau ist an dieser Entwicklung schuld, sondern ein System, das Männern und Frauen nicht ermöglicht, Arbeit und Familie in Einklang miteinander zu bringen. Eva Herman versteht das offenbar nicht. Zeit, darüber nachzudenken, hätte sie nun genug – jetzt, da sie sich endlich ganz der Familie widmen kann.

Man fragt sich unmittelbar: Warum hat die heutige WELT-Chef-Reporterin Heike Vowinkel diesen intellektuell dürftigen, auf falschen Annahmen beruhenden Artikel fast eine Woche nach Eva Hermans NDR-Entlassung verfasst? Aus schierer Dummheit? Oder mit der berechnenden Absicht, mit dem zivilisationswidrigen Treten auf eine bereits am Boden liegende Abweichlerin ihre eigene Stellung innerhalb der Journalisten-Community zu festigen und später vielleicht einmal Chefreporterin bei der WELT zu werden? Beides ist möglich.

Relativ zu Beginn ihres Artikels heißt es über die ehemalige Tagesschausprecherin:

> Es sei ihr, wie sie später versuchte richtigzustellen, um den Verlust des Familienwertes gegangen, der selbst das Dritte Reich überlebt habe, danach aber von den 68ern abgeschafft worden sei.

Dies ist eine weitestgehend zutreffende Wiedergabe des ursprünglich auf der Arche Noah-Pressekonferenz von Eva Herman Gesagten. Vergleichbares könnte in vielen Kontexten (beispielhaft) geäußert werden: „Vor dem Dritten Reich war Deutschland eine Zivilisation, doch leider wurde sie mit dem Dritten Reich abgeschafft. Nach dem Zweiten Weltkrieg wurden die Zivilisationswerte in Deutschland wieder belebt und gelebt, doch leider marschierte wenige Jahre später Stalin mit seinen Truppen ein, sodass die Zivilisation ein weiteres Mal abgeschafft wurde."

Heike Vowinkels obiger Satz legt nahe, dass ihr der RTL-Mitschnitt der kritischen Textstelle aus Eva Hermans Arche Noah-Pressekonferenz (ähnlich wie der BamS-Redaktion eine Woche zuvor, siehe die Ausführungen im Kapitel *Die FAZ zur Kerner-Sendung*) zum damaligen Zeitpunkt bereits vorlag. Und aus der hatte sie wohl – richtigerweise – geschlossen, dass sich die von

Barbara Möller im Hamburger Abendblatt publizierte Interpretation des angeblich Gesagten nicht mit dem tatsächlich von Eva Herman Gesagten deckt.

Doch statt den geordneten Rückzug anzutreten, wie es sich in Zivilisationen eigentlich gebietet, kartet sie weiter nach, indem sie sich auf eine nicht belegbare Äußerung des BamS-Artikels vom 09.09.2007 beruft:

> So bedient sie sich mit ihrem Halbsatz, „dass Familie, Kinder und das Mutterdasein, die im Dritten Reich gefördert wurden", einer gefährlichen Verharmlosung, ja Fehlinterpretation der Rolle der Frau und Familie in der Nazizeit, obwohl sie es besser weiß.
>
> Zumindest kann man das auf ihrer Homepage inzwischen nachlesen. Sie weiß, wie die Nationalsozialisten die Mutterrolle und die Familie ideologisch auf fatale Weise instrumentalisiert haben. Dass Frauen für die Nazis Gebärmaschinen waren, die Führer und Volk arisch reines Kanonenfutter zu gebären hatten; dass eben nicht die Familie, sondern das Aufgehen in der nationalsozialistischen Gemeinschaft das Ziel war.

Der zweite Absatz dokumentiert, dass sie die wohl inzwischen von Eva Herman auf ihrer Homepage publizierten Seiten 140 bis 145 ihres ein Jahr zuvor erschienenen Buches *Das Eva-Prinzip* (siehe die Ausführungen im Kapitel *Herman zur Nazi-Familienpolitik*) gelesen hatte. Selbst das schlichteste Gemüt hätte in dem Fall geschlossen: „Wer so etwas ein Jahr zuvor über die Familienpolitik der Nazis geschrieben hat, kann nicht ein Jahr darauf gesagt haben, dass Familie, Kinder und das Mutterdasein auch im Dritten Reich gefördert wurden. Dafür müsste man ja schizophren sein."

Nicht so Heike Vowinkel. Ohne Zögern verkündet sie:

> Dennoch wählte sie diese verharmlosende Formulierung und schwimmt damit auf dem dumpf plaudernden Strom des Zeitgeistes.

So werden Fakten quasi aus dem Nichts heraus geschaffen. Munter schreibt sie weiter:

> Denn allzu oft wird mehr als sechzig Jahre nach dem Ende des Nationalsozialismus unter dem Deckmantel des „das wird man doch noch mal sagen dürfen“ aufgezählt, dass doch nicht alles schlecht war damals – die Autobahnen etwa oder eben die vielen Kinder, die geboren wurden. Dies ist der Nährboden, auf dem braunes Gedankengut in die Mitte der Gesellschaft wächst.

Bei solchen Dingen handelt es sich nicht um den Nährboden von braunem Gedankengut für die Mitte der Gesellschaft, sondern um das grobschlächtige Denken derjenigen, die sich im Besitz der alleinigen Deutungshoheit wähnen und den anderen die Meinungsfreiheit streitig machen möchten. Das geht allein schon daraus hervor, dass Eva Herman nichts von dem gesagt hatte, weder zu den Autobahnen noch den vielen Kindern. Heike Vowinkel kann ihre Meinungen auch heute noch an exponierter Stelle der Öffentlichkeit kundtun, Eva Herman kann dies in der Form nicht mehr, obwohl sie damals lediglich Meinungen vertreten hatte, die um 1965 in der Bundesrepublik Deutschland mehrheitsfähig waren. Wer also bitteschön ist hier braun?

Doch weiter in Heike Vowinkels Text:

> Plausibler erscheint, dass sie deswegen so redet, wie sie redet, weil ihre eigenen Thesen zur Rolle der Frau nun einmal in fataler Weise braunem Gedankengut nahestehen. Sie beruft sich auf die Bestimmung der Frau, die an der Seite des Mannes sei, zu Hause am Herd und bei den Kindern. Dass sie als berufstätige Mutter eines Sohnes, die inzwischen mit dem vierten Mann verheiratet ist, dieser Bestimmung selbst nicht folgt, sei nur am Rande bemerkt. Sie argumentiert biologistisch, was in diesem Fall sexistisch ist – und genau so argumentierten die Nationalsozialisten auch.

Den Satz zu Eva Hermans Privatleben darin überhöre ich einmal geflissentlich. Für zivilisierte Männer ist das Private tabu. Ich würde auch kinderlosen Nonnen oder Pornomodels zuhören, wenn sie interessante Vorschläge zur Behebung unserer prekären Nachwuchssituation vorzubringen haben.

Bei dem Rest des zitierten Absatzes handelt es sich im Grunde um gezielte Verleumdung. Manch anderer würde vielleicht antworten: Heike Vowinkel argumentiert kulturalistisch und gleichheitsideologisch, und genauso argumentierten Pol Pot und die Roten Khmer auch. Im Übrigen würde es mir schwerfallen, mich dermaßen sexistisch auszudrücken, wie es Heike Vowinkel in ihrem gesamten Artikel letztlich getan hat.

Eva Herman vertrat in ihren Publikationen nichts anderes als das in der Bundesrepublik Deutschland bis in die 1960er Jahre gelebte Familienmodell beziehungsweise das christliche Familienmodell – im Vergleich zum Familienmodell des Islam ist das noch relativ modern. Oder darf neuerdings in aller Öffentlichkeit gesagt werden, dass das Familienmodell des Islam den familienpolitischen Vorstellungen der Nationalsozialisten entspricht? Folgt man den Argumentationen Heike Vowinkels, dann offenbar ja.

Der nächste Absatz in ihrem Artikel verweist einmal mehr auf die unsinnigen Überlegungen der „Heiligen der Wendehälse“, Thea Dorn, zur Sache. Ich erspare mir die weitere Erörterung.

Unmittelbar darauf wird es im Artikel politisch:

> Das haben auch Rechtspopulisten wie die österreichische FPÖ erkannt und Eva Herman im März eingeladen, um bei einer Veranstaltung über Familienpolitik zu reden. Erst nachdem der NDR intervenierte, sagte sie ab.

Mit anderen Worten: Eva Herman wurde aufgrund einer Intervention des NDR daran gehindert, auf einer Veranstaltung einer Partei zu reden, die aktuell Teil der Regierungskoalition in Österreich ist. Möglicherweise hätte es keinerlei Bedenken gegeben, wenn sie mit gegenläufigen Thesen auf Veranstaltungen der Parteien *Die Linken* oder *Die Grünen* vorgetragen hätte. Weil sie dann nämlich auf der „einzig richtigen“ Seite gestanden hätte.

Schließlich äußert sich Heike Vowinkel in ihrem Artikel auch noch zum eigentlichen Thema, nämlich der Familienpolitik:

> Eva Hermans Ausgangspunkt ist die Familie und dass es nicht gut um diese bestellt sei, weil kaum noch jemand Zeit für sie habe. An dieser Diagnose mag einiges richtig sein.

> Was auch eine Erklärung für den Erfolg ihrer Bücher gibt. Doch die Behandlung, die sie vorschlägt, ist rückwärtsgewandt und ideologisch verblendet. Nicht die Emanzipation der Frau ist an dieser Entwicklung schuld, sondern ein System, das Männern und Frauen nicht ermöglicht, Arbeit und Familie in Einklang miteinander zu bringen. Eva Herman versteht das offenbar nicht.

Zum Teil ist dies bekanntlich auch mein Punkt. Ich halte Eva Hermans damalige Analysen im Wesentlichen für richtig und auch wichtig. Sie sollten in einer demokratischen Zivilisation gesagt und gehört werden können. Nicht einverstanden bin ich mit ihren Vorschlägen („Behandlungen"). Weder glaube ich, dass ein solcher Weg heute noch begehbar ist, noch dass er überhaupt begangen werden sollte. Näheres dazu findet sich im Kapitel *Senta Berger bei Kerner,* einschließlich der von mir selbst entwickelten Vorschläge.

Thilo Sarrazin hatte in seinem Buch *Deutschland schafft sich ab*[119] unter anderem angeregt, jeder Studierenden, die ein Kind in die Welt setzt, gewissermaßen als Investitionshilfe 50.000 € zu zahlen. Auch sein Buch halte ich hinsichtlich der gesellschaftlichen Analyse für bemerkenswert und wichtig, seinen genannten Vorschlag aber letztlich für wenig Erfolg versprechend.

Moderne Studentinnen stehen oftmals vor ganz anderen Abwägungen als ausschließlich reine Kosten/NutzenAspekte. Sie verhalten sich – wie es in meinem Buch *Was ist Leben? Mit den Augen eines Systemtheoretikers betrachtet* [120] dargelegt wurde – weniger wie ein Homo oeconomicus, sondern primär Kompetenzverlust vermeidend.

Typische Fragen, die sich ihnen stellen, sind: Kann ich, wenn ich jetzt 50.000 € annehme und ein Kind in die Welt setze, noch ein paar Semester im Ausland studieren und später weiterhin die erfolgreiche Wissenschaftlerin, Projektmanagerin, Auslandsjournalistin oder Chefärztin werden, wie ich es mir eigentlich vorgestellt habe? Studentinnen stehen also letztlich vor sehr langfristig wirkenden biografischen Entscheidungen, wenn es darum geht, frühzeitig ein Kind in die Welt zu setzen.

Für absolut untauglich und durch die Praxis längst widerlegt halte ich jedoch die von Heike Vowinkel selbst propagierte rückwärtsgewandte feministische Familienpolitik:

> Nicht die Emanzipation der Frau ist an dieser Entwicklung schuld, sondern ein System, das Männern und Frauen nicht ermöglicht, Arbeit und Familie in Einklang miteinander zu bringen.

Das ist natürlich Unsinn. Der Mensch ist unter anderem deshalb zur dominanten Spezies auf der Erde geworden, weil er gewissermaßen das Prinzip der Kompetenzteilung erfunden hat, auf dem ein Großteil der sozialen Arbeitsteilung, aber auch die bis vor wenigen Jahrzehnten noch gelebte sexuelle Arbeitsteilung beruht. Arbeitsteilung ist nämlich vorteilhaft. Wenn beispielsweise sie und er ein gemeinsames Restaurant führen, dann ist es im Allgemeinen von ökonomischem Vorteil, wenn sie die Gäste bedient und er die Speisen zubereitet (oder umgekehrt), anstatt beide Tätigkeiten „zu vereinbaren" oder paritätisch aufzuteilen. Weil aber der Weg der angeblichen Vereinbarkeit von Familie und Beruf inklusive paritätischer Aufteilung von Familienarbeit – das heißt die rückwärtsgewandte und ideologisch verblendete Aufhebung einer bereits evolutionär entstandenen, zum Teil biologisch bedingten Arbeitsteilung (Männer zeugen, Frauen gebären und stillen) von nicht der System- und Evolutionstheorie mächtigen Feministinnen seit Jahren propagiert und erfolglos in unsere Gesellschaft hineingepeitscht wird, besteht nun ein massives soziales Problem im Nachwuchsbereich, das da lautet: zu wenige Nachkommen, zunehmende Kinderarmut, zunehmende Bildungsdefizite bei Kindern, zunehmende gesundheitliche Defizite bei Kindern, vermehrtes Gebären und Aufziehen von Kindern unter sozialstaatlichen Bedingungen, zunehmender Anteil von unter patriarchalischen Verhältnissen aufwachsenden Kindern, zunehmender Anteil von in Parallelgesellschaften aufwachsenden Kindern, Migration als Mittel der Bevölkerungsreproduktion und vieles andere mehr.

Um es unmissverständlich auszudrücken: Ich bin keineswegs gegen Maßnahmen zur Verbesserung der Vereinbarkeit von Familie und Beruf. Ich habe auch keine Einwände, wenn einzelne Paare eine paritätische Aufteilung der Familienarbeit anstreben beziehungsweise leben. Dies können aber nur ergänzende Maßnahmen einer modernen Familienpolitik in gleichberechtigten Gesellschaften sein. In unserer

Gesellschaft sind sie keineswegs in der Lage, die prekäre Nachwuchssituation signifikant zu verbessern, obwohl dies vom Feminismus immer wieder irrtümlich und leider oftmals allzu laut und nachdrücklich behauptet wird.

Wenn die feministische Familienpolitik tatsächlich erfolgreich wäre, hätte ich mich auch über Eva Hermans Bücher erzürnt. Sie ist es aber nicht. De facto ist sie in der Lage, unsere Gesellschaft zugrunde zu richten und „abzuschaffen". Heike Vowinkel versteht das nicht. In ihrem Artikel kommt die nächste Generation nicht vor.

Auch scheint sie gemäß ihren Ausführungen noch immer zu glauben, dass die prekäre deutsche Nachwuchssituation die Folge einer ökonomischen Schieflage oder einer falschen Organisation der Wirtschaft ist. Im Grunde argumentiert sie im Stile aller Ideologen: Unsere Ideologie ist richtig. An den aktuell sichtbaren Problemen sind andere schuld.

Ich würde mich schämen, einen solchen Artikel zu veröffentlichen.

Eine der bemerkenswertesten Reaktionen auf die NDR-Entlassung von Eva Herman stammt einmal mehr aus der Feder der Autorin (und „Heiligen der Wendehälse" [121]) Thea Dorn. Ich halte den Artikel mit dem Titel „NDR feuert Eva Herman: Endlich Zeit für Apfelkuchen" für ein wichtiges Zeitdokument, das unbedingt erhalten bleiben sollte [122]:

> Ihre Aussagen zur Nazi-Zeit haben NDR-Moderatorin Eva Herman den Job gekostet. Dass der Sender so lange an ihr festhielt, findet Autorin Thea Dorn bemerkenswert. Schließlich habe es schon früher Anlass gegeben, an der freiheitlichen Einstellung der Moderatorin zu zweifeln.
>
> Diejenigen, die schon immer den Verdacht hatten, der Teufel suche sich bevorzugt schwache Frauenleiber und hirne aus, um in diese hineinzufahren, dürften sich dieser Tage bestätigt fühlen.
>
> Denn welchen Reim soll man sich sonst darauf machen, dass eine ehemalige Nachrichtensprecherin, die sich auf ihrer Homepage unverdrossen als Mitwirkende bei der

Hörbuch-Aktion „Laut gegen Nazis“ präsentiert, nun damit konfrontiert wird, sich zumindest missverständlich über das „Dritte Reich“ geäußert zu haben?

Die Frage, ob – und wenn ja, welcher Teufel Eva Herman reitet, möge der Exorzist beantworten.

Viel interessanter erscheint mir die Frage, welcher Teufel die Verantwortlichen beim NDR geritten hat, die publizistischrhetorischen Umtriebe ihrer Talk- und Quizshow-Moderatorin so geduldig mitanzuschauen. Denn bereits Eva Hermans medial hochgejazzter Bestseller vom letzten Herbst, „Das Eva-Prinzip“, hätte genug Anlass geboten, daran zu zweifeln, dass sich seine Autorin noch im ideellen Raum einer freiheitlich-demokratischen Grundordnung bewegt.

Der Pendo-Verlag, in dem das „Eva-Prinzip“ erschienen ist, mag veröffentlichen, was er für veröffentlichenswert hält. Ein öffentlich-rechtlicher Sender wie der NDR sollte sich jedoch ernsthafte Sorgen machen, wenn eins seiner prominentesten „Gesichter“ damit beginnt, solche Hasstiraden gegen den neuzeitlichen Individualismus anzustimmen, wie sie sich durch das gesamte „Eva-Prinzip“ ziehen.

Wer als Glücksrezept propagiert, sich von der „gefährlichen Vorstellung“ zu verabschieden, sein Leben in eigener Regie gestalten zu müssen, und stattdessen empfiehlt, sich in die „schöpfungsgewollte“ Aufteilung der Geschlechterrollen zu fügen mit dem angenehmen Ergebnis, dass dann „viele Entscheidungen wesentlich einfacher“ werden, „weil sie vorgezeichnet sind“, will keine freiheitliche, sondern eine im Kern totalitäre Gesellschaft.

So gesehen ist an dem Vorgang, dass sich die selbsternannte Tabubrecherin Herman nun als Kommentatorin brauner Familienpolitik entlarvt hat, eigentlich nur eines erstaunlich: Dass sie (oder der Teufel) diese Entlarvungsarbeit selbst leisten musste.

Zwar konnte man im letzten Herbst kaum eine Zeitung, kaum ein Magazin aufschlagen, ohne einen hämischen bis vernichtenden Kommentar zu Eva H. zu lesen: Auf den antifreiheitlichen, totalitären Kern des „Eva-Prinzips“ jedoch haben nur die Allerwenigsten hingewiesen. Die schlichteste Erklärung für dieses Versäumnis mag lauten: Kaum einer hat das Buch tatsächlich gelesen. Die Frage, warum dann trotzdem alle meinten, darüber berichten zu müssen, offenbart eine der Tücken des sich immer schneller drehenden Medienkarussells: Wer nicht – oder zu spät – darüber berichtet, worüber alle berichten, fliegt vom Pferdchen.

Es dürfte aber nicht nur mangelnde Lektüresorgfalt gewesen sein, die ermöglichte, dass der NDR so lange an Eva Herman festhielt: Das Propagieren von antifreiheitlichen, totalitären Gedanken wird in diesem Land erst dann zum Skandal mit Konsequenzen, wenn einer die Schwelle des Tabuisierten überschreitet.

Hätte sich Eva Herman weiter damit begnügt, die traditionelle muslimische Familienpolitik, also den Harem, als eine für Frauen durchaus angemessene Lebensform zu loben, (wie sie es im „Eva-Prinzip" tat) – sie hätte ihre Shows im NDR vermutlich noch lange moderieren dürfen. Zum beruflichen Verhängnis wurde ihr nun, dass es in diesem Land eben nicht nur vermeintliche Tabus gibt – wie jenes, angeblich nicht laut sagen zu dürfen, dass Frauen an den Herd gehören – sondern rhetorische Schwellen, die tatsächlich niemand ungestraft überschreiten darf.

So erfreulich es ist, dass der Alarm in Hamburg verlässlich ausgelöst wurde – so traurig ist es, dass erst der Teufel (oder wer auch immer) Eva Herman reiten musste, um sie über diese Schwelle zu schicken.

Aber vielleicht steckt hinter dieser ganzen bizarren Geschichte ja auch etwas völlig anderes: Der Wunsch der gestressten Fernsehfrau, endlich Zeit zu haben, um zu Hause in Ruhe Apfelkuchen backen zu können.

Bei dem Artikel handelt es sich um nichts weniger als um einen Frontalangriff gegen Meinungsfreiheit und Demokratie. Seine Botschaft könnte lauten: „Eva Herman hat sich gegen den modernen Individualismus und für das zu Beginn der Bundesrepublik Deutschland allgemein geltende Familienmodell ausgesprochen. Das sind antifreiheitliche, totalitäre Gedanken. Sie hätte deshalb schon längst vom NDR entlassen werden müssen, und zwar auch ohne jedes Nazi-Lob."

Aber Meinungsfreiheit war schon immer ein eher bürgerliches Konzept.

Darüber hinaus ist der Artikel unzivilisiert. Er ist von solch unerbittlicher Häme, dass man fragen möchte: Was mag Eva Herman der Autorin Thea Dorn früher einmal angetan haben? Im Grunde handelt es sich bei den Ausführungen um Gewalt in Worten.

Gegen Ende enthält Thea Dorns Artikel noch einen interessanten Hinweis:

> So erfreulich es ist, dass der Alarm in Hamburg verlässlich ausgelöst wurde – so traurig ist es, dass erst der Teufel (oder wer auch immer) Eva Herman reiten musste, um sie über diese Schwelle zu schicken.

Was wollte sie damit sagen? Der Alarm in Hamburg (durch die Journalistin Barbara Möller des *Hamburger Abendblatts*?) wurde verlässlich ausgelöst? Und danach lief dann alles wie verabredet ab?

War etwa doch alles nur ein abgekartetes Spiel, eine gut organisierte Verschwörung?

Im Willanders-Blog liest sich unter der Überschrift „Thea Dorn – die Heilige der Wendehälse“ noch die folgende treffliche Feststellung aus Oktober 2010 über die Autorin [123]:

> Jede Religion braucht ihre Heiligenhallen, ein Sanktuarium, in dem diejenigen verehrt werden, die sich auf ihrem Gebiet besonders hervorgehoben haben. Der Blogbetreiber findet, dass auch der Wendehalsismus eine derartige Hall of Fame braucht, in der seine hervorstechendsten Verkünder mit einem oder mehreren Werken verewigt werden.
>
> Heute machen wir den Anfang mit Fräulein Christiane Scherer alias Thea Dorn. Diese hat nämlich neulich in DIE ZEIT einen lesenswerten Beitrag [gemeint ist der ZEIT-Artikel „Meinungsfreiheit: Tribunal der Gutmeinenden“ [124]] veröffentlicht, in dem sie sich als eine glühende Verehrerin der Meinungsfreiheit hervortut. Während und nach der Lektüre des Beitrags kann man sich schwerlich gegen den Drang wehren, das Friedensnobelpreiskomitee um eine Kandidatur für Frau Dorn anzugehen. Sie hat es mindestens so verdient wie Liu Xiabo! Nein! Herr Liu erweist sich angesichts dieser Jean d’Arc des Freien Wortes geradezu als eine Fehlbesetzung für den diesjährigen Friedensnobelpreis!

Der darunter stehende Artikel aus der taz von 2006 [gemeint ist der taz-Artikel „Das Eva-braun-Prinzip"] ist aber ebenfalls sehr lesenswert. Er könnte die Metaüberschrift haben: „Tribunal der Gutfrauen". Kaum zu glauben: Beide stammen aus der Feder von Fräulein Scherer/Dorn. Danach stellt sich nur noch die Frage, ob Fräulein Scherer/Dorn zwei verschiedene, zum Verwechseln ähnlich aussehende Personen sind, oder ob diese Person eine multiple Persönlichkeit ihr Eigen nennt, gemäß dem Motto: Wer bin ich – und wenn ja wie viele?

Es sind noch keine vier Jahre her, da hat Fräulein Dorn folgenden Text [gemeint ist der taz-Artikel „Das Eva-braun-Prinzip"] veröffentlicht – den sie selbstredend inzwischen von ihrer Webseite gelöscht hat, auch die Ursprungsquelle will davon nichts mehr wissen. Wie gut, dass das Internet nichts vergisst. Hier unterstellt sie Eva Herman unverhohlen eine extreme Nähe zum Nationalsozialismus. Fräulein Scherer/Dorn war bei der medialen Hetzjagd auf Eva Herman ganz, ganz vorne dabei. Das wollen wir, dürfen wir nicht vergessen.

Und würde ich in meinem Freundeskreis ein kleines Experiment durchführen und überraschend fragen, von wem der folgende Text [gemeint ist der taz-Artikel „Das Eva-braun-Prinzip"] stammt, dann würden mindestens 50 Prozent meiner Freunde wie aus der Pistole geschossen antworten: „Aus der Prawda!"

109 Herman, Eva (2010): Die Wahrheit und ihr Preis. Meinung, Macht und Medien. Rottenburg: Kopp, S. 123-132

110 https://www.stern.de/kultur/tv/d%C3%A9sir%C3%A9e-nick-ueber-eva-herman--sie-ist-eine-wiederholungstaeterin--3270334.html

111 https://www.welt.de/fernsehen/article1171456/Frauen-gegen-ihren-neuen-Mutterkreuzzug.html

112 http://www.spiegel.de/kultur/gesellschaft/muetter-unter-hitler-herman-entschuldigt-sich-fuer-aeusserungen-a-504961.html

113 https://www.stern.de/kultur/tv/reaktionen-auf-ns-vergleich-kerner-laedt-eva-herman-aus-3273750.html

114 http://www.taz.de/!5195290/

115 https://willanders.wordpress.com/2010/10/13/thea-dorn-die-heilige-der-wendehalse/

116 Thea Dorn: „Das Eva-braun-Prinzip". In: taz, 29.11.2006

117 2002-2014 Stv. Ressortleiterin Reportage/Vermischtes der WELT-Gruppe; seit April 2018 Chefreporterin WELT

118 http://www.welt.de/debatte/kommentare/article6070063/Eva-Herman-argumentiert-wie-die-Nationalsozialisten.html

119 Sarrazin, Thilo (2010): Deutschland schafft sich ab. Wie wir unser Land aufs Spiel setzen. München: Deutsche Verlags-Anstalt

120 Mersch, Peter (2019): Was ist Leben? Mit den Augen eines Systemtheoretikers betrachtet. Reiskirchen: Independently Published

121 https://willanders.wordpress.com/2010/10/13/thea-dorn-die-heilige-der-wendehalse/
SPIEGEL ONLINE, 09.09.2007: NDR feuert Eva Herman. Endlich Zeit für Apfelkuchen

122 http://www.spiegel.de/kultur/gesellschaft/ndr-feuert-eva-herman-endlich-zeit-fuer-apfelkuchen-a-504723.html

123 https://willanders.wordpress.com/2010/10/13/thea-dorn-die-heilige-der-wendehalse/

124 http://www.zeit.de/2010/40/Meinungsfreiheit/komplettansicht

DIE FAZ ZUR KERNER-SENDUNG

Unter den zahlreichen Berichten und Stellungnahmen, die im Herbst 2007 zu Eva Hermans Auftritt bei Johannes B. Kerner verfasst wurden, möchte ich den in der Frankfurter Allgemeinen Zeitung (FAZ) vom 10.10.2007 erschienenen Artikel von Jörg Thomann (Frankfurter Allgemeine Sonntagszeitung: FAS) mit dem Titel „Rausschmiss bei Kerner: Wie Eva Herman den Fernsehtod starb“[125] exemplarisch herausgreifen und im Detail besprechen, und zwar aus den folgenden Gründen:

- Die FAZ besaß zumindest zum damaligen Zeitpunkt noch den Ruf einer seriösen konservativen Zeitung, von der man eher hätte erwarten können, dass sie sich weniger stark an der allgemeinen Hetze gegen Eva Herman beteiligt.

- Der Artikel wurde erst nach der Kerner-Sendung verfasst und nicht schon in der ersten Aufregung nach Eva Hermans Pressekonferenz Anfang September 2007.

- Anhand der Argumentation des FAS-Redakteurs lässt sich nahezu alles verdeutlichen, was in der damaligen Auseinandersetzung um Eva Herman auf journalistischer Seite schief gelaufen ist.

- Der Artikel beinhaltet eine problematische und nicht belegbare Aussage, die noch heute dem Online-Lexikon Wikipedia [126] und anderen Zeitungsartikeln als primäre Referenz für die Behauptung dient, Eva Herman habe in ihren Äußerungen die Familienpolitik des Dritten Reichs gelobt.

Gleich zu Beginn des von Jörg Thomann verfassten FAZ-Artikels heißt es ein wenig theatralisch:

> Das Fernsehen liebt Skandale, und es liebt die reuigen Sünder. Wer einmal ausgeschlossen wurde aus der großen, sich harmonisch gebenden Fernsehfamilie, weil er sich öffentlich um Kopf und Kragen geredet oder durch private Eskapaden diskreditiert hatte, der darf damit rechnen, nach einer gewissen Schamfrist wieder in die Arme geschlossen zu werden: Egal wie groß das Vergehen war, niemand bleibt auf Dauer ausgegrenzt, denn er hat schließlich

eine Geschichte zu erzählen. Und eine gute Story lassen sich die Medien und besonders das Fernsehen auf keinen Fall entgehen.

So war nur einen Monat, nachdem sie wegen umstrittener Sätze zur Familienpolitik im Dritten Reich von ihrem Arbeitgeber, dem Norddeutschen Rundfunk, entlassen worden war, auch Eva Herman der Weg zurück in die oberflächlich heile Medienwelt geebnet worden.

Leider erwiesen sich Jörg Thomanns Spekulationen im Nachhinein als falsch. Eva Hermans Ausgrenzung war endgültig. Sie wurde seitens der Medien mit einer Unerbittlichkeit – bei zugleich fehlender Sachgrundlage – vollzogen, dass es mir damals regelrecht die Sprache verschlug.

Noch problematischer werden die Ausführungen des FAS-Redakteurs jedoch, wenn er auf das Geschehen in der Johannes B. Kerner-Sendung zu sprechen kommt (siehe dazu auch das Protokoll der Sendung im Kapitel *Wippermann bei Kerner* ab Seite 108):

Zumal sich schon mit seinen ersten Sätzen auch Kerner klar positionierte. Eva Herman, sagte er bei ihrer Vorstellung, habe sich „ein wenig verharmlosend zur Familienpolitik im Dritten Reich" geäußert – genau das aber streitet Herman ständig ab. Der Tonbandmitschnitt dessen, was sie gesagt hat auf jener ominösen Pressekonferenz am 6. September in Berlin, wurde den Zuschauern vorgespielt und anschließend einer erschöpfenden Textkritik unterzogen – viel Ehre für eine Passage, die, wie Margarethe Schreinemakers zu Recht einwarf, vor allem „durcheinander und kraus" ist (...).

Der erste Teil dieses Wortwirrwarrs, von der Presse beim Zitieren mitunter weggelassen, steht im Widerspruch zum zweiten. Während im ersten Nazis und 68er gemeinsam das Mutterbild zerstörten, sind es im zweiten nur die 68er, die das, was auch unter den Nazis noch „gut war", abschafften. Auf den ersten Teil setzt Herman bei ihrer Verteidigung, sie spricht auch bei Kerner von einem „abgeschnittenen Halbsatz, aus dem Zusammenhang gerissen" und sagt: „Ich habe in dem Fall keinen Fehler gemacht."

Wie im Kapitel *Was Eva Herman wirklich sagte* gezeigt wurde, waren die auf der Pressekonferenz vom 6. September 2007 in freier Rede von Eva Herman gesprochenen Worte alles andere als „durcheinander und kraus“. Für all jene, die sich intensiv mit den Anliegen der 68er auseinandergesetzt hatten, dürften sie ausgesprochen klar und verständlich gewesen sein. Auch steht der erste Teil der von Jörg Thomann als „Wortwirrwarr“ bezeichneten Äußerung mitnichten im Widerspruch zum zweiten, und im zweiten wird – anders als von Jörg Thomann behauptet – lediglich gesagt, dass die 68er das, was „damals“ – das heißt, in den Anfangsjahren der Bundesrepublik Deutschland (bis in die 1960er Jahre hinein) und nicht etwa in der Zeit des Nationalsozialismus – „gut war“, abgeschafft hätten.

Wie könnte es auch anders sein? Die 68er konnten nur Dinge oder Werte abschaffen, die es 1968 noch gab. Die Behauptung, dass die 68er auch das, was „unter den Nazis noch ‚gut war‘“, abgeschafft hätten, macht nur Sinn, wenn dieses Gute im Jahr 1968 noch in irgendeiner Form existent war. Wer dermaßen überheblich über Eva Herman urteilt und herzieht, wie es Jörg Thomann letztlich tut, sollte dies eigentlich wissen.

Hinzu kommt, dass der in der Sendung den Zuschauern vorgespielte Tonbandmitschnitt „jener ominösen Pressekonferenz am 6. September in Berlin“ anschließend keineswegs – wie von Jörg Thomann behauptet – einer erschöpfenden Textkritik unterzogen wurde. Die Ausführungen des Kapitels *Was Eva Herman wirklich sagte* mögen eine solche „erschöpfende Textkritik“ sein, das gemeinsame Rätselraten von Johannes B. Kerner und seinen geladenen Gästen Margarethe Schreinemakers, Senta Berger, Wolfgang Wippermann war es sicherlich nicht.

Die geladenen Gäste zeichnete vor allem eins aus, sich nämlich in der typischen Arroganz derjenigen, die sich im Besitz der alleinigen Deutungshoheit wähnen, völlig unvorbereitet in die Kerner-Sendung gesetzt zu haben, ich werde insbesondere im Kapitel *Wippermann bei Kerner* noch darauf zurückkommen. Jörg Thomann schätzte die Situation allerdings völlig anders ein:

> Eva Herman hätte also gewarnt sein müssen, auch beim Blick auf die weitere Gästeliste. Neben dem als harmlos einzustufenden Komiker Mario Barth stand dort Margarethe Schreinemakers, die Herman schon öffentlich kritisiert hatte, die als frauenbewegt bekannte Senta Berger sowie

der Historiker und NS-Experte Wolfgang Wippermann. Einer solchen Übermacht zeigte sich Herman, obzwar selbst ein Medienprofi, intellektuell und emotional nicht gewachsen.

Es war zweifellos nicht fair, dass Eva Herman in der Sendung einer solchen zahlenmäßigen Übermacht an Gegnern ausgesetzt wurde, als lautete das Motto der Sendung „Eva Herman allein gegen alle". Und in der Tat befanden sich unter den Gästen weder ein Fürsprecher für sie noch eine neutrale, zwischen den Kontrahenten moderierende Persönlichkeit.

Ansonsten war sie der geballten Kompetenz der geladenen Gäste keineswegs „intellektuell und emotional nicht gewachsen". Das Problem bestand eher darin, dass sie von einem schlecht vorbereiteten Gastgeber und noch schlechter vorbereiteten und sich selbst überschätzenden Gästen schlichtweg nicht verstanden wurde. Nicht anders würde es einem Physiker bei dem Versuch ergehen, religiösen Fundamentalisten die Allgemeine Relativitätstheorie oder die Urknalltheorie zu erläutern. Die Ausführungen würden von Letzteren vermutlich ebenfalls als „durcheinander und kraus" oder als „Wortwirrwarr" kritisiert werden [127]. Und welche intellektuellen Leistungen dürfen denn von Personen erwartet werden, die den von Eva Herman auf ihrer Pressekonferenz vom 06. September 2007 gesprochenen Dreizeiler trotz ihrer eingehenden Erläuterungen in der Sendung nicht sicher interpretieren konnten?

Etliche weitere Formulierungen des FAS-Redakteurs Jörg Thomann zur Kerner-Sendung sind zum Teil äußerst unsachlich und polemisch, beispielsweise die folgenden:

> Prompt stürzt sich Herman noch tiefer ins Unglück: Sie habe nur gelernt, dass wer „sich heute für Kinder einsetzt", sofort mit der „braunen Keule" attackiert werde. Gottlob setzen sich selbst in unserer weitgehend unsolidarischen Gesellschaft etliche Menschen tagtäglich, wenn auch nicht so laut wie Eva Herman, für Kinder ein, ohne von jemandem bedroht zu werden; es gäbe auch gar keinen Anlass dazu.

Dies kann eigentlich nur als eine bewusst böswillige Missinterpretation bezeichnet werden, denn tatsächlich sagte Eva Herman in der Sendung [128]:

> Alice Schwarzer hat direkt im ersten Interview mit dem „Spiegel" gesagt, meine Thesen seien angesiedelt zwischen Steinzeitkeule und Mutterkreuz und hat auf die Frage geantwortet, ob ihr die demografische Krise, in der wir stecken, nicht Sorgen bereite, da hat sie geantwortet: „Wir müssen dem Führer heute kein Kind mehr schenken." Es ist nämlich ganz anders, die braune Keule wird von vorn herein geschwungen, wenn man sich heute für Werte einsetzt, für Kinder und für Familie (…).

Gemeint war von Eva Herman erkennbar nicht der tagtägliche Einsatz für Kinder, etwa der einer Mutter, einer Erzieherin oder einer Kinderhilfsorganisation, sondern das öffentliche Einstehen für eine sich an Werten und demografischen Notwendigkeiten orientierende Familienpolitik. Und in diesem Punkt hat sie zweifellos recht. Heute steht praktisch jedes Ansinnen für eine Erhöhung der Geburtenrate unter den Deutschen („mehr Kinder statt Masseneinwanderung"[129]) und in der Bildungsschicht („mehr Kinder von den Klugen, bevor es zu spät ist"[130]) unter latentem Nazi-Verdacht. Eine sich als „weltoffen" gebende Auffassung priorisiert im Allgemeinen die Migration gegenüber der Eigenreproduktion (Gebären und Aufziehen von eigenem Nachwuchs). Alice Schwarzer brachte es letztlich auf den Punkt: „Wir müssen dem Führer doch heute kein Kind mehr schenken." Anders gesagt: Wer sich heute mehr in Deutschland geborene Kinder wünscht, besitzt rassistische, völkische, eventuell rechtsradikale Motive. Und diesen durchaus zutreffenden Hinweis Eva Hermans will Jörg Thomann nicht verstanden haben? Wie deutlich hätte sie denn werden müssen?

Die beiden nächsten Zitate aus Jörg Thomanns Artikel betreffen einerseits das bedenkliche Auftreten des Historikers Wippermann:

> Eva Herman gibt eine erbärmlich schlechte Figur ab, was die anderen nach Kräften unterstützen. Der Historiker Wippermann hält einen ausführlichen Vortrag über die menschenverachtende Familienpolitik der Nationalsozialisten, den die immer wieder im Großbild gezeigte Herman mit düsterem Blick und gerunzelter Stirn verfolgt: „Vielen Dank für den Geschichtsunterricht."

und andererseits die doch recht kenntnislosen Auslassungen von Senta Berger in der Sendung:

> Sie beklagt, dass Deutschland die niedrigste Geburtenrate Europas habe, und muss sich von Senta Berger korrigieren lassen, die sie zudem mit sanfter Stimme über die Errungenschaften der Revolte von ´68 aufklärt.

Beiden Kontroversen sind eigene Kapitel gewidmet, und zwar einerseits das Kapitel *Wippermann bei Kerner* für die Auseinandersetzung mit dem Historiker Wippermann und andererseits das Kapitel *Senta Berger bei Kerner* für die Kontroverse mit der Schauspielerin Senta Berger. So viel sei an dieser Stelle schon vorab gesagt: Der FAS-Redakteur Jörg Thomann hat das Geschehen völlig einseitig und unzutreffend wiedergegeben.

Schließlich wirft Jörg Thomann Eva Herman auch noch vor, sich während ihrer Buch-Präsentation unaufgefordert vom Dritten Reich distanziert zu haben:

> Mehrfach, sagt die zunehmend aufbrausende Herman, habe sie sich auf besagter Pressekonferenz von der NS-Politik distanziert. Doch welchen Anlass hätte ein Autor, sich bei der Präsentation seines Buches mehrfach unaufgefordert vom Dritten Reich zu distanzieren, wenn er nicht genau wüsste, dass er mit dem Feuer spielt? Bei Kerner beklagt sich Herman zum wiederholten Male, dass RTL einen vermeintlich entlastenden Mitschnitt nicht herausgebe, und muss sich von Wippermann „Verschwörungspathologie" attestieren lassen.

Welchen Anlass könnte Eva Herman aber tatsächlich gehabt haben, sich sowohl bei der Vorstellung ihres Buchs *Das Prinzip Arche Noah* als auch im Buch selbst – wie im Kapitel *Herman zur Nazi-Familienpolitik* nachzulesen ist – gegenüber einer Nähe zu extremistischen Gesinnungen abzugrenzen? Jörg Thomann fällt in diesem Zusammenhang lediglich ein einziger denkbarer Grund ein: Weil sie gedanklich mit dem Feuer spielte, frei nach dem Motto: Wer sich entschuldigt, klagt sich an. Und das ist infam. Damit bestätigt Jörg Thomann exakt die Überlegungen des einleitenden Kapitels *Einführung*.

Dabei lagen Eva Hermans tatsächliche Gründe für jeden erkennbar offen auf dem Tisch, und sie hatte bei Kerner auch keinen Hehl daraus gemacht: Weil sie seit der Veröffentlichung ihres Cicero-Artikels *Die Emanzipation – ein Irrtum?* [131] aus Mai 2006 mehrfach sowohl indirekt (Alice Schwarzer) als auch direkt (Thea

Dorn) des Nazi-Gedankenguts bezichtigt wurde, und zwar einzig aus dem niederen Motiv heraus, jemanden, der in einer politischen Auseinandersetzung einen anderen Standpunkt hat als man selbst, zu diskreditieren. Thea Dorn verstieg sich in ihrem in der taz-Ausgabe vom 29.11.2006 erschienenen Artikel *Das Evabraun-Prinzip* so weit, dass sich Eva Herman sogar gezwungen sah, gegen dessen Veröffentlichung (erfolgreich) vorzugehen. Und solche Dinge nagen natürlich. Wenn ständig der gleiche unzulässige Vorwurf öffentlich erhoben wird, dürfte sich manch einer genötigt sehen, sich häufiger „unaufgefordert" gegenüber den grundlosen Unterstellungen abzugrenzen, ich habe es im einleitenden Kapitel *Einführung* eingehend beschrieben.

Irritierend ist auch Jörg Thomanns Hinweis auf eine angeblich bei Eva Herman vorliegende Verschwörungspathologie.

Der Fall Eva Herman wurde maßgeblich durch den Umstand hervorgerufen, dass der bei RTL vorliegende Tonband-Mitschnitt von Eva Hermans Rede während ihrer Buchvorstellung tagelang nicht öffentlich zugänglich war. Heute ist so etwas kaum mehr möglich, da solche Veranstaltungen in der Regel von mehreren Handys mitgeschnitten werden, unter anderem aus dem Umfeld des Vortragenden selbst.

Durch die verzögerte Veröffentlichung des Mitschnitts waren jedoch wesentliche Entscheidungen bereits gefällt und weitere belastende Äußerungen getätigt worden, bevor überhaupt feststand, was Eva Herman denn genau (im Wortlaut) gesagt hatte. Dies geht in aller Deutlichkeit aus einem am 09.09.2007 veröffentlichten Focus-Artikel mit dem Titel „Eva Herman. Das Prinzip Provokation" hervor [132]:

> Was seit Freitag mit ersten Berichten zu gären begann, war in der Titel-Zeile der „Bild am Sonntag" kulminiert: „Eva Herman lobt Hitlers Familienpolitik" – dazu ein Bild der blonden TV-Frau und ein Foto von Adolf Hitler beim Herzen von Kindern. Mit einem Anruf bei Herman versicherte sich der NDR der Echtheit der zitierten Aussagen. Die Antwort der Moderatorin beruhigte die Senderchefs offenbar nicht, und alles ging blitzschnell: „Der NDR beendet mit sofortiger Wirkung seine Zusammenarbeit mit Eva Herman", hieß es in der Pressemitteilung, die am Sonntag um 12.45 Uhr veröffentlicht wurde.

Mitschnitt soll bei RTL liegen

Nach Angaben des Senders hatte Herman dem NDR ihre Aussage bestätigt, wonach „Werte wie Familie, Kinder und das Mutterdasein, die auch im Dritten Reich gefördert wurden, anschließend durch die 68er abgeschafft wurden". Noch brisanter ist das Zitat, das die „Bild am Sonntag" unter Berufung auf „RTL exklusiv" Eva Herman zuschreibt: „Aber es ist damals auch das, was gut war, und das sind Werte, das sind Kinder, das sind Mütter, das sind Familien, das ist Zusammenhalt – das wurde abgeschafft, es durfte nichts mehr stehen bleiben." Wie die „Bild am Sonntag" auf Anfrage von FOCUS Online mitteilte, stammt das Zitat von einem Band, das bei RTL vorliege. Direkt bei dem Privatsender war am Sonntag niemand für eine Stellungnahme zu erreichen.

Demnach wurde Eva Herman bereits aus den Diensten des NDR entlassen, bevor sich die Öffentlichkeit ein Bild darüber machen konnte, was sie denn überhaupt gesagt hatte. Der FOCUS zitiert in seinem Artikel primär aus dem *Bild am Sonntag* (BamS)-Artikel „*Eva Herman lobt Hitlers Familienpolitik*" des gleichen Tages, und zwar einerseits einen wortgetreuen, allerdings aus dem Zusammenhang gerissenen Satz („Aber es ist damals auch das, was gut war, und das sind Werte, das sind Kinder, das sind Mütter, das sind Familien, das ist Zusammenhalt – das wurde abgeschafft, es durfte nichts mehr stehen bleiben."), der in der Tat den Eindruck erwecken könnte (was von den Autoren des BamS-Artikels wohl auch so beabsichtigt war), dass Eva Herman in ihrer Rede die spätere Abschaffung von angeblich „Gutem" *aus der Nazi-Zeit* bemängelt hatte. Tatsächlich hatte sie jedoch – wie im Kapitel *Was Eva Herman wirklich sagte* unzweifelhaft nachgewiesen wurde – die Abschaffung von „Gutem" *aus der Anfangszeit der Bundesrepublik Deutschland durch die 68er* kritisiert.

In diesem Zusammenhang fragt es sich allerdings, wie es der BamS bereits am 09.09.2007 unter Berufung auf *RTL exklusiv* gelingen konnte, einen einzelnen, wortgetreuen Satz aus Eva Hermans Rede zu zitieren, während sie sich angeblich nicht in der Lage sah, der Öffentlichkeit – einschließlich aller anderen Medien – die entscheidenden drei Sätze der Rede zugänglich zu machen? Wer angesichts solcher Auffälligkeiten ein absichtsvolles Handeln (beziehungsweise eine feministische Verschwörungsaktion) von vornherein für ausgeschlossen hält, dürfte ein recht naives Weltbild besitzen.

Der *FOCUS* sieht es in seinem Artikel zwar exakt andersherum, doch deutlich problematischer als der zitierte wortgetreue Satz aus Eva Hermans Rede dürfte ein anderer im FOCUS-Artikel zitierter Satz sein, der gemäß der BamS-Ausgabe vom 09.09.2007 ebenfalls aus dem Munde Eva Hermans stammen soll. In einer etwas ausführlicheren Variante, die sich auf den gleichen, am 09.09.2007 in der BamS erschienenen Artikel *Eva Herman lobt Hitlers Familienpolitik* bezieht, findet er sich auch in Jörg Thomanns FAZ-Artikel vom 10.10.2007 wieder:

> Der keineswegs stets sachliche Historiker – „Moderatorinnen gab's im Dritten Reich nun mal nicht" – scheint immerhin als einziger der Ankläger Eva Hermans Worte gelesen zu haben, welche am 9. September die „Bild am Sonntag" zitierte:
>
> „Was ich zum Ausdruck bringen wollte, war, dass Werte, die ja auch vor dem Dritten Reich existiert haben, wie Familie, Kinder und das Mutterdasein, die auch im Dritten Reich gefördert wurden, anschließend durch die 68er abgeschafft wurden. Vieles, was in dieser Zeit hochgehalten wurde, wurde danach abgeschafft."
>
> Warum nur las Kerner dieses ganz und gar unmissverständliche Zitat nicht vor, gedruckt zwei Tage nach der Pressekonferenz? Die unergiebige Debatte über verdrehte Worte und Tonbandmitschnitte wäre sofort beendet gewesen.

Bemerkenswert hierbei ist: Sowohl der Focus-Artikel *Eva Herman. Das Prinzip Provokation* von Uli Martin vom 09.09.2007 [133] als auch der FAZ-Artikel *Rausschmiss bei Kerner. Wie Eva Herman den Fernsehtod starb* von Jörg Thomann vom 10.10.2007 [134] berufen sich hinsichtlich der von Eva Herman angeblich getätigten Aussage, dass Familienwerte wie die „Wertschätzung der Mutter" „auch im Dritten Reich gefördert wurden" auf den gleichen Artikel der *Bild am Sonntag* „Eva Herman lobt Hitlers Familienpolitik" vom 09.09.2007.

Manch einer dürfte sich beim Lesen der letzten Seiten schon längst gefragt haben: Warum wird im vorliegenden Kapitel nicht einfach auf den Artikel der BamS vom 09.09.2007 verlinkt, anstatt andere Artikel zu zitieren, die sich auf ihn beziehen?

Die Antwort hat etwas mit der durch die Medien erzeugten bizarren Pseudo-Realität zu tun: Der genannte Artikel der BamS vom 09.09.2007 ist nämlich im Internet nicht mehr abrufbar. Er ist weder im (vorbildlichen) Archiv der Bild-Zeitung noch sonst wo im Internet vorhanden. Im Eva Herman-Eintrag auf Wikipedia [135] ist die Referenz [136] auf ihn mit „abgeschaltet" gekennzeichnet. Aus diesem Grund ist er formal gesehen nicht länger zitierbar.

Dies konnten Uli Martin vom FOCUS und Jörg Thomann von der FAS zwar am 09.09.2007 beziehungsweise 10.10.2007 zum Zeitpunkt der Veröffentlichung ihrer Artikel noch nicht wissen, es ändert jedoch nichts an der Tatsache, dass sich andere weiterhin auf die Aussagen ihrer Artikel berufen.

Beispielsweise Albrecht von Lucke in seinem im Jahr 2008 erschienenen Buch *68 oder neues Biedermeier* [137]:

> So fasste bereits Anfang der achtziger Jahre der damalige Vorsitzende der Konrad-Adenauer-Stiftung und vormalige Bundesfamilienminister Bruno Heck die Fundamentalkritik an 1968 wie folgt zusammen: „Die Rebellion von 68 hat mehr Werte zerstört als das Dritte Reich. Sie zu bewältigen, ist daher wichtiger, als ein weiteres Mal Hitler zu überwinden." Die erstaunlichen Äußerungen der ehemaligen Tagesschausprecherin Eva Herman, wonach „Werte wie Familie, Kinder und Mutterdasein, die auch im Dritten Reich gefördert wurden, anschließend durch die 68er abgeschafft wurden" [138], lasen sich wie ein später Widerhall der Thesen Hecks und wurden durch ‚Bild'-Chefredakteur Kai Diekmann noch verstärkt, der in 68 nur eines sieht: den „Epochenbruch der deutschen Gesellschaft in Richtung Egozentrik, Mittelmaß und Faulheit."

Oder das Online-Lexikon Wikipedia, für das die FAZ eine zitierfähige Quelle ist. Auf der Wikipedia-Seite „Eva Herman" [139] ist aus diesem Grund noch immer zu lesen:

> Ein Kommentar in der FAZ zitierte eine Erläuterung Hermans dazu:
>
> „Was ich zum Ausdruck bringen wollte, war, dass Werte, die ja auch vor dem Dritten Reich existiert haben, wie Familie, Kinder und das Mutterdasein, die auch im Dritten Reich gefördert wurden, anschließend durch die 68er abgeschafft wurden."

Die von Wikipedia genannte Quelle dieser Aussage ist der FAZ-Artikel von Jörg Thomann vom 10.10.2007, der sich jedoch auf den „abgeschalteten“ (und damit letztlich ungültigen) BamS-Artikel vom 09.09.2007 beruft.

Das hat fatale Auswirkungen in der Belegung von Sachverhalten: Die Bild am Sonntag (BamS) veröffentlichte am 09.09.2007 einen Sachverhalt, den sie nicht belegen kann. Ob Eva Herman eine entsprechende Äußerung gegenüber der BamS getätigt hat – wie von letzterer zum Zeitpunkt der Veröffentlichung des Artikels behauptet wurde –, lässt sich nicht beweisen. Ein Mitschnitt scheint nicht zu existieren.

Tatsächlich wurde der BamS-Artikel später aufgrund einer Vereinbarung mit Eva Herman zurückgezogen und aus allen Archiven gelöscht (beziehungsweise „abgeschaltet“). In Eva Hermans Buch *Die Wahrheit und ihr Preis* wird das damalige Geschehen wie folgt beschrieben [140]:

> Der Chefredakteur der BamS, die an meinem Schicksal übrigens ebenso mitschuldig geworden ist, wird sich angesichts des inzwischen aufgetauchten Originalzitates mit meinem Rechtsanwalt darauf einigen, dass er eine Art Gegenbericht, eine Rehabilitation, in gleicher Größe im Innenteil der Zeitung veröffentlichen wird, wo klargestellt werden soll, dass ich nun doch kein Nazilob von mir gegeben hätte. Er scheint mir einer der wenigen Medienleute zu sein, bei dem sich so etwas wie ein schlechtes Gewissen bemerkbar gemacht hatte. Ich willige in den Handel ein, weil mir dies als ein geeigneter Weg erscheint, das Unrecht so schnell wie möglich publik zu machen.
>
> Dieser „Wiedergutmachungsartikel“ erscheint am Sonntag, den 23. September 2007: Auf der Titelseite ist über dem Knick – neben dem Zeitungslogo – die Überschrift zu lesen: „Eva Herman – So kämpft sie um ihren Job“. Darunter wird in etwas kleinerer Schrift gefragt: „Wird die Moderatorin sogar gegen den NDR vor Gericht ziehen?“ Im Innenteil liest man auf Seite 22 oben: „Eva Herman: Ich habe nicht das gesagt, was man mir vorwirft“. Etwas kleiner darunter, neben dem Konterfei meines ehemaligen NDR-Programmdirektors: „Mutterkreuzzug? Die Moderatorin sieht sich verleumdet und will notfalls ihre Rechte vor Gericht verteidigen“.
>
> Das Originalzitat wird zum ersten Mal in voller Länge in einem öffentlichen Medium abgedruckt, mit einer kurzen Stellungnahme von mir. Der Medienexperte Jo Groebel soll schließlich den

> „Fall Herman" aus Fachsicht deuten: „Die Medien sind dazu da, dass sie wichtige Informationen von unwichtigen trennen und den Leser umfassend informieren, ohne ihn zu überlasten. Dadurch wird nicht alles, was auf einer Pressekonferenz gesagt wird, auch aufgeschrieben oder gesendet. Die Konsequenz für sie, dass ein Satz, den sie für zentral hält, in allen Medien nicht zitiert wird, trifft sie – und das sehen offenbar viele mit ihr so – im Nachhinein sehr hart. Sie hätte als Profi um die Gefahr selektiver Wahrnehmung wissen müssen, der Sender hätte im Zusammenhang mit einer Kündigung auch ‚entlastende' Argumente ernst nehmen müssen."

Ich halte die damalige Vereinbarung zwischen Eva Herman und der BamS für einen Fehler. Sie hat Eva Herman nicht deutlich genug rehabilitiert. Hinzu kommt, dass auch dieser sogenannte Gegenbericht im Internet nicht mehr auffindbar ist. Selbst in Eva Hermans Buch wird auf ihn nicht verlinkt. Im Grunde besitzt er wie der ursprüngliche BamS-Artikel vom 09.09.2007 den Status „abgeschaltet".

Äußerst ärgerlich ist auch die im obigen Zitierblock enthaltende Deutung Jo Groebels aus angeblicher Fachsicht. Beim Tatbestand handelte es sich um eine klare Falschberichterstattung, und die hätte – bei ausreichender fachlicher Eignung – auch als solche festgestellt werden können. So blieb im Grunde nichts anderes hängen, als die übliche unsinnige Feststellung bei Vergewaltigungsfällen: „Sie hätte als Frau um die Gefahr der fehlenden Triebbeherrschung von Männern wissen müssen und besser keinen kurzen Rock angezogen."

Ich halte die damalige Herman-BamS-Vereinbarung im Nachhinein aber auch deshalb für einen Fehler, weil aus dem am 09.09.2007 veröffentlichten Focus-Artikel mit dem Titel *Eva Herman. Das Prinzip Provokation* eigentlich sehr klar hervorgeht (siehe Seite 95), dass der BamS das RTL-Tonbandprotokoll ihrer Rede auf der Pressekonferenz vom 06.09.2007 bereits vor der Veröffentlichung ihres Artikels „Eva Herman lobt Hitlers Familienpolitik" vom 09.09.2007 vorgelegen haben muss. Warum hatte bei der BamS dann aber niemand schon vor der Veröffentlichung des Artikels ein schlechtes Gewissen hinsichtlich einer solchen Falschberichterstattung bekommen?

Wie auch immer: Nach der Vereinbarung zwischen Eva Herman und der BamS wurde deren Artikel vom 09.09.2007 zurückgezogen und aus allen Archiven gelöscht (beziehungsweise „abgeschaltet"). Damit verschwanden jedoch keineswegs die Referenzen auf diesen Artikel. In Jörg Thomanns FAZ-Artikel ist noch heute zu lesen, dass Eva Herman gemäß BamS die Familienpolitik der Nazis gelobt hat, beziehungsweise dass sie behauptet hat, die Familienwerte seien durch die Nazis gefördert worden. Und auf diesen und ähnliche Artikel können sich nun wiederum Lexika oder wissenschaftliche Artikel und Bücher beziehen.

Und selbst Kündigungen können sich darauf berufen, wie es der NDR in seiner Presseerklärung *NDR beendet Zusammenarbeit mit Eva Herman* vom 09.09.2007 vorgeführt hat [141]:

> Am Wochenende hatten mehrere Zeitungen berichtet, dass Eva Herman bei der Vorstellung ihres neuesten Buches in Berlin den Umgang der Nationalsozialisten mit Werten wie „Kinder, Mütter, Familie, Zusammenhalt" als „das, was gut war" bezeichnet habe. Dem NDR gegenüber bestätigte Eva Herman am Sonntag ihre dazu in der „Bild am Sonntag" zitierte Aussage, wonach „Werte wie Familie, Kinder und das Mutterdasein, die auch im Dritten Reich gefördert wurden, anschließend durch die 68er abgeschafft wurden. Vieles, was in dieser Zeit hochgehalten wurde, wurde danach abgeschafft."

Auch diese Presseerklärung gibt den Inhalt der von Eva Herman auf ihrer Pressekonferenz vom 06.09.2007 gesprochenen Worte zunächst völlig falsch wieder, wie im Kapitel *Was Eva Herman wirklich sagte* aufgezeigt wurde. Anschließend folgt ein Verweis auf den (mittlerweile zurückgezogenen/abgeschalteten) Artikel der BamS vom 09.09.2007, in dem behauptet wurde, dass gemäß Eva Herman Werte wie Familie, Kinder und das Mutterdasein auch im Dritten Reich *gefördert* wurden. Und daran wiederum schließt sich die nächste Behauptung an, dass sie all das auch gegenüber dem NDR bestätigt habe. Für all das existieren selbstverständlich weder Belege, Telefonmitschnitte noch sonst etwas.

In Eva Hermans Buch *Die Wahrheit und ihr Preis* wird auch zu der angeblichen Bestätigung ihres vermeintlichen Nazi-Lobs gegenüber dem NDR Stellung genommen [142]:

> Obwohl ich – beraten und begleitet von einem Anwalt im Bewusstsein, worum es dabei geht – hier ein weiteres Mal richtigstelle, dass ich mich zu keinem Zeitpunkt derartig geäußert habe und

dass ich Herrn Schreiber gegenüber mitnichten eine Bestätigung abgab, wird einige Tage später ein Schreiben vom NDR kommen, in dem es heißt, ich hätte allen bei dem Treffen Anwesenden noch einmal bestätigt, dass ich Thomas Schreiber gegenüber geäußert hätte, das Zitat sei von mir genauso autorisiert worden. Dies jagt selbst meinem erfahrenen und ziemlich belastbaren Medienrechtsanwalt einen Schauer des Grauens nach dem anderen über den Rücken. Und ich persönlich neige bereits phasenweise dazu, an meinem Verstand zu zweifeln.

Warum hätte Eva Herman ihr angebliches Nazi-Lob angesichts ihrer sonstigen Publikationen zur Familienpolitik der Nazis (siehe Kapitel *Herman zur Nazi-Familienpolitik*) gegenüber dem NDR bestätigen sollen? Eva Herman ist in der Sache meiner Meinung nach gezielt verladen worden.

Die von Jörg Thomann in seinem Artikel vorgeschlagene Vorgehensweise, die ursprüngliche Herman-Aussage zu ignorieren (weil es ihm vermutlich längst schwante, dass sich aus ihr kein Nazi-Lob herleiten lässt) und sich stattdessen ganz auf die Aussagen im BamS-Artikel zu konzentrieren, ist allerdings in höchstem Maße absurd. Sie ist einerseits absurd, weil in einer zivilisierten Gesellschaft so nicht vorgegangen werden kann, nämlich einer Person etwas Schlimmes vorwerfen, und dann nachkarten, wenn die Vorwürfe nicht nachweisbar sind oder gar widerlegt werden, etwa in der folgenden Art:

Anzeigeerstatter: Mein Nachbar hat am 06.09.2007 im Vorbeigehen seine Hand zum Führergruß gehoben und mir „Heil Hitler" zugerufen.

Polizei: Auf den Überwachungskameras geht er aber ganz entspannt an ihnen vorbei.

Anzeigeerstatter: Aber am 09.09.2007 hat er es bei mir in meiner Wohnung getan.

So etwas ist nichts anderes als Mobbing. Und überhaupt: Wer einmal lügt, dem glaubt man nicht.

Die von Jörg Thomann vorgeschlagene Vorgehensweise ist andererseits aber auch aus dem folgenden Grund absurd: Wenn offenkundig nicht einmal die gesamte Medienprominenz in der Lage war, einen in freier Rede von Eva

Herman gesprochenen einfachen Dreizeiler zum familienpolitischen Wirken der 68er korrekt und sicher zu interpretieren (siehe Kapitel *Was Eva Herman wirklich sagte*), warum sollte dies für die Gespräche von Eva Herman mit Mitarbeitern der BILD/BamS und des NDR anders gewesen sein? Zumal für diese Gespräche die Belege fehlen.

Nach den Erfahrungen der Kerner-Sendung, den zahllosen Presseartikeln (wie von Jörg Thomann und anderen) und dem BGH-Urteil zum Eva Herman-Fall gibt es überhaupt keinen Anlass, anzunehmen, dass die NDR-Mitarbeiter oder die BamS-Redaktion Eva Herman in den mit ihr (teilweise telefonisch) geführten Gesprächen besser verstanden haben könnten als Barbara Möller vom Hamburger Abendblatt auf der Herman-Pressekonferenz. Möglicherweise verstehen viele Menschen ohnehin nur das, was in die vorgefertigten Schubladen ihrer Gehirne passt.

Die Pressemitteilung des NDR zur Herman-Kündigung enthält übrigens noch ein anderes interessantes Detail, das im Kapitel *Gleichschaltung* eine wesentliche Rolle spielen wird. Der damalige NDR-Programmdirektor Volker Herres wird darin nämlich mit den Worten zitiert:

> Äußerungen wie diese wirken polarisierend. Das Ergebnis spürt unsere Redaktion: Gäste sagen ihren Auftritt bei „Herman und Tietjen" ab oder stehen von vornherein nicht zur Verfügung. Einer solchen Entwicklung können wir nicht tatenlos zusehen. Frau Herman steht es frei, ihren „Mutterkreuzzug" fortzusetzen, aber mit der Rolle einer NDR-Fernsehmoderatorin ist dies nicht länger zu vereinbaren.

Um es kurz zu machen: Herres verwendet in seiner Äußerung eine höchst fragwürdige Wortwahl, denn der Begriff „Mutterkreuz" entstammt der Terminologie des Nationalsozialismus.

Wie die obigen Ausführungen deutlich gemacht haben, sind die Medien mit ihrer Macht und Vernetzung in der Lage, aus dem Nichts heraus neue Wirklichkeiten und Wahrheiten entstehen zu lassen. Bei Falschmeldungen haben die Betroffenen dem nichts entgegenzusetzen, sie werden dank der „viralen" Verbreitung (siehe Kapitel *Lügenpresse und Fake News*) einfach überrollt. Sollte ein Betroffener gegen eine bestimmte Aussage beziehungsweise einen Artikel klagen und vor Gericht auch gewinnen, dann mag er zwar erreichen, dass der Artikel aus allen Archiven gelöscht (beziehungsweise „abgeschaltet") wird, es verbleiben jedoch die vielen anderen Artikel, die sich auf Aussagen des gelöschten Artikels beziehen. Sollte etwa die BILD am 10.04.2019 schreiben, dass Peter Mersch gelogen hat, dann können auch alle anderen Zeitungen (gegebenenfalls automatisiert auf der Basis eines dpa-Feeds) berichten, dass Peter Mersch gemäß eines Artikels der BILD vom 10.04.2019 gelogen hat. Und diese Aussage hätte selbst dann Bestand, wenn ich erfolgreich gegen die BILD klagen würde, denn falsch wird sie dadurch eigentlich nicht: Die BILD hatte tatsächlich am 10.04.2019 berichtet, dass Peter Mersch gelogen hat.

Während sich unsere Gesellschaft für gewöhnlich darum bemüht, selbst schwerste Straftaten nach deren Verbüßung zu vergessen und den Täter zu resozialisieren, ist eine Ausgrenzung durch die Medien letztlich unwiderruflich und für alle Zeiten. Die Hetze gegen Eva Herman in den Medien nimmt bis heute kein Ende [143].

Jörg Thomann beschließt seinen Artikel über die Kerner-Sendung mit einer Art Mahnung an die Kritiker der Massenmedien:

> Als Geschlagene verließ Herman das Studio, in dem Kerner noch gut zwanzig Minuten mit den verbliebenden Dreien Belanglosigkeiten austauschte. Doch es war ein fragwürdiger Triumph des Moderators über eine angeschlagene Gegnerin, die nicht klug genug war, sich diesen Auftritt zu ersparen. Ob gewollt oder nicht: Spätestens jetzt ist Eva Herman zur Märtyrerin all jener geworden, die überzeugt davon sind, dass es in diesem Land kein Recht auf freie Rede gebe.

Und genau das hat der Fall in der Tat bewiesen, dass es in diesem Land kein echtes Recht auf freie Meinungsäußerung gibt, es sei denn, man ist der gleichen oder ähnlichen Meinung wie diejenigen, die in den Massenmedien die Deutungshoheit für sich beanspruchen. Und die Rechtssicherheit hat durch das fatale Fehlurteil des BGHs mit seiner befremdlichen „Allaussage" ebenfalls massiv gelitten.

125 Thomann, Jörg (2007): Rausschmiss bei Kerner. Wie Eva Herman den Fernsehtod starb; In: FAZ vom 10. Oktober 2007, abgerufen am 01.06.2018, http://www.faz.net/aktuell/feuilleton/debatten/rausschmiss-bei-kerner-wie-eva-herman-den-fernsehtod-starb-1490687.html

126 https://de.wikipedia.org/wiki/Eva_Herman (abgerufen am 20.11.2018)

127 Egyptian TV Host Kicks Atheist Out of Studio, Recommending Psychiatric Treatment, https://www.youtube.com/watch?v=J5aseBw4BmM

128 https://www.welt.de/fernsehen/article1252525/Eva-Hermans-Auftritt-bei-Kerner-im-Wortlaut-1.html
https://www.youtube.com/watch?v=476Fsu_zDCs (2/6), ab 01:38
Siehe dazu auch das ausführlichere Zitat im Kapitel *Wippermann bei Kerner* ab Seite 108.

129 Aus dem AfD-Parteiprogramm, beschlossen auf dem Bundesparteitag in Stuttgart am 30.04./01.05.2016.

130 Sarrazin, Thilo (2010): Deutschland schafft sich ab.
Wie wir unser Land aufs Spiel setzen. München: Deutsche Verlags-Anstalt, S. 331

131 Herman, Eva (2006): Die Emanzipation – ein Irrtum? In: Cicero, Ausgabe Mai 2006; https://www.cicero.de/kultur/die-emanzipation-%E2%80%93-ein-irrtum/37347

132 Martin, Uli (2007): Eva Herman. Das Prinzip Provokation;
In: FOCUS ONLINE vom 09. September 2007, abgerufen am 01.06.2018
www.focus.de/politik/deutschland/eva-herman_aid_132253.html

133 Martin, Uli (2007): Eva Herman. Das Prinzip Provokation;
In: FOCUS ONLINE vom 09. September 2007, abgerufen am 01.06.2018
www.focus.de/politik/deutschland/eva-herman_aid_132253.html

134 Thomann, Jörg (2007): Rausschmiss bei Kerner. Wie Eva Herman den Fernsehtod starb;
In: FAZ vom 10. Oktober 2007, abgerufen am 01.06.2018,
http://www.faz.net/aktuell/feuilleton/debatten/rausschmiss-bei-kerner-wie-eva-herman-den-fernsehtod-starb-1490687.html

135 https://de.wikipedia.org/wiki/Eva_Herman (abgerufen am 20.11.2018).

136 https://www.bild.de/leute/2007/muetter-werte-skandal-2460722.bild.html

137 Lucke, Albrecht von (2008): 68 oder neues Biedermeier.
Der Kampf um die Deutungsmacht. Berlin: Verlag Klaus Wagenbach, S. 8

138 Als Quelle für Eva Hermans Äußerung nennt Albrecht von Lucke Uli Martins
Focus-Artikel vom 09.09.2007: Eva Herman. Das Prinzip Provokation,
www.focus.de/politik/deutschland/eva-herman_aid_132253.html

139 https://de.wikipedia.org/wiki/Eva_Herman (abgerufen am 01.06.2018)

140 Herman, Eva (2010): Die Wahrheit und ihr Preis. Meinung, Macht und Medien.
Rottenburg: Kopp, S. 148

141 https://www.presseportal.de/pm/6561/1045951

142 Herman, Eva (2010): Die Wahrheit und ihr Preis. Meinung, Macht und Medien.
Rottenburg: Kopp, S. 138

143 https://www.n-tv.de/leute/Was-macht-eigentlich-Eva-Herman-article20713654.html

WIPPERMANN BEI KERNER

Die Kerner-Talkshow vom 09. Oktober 2007 lässt sich auch heute noch im Internet vollständig als Video und in Text-Form abrufen und nachvollziehen [144]. In den Büchern *Die Wahrheit und ihr Preis* von Eva Herman [145] und *Der Fall Eva Herman* von Arne Hoffmann [146] wird sie zudem eingehend besprochen.

Wer sich die Kerner-Sendung nach der Lektüre der Textanalyse des Kapitels *Was Eva Herman wirklich sagte* noch einmal anschaut, dürfte recht zwanglos zu dem Schluss kommen, dass sich die beteiligten Personen Johannes B. Kerner, Senta Berger, Margarethe Schreinemakers und Wolfgang Wippermann an dem Abend an einer öffentlichen Hexenjagd beteiligt und sich lächerlich gemacht haben.

Im vorliegenden Kapitel geht es um die Rolle und das Verhalten von Wolfgang Wippermann in der Kerner-Talkshow. Die Analyse stützt sich primär auf die Darstellungen von Wippermann in seinem Buch *Autobahn zum Mutterkreuz* [147], das heißt, auf seine eigene subjektive Sicht des Geschehens.

Das Buch beginnt mit einer Klage: Nach der Kerner-Sendung sei er mit einer großen Zahl an Hass-Briefen und -E-Mails bombardiert worden [148]:

> Warum das alles? Hatte ich etwas Verwerfliches getan oder gesagt?
>
> Eigentlich nicht. Ich hatte lediglich an eben diesem 9. Oktober 2007 in der Talkshow von Johannes B. Kerner die Fernsehmoderatorin und Buchautorin Eva Herman darauf hingewiesen, dass es sogenannte Werte wie „Kinder", „Mutterdasein" und „Familie" im Dritten Reich nicht bzw. nur in einem rassistischen Kontext gegeben habe – man könne keineswegs behaupten, im Dritten Reich sei auch etwas „gut" gewesen. Eva Hermans Hinweis auf „Hitlers Autobahn" in diesem NS-Kontext war empörend, welche Auffassung die übrigen Diskutanten bei Kerner teilten. Noch ungeheuerlicher war ihre abschließende Behauptung, „dass man über den Verlauf unserer Geschichte nicht reden kann, ohne in Gefahr zu geraten."

Hass-Mails sind auf keinen Fall angemessen beziehungsweise zu rechtfertigen. Allerdings darf sich Wippermann über solche Reaktionen auch nicht sonderlich wundern, denn er hatte sich in der Kerner-Sendung erheblich daneben benommen. Das gilt in ähnlicher Weise auch für die obigen Sätze, in denen er einmal mehr unwahre Sachverhalte verbreitet. Zum einen war es Eva Herman bereits vor seinen Belehrungen („Hinweisen“) bestens bekannt, dass die von ihr als wünschenswert genannten Mutter- oder Familienwerte im Dritten Reich nicht hochgehalten beziehungsweise „gefördert“ wurden, dies ist einerseits dem im Kapitel *Herman zur Nazi-Familienpolitik* zitierten Auszug aus ihrem Buch *Das Eva-Prinzip* [149] zu entnehmen, andererseits aus dem von ihr auf der Pressekonferenz vom 06.09.2007 gesprochenen Originaltext (siehe Kapitel *Was Eva Herman wirklich sagte*).

Und dass irgendetwas im Dritten Reich „gut“ war, wurde von ihr zu keinem Zeitpunkt gesagt. Tatsächlich bezog sich ihr Hinweis in ihrem auf der Pressekonferenz Gesagten zu dem „was gut war“ nicht auf das Dritte Reich, sondern auf die Nachkriegszeit bis etwa 1968. Wolfgang Wippermann demonstriert mit den zitierten Sätzen ein weiteres Mal, dass er nicht gewillt ist, sich eines Besseren belehren zu lassen. Vielleicht versteht er es aber auch einfach nicht.

Im gleichen Stil geht es auf den nächsten Seiten weiter [150]:

> Wenn „Hitler“, der „Nationalsozialismus“ und die „Autobahn“ mit der Konjunktion „aber“ eingeleitet werden oder in einem gleichermaßen relativierenden Subtext erscheinen, wird damit gewollt oder ungewollt etwas ganz anderes und keineswegs Wertfreies zum Ausdruck gebracht. Der nachstehende Ausspruch ist beispielhaft: Der Nationalsozialismus war „eine grausame Zeit, aber … die Autobahn“. Genauso hat sich Eva Herman am 6. September auf der Pressekonferenz und am 9. Oktober 2007 in der *Kerner*-Talkshow ausgedrückt (…).

Das ist eine infame Unterstellung. Eva Herman hat weder bei der einen noch der anderen Gelegenheit etwas Vergleichbares gesagt. Die obigen Sätze entstammen einzig der Wippermannschen Fantasie. Beispielsweise bezieht sich das „aber“ im Textabschnitt „grausame Zeit, aber“ im Originaltext auf das Abschaffen von Werten durch die 68er (das heißt auf einen Kontext, der weit vor dem „aber“ steht, etwa in der folgenden Art: „Mit den 68ern wurde damals praktisch alles (...) an Werten [abgeschafft], aber es [wurde] eben auch das, was gut war (...) abgeschafft). Es bezieht sich damit zeitlich auf die Anfangsjahre der Bundesrepublik Deutschland und nicht auf das Dritte Reich.

Und Wippermanns Anmerkung zum Eva Hermanschen Autobahn-Hinweis trifft es ebenfalls nicht, denn sinngemäß hatte Eva Herman (für verständige Menschen) gesagt:

> Nur weil die Nazis den Gleichschaltungsbegriff verwendet haben, muss ich bei ähnlichen Gleichschaltungsprozessen nicht auf die Nutzung des Wortes verzichten. Und nur weil die Nationalsozialisten einen Großteil der deutschen Autobahnen gebaut haben, bin ich heute nicht verpflichtet, ausschließlich Landstraße zu fahren.

Sie hatte definitiv nicht gesagt (und auch nicht sagen wollen), dass die Nazis auch Großes geleistet haben, siehe Autobahnen, auf denen wir heute fahren. Gerade die Auseinandersetzung um die Autobahnen demonstrierte ein großes Problem der Kerner-Sendung, dass Eva Herman nämlich dort auf Kontrahenten traf, die ihren Ausführungen intellektuell nicht folgen konnten oder wollten.

Wenige Seiten später in Wippermanns Buch erfolgt der Versuch einer Diskreditierung von Eva Hermans vermeintlicher Co-Autorin Christine Eichel, der an Lächerlichkeit kaum zu überbieten ist [151].

> Verfasser des antifeministischen Artikels über den „Irrtum Emanzipation“ war aber kein Mann, sondern es waren zwei Frauen. Die eine wurde im Cicero-Artikel zwar nicht genannt, hatte ihn aber lanciert und vermutlich auch geschrieben – die Leiterin des Feuilletons, das bei Cicero „Salon“ genannt wird, Christine Eichel. Die 1959 geborene Eichel stammt aus Melle in Niedersachsen und studierte in Hamburg Philosophie, Literatur und Musikwissenschaft. Nach ihrer Promotion über, wie sie nicht müde wird zu betonen, Adorno wurde sie Journalistin und arbeitete unter anderem als Moderatorin beim NDR. Außerdem war sie für einige Zeit Gastprofessorin an der Universität der Künste in Berlin. Seit 2004 ist sie bei *Cicero*.
>
> Einem größeren Publikum bekannt wurde Christine Eichel aber nicht als Adorno-Expertin, sondern als Autorin von Romanen, in denen sie sich laut Wikipedia „mit aktuellen

> gesellschaftspolitischen Phänomen" auseinandergesetzt hat, darunter offensichtlich auch die Klimaerwärmung. Darauf lässt jedenfalls eine Stelle in ihrem Roman *Im Netz* schließen, an der zu lesen ist: „Ich wurde ganz zugedeckt mit seinen Worten, darunter wurde es warm, ich schmiegte mich an den Daunenflaum und dachte, wenn das Liebe ist, dann werde ich nie wieder frieren." Das dürfte sie nicht von Adorno gelernt, sondern aus einem der sich ungebrochener Beliebtheit erfreuenden Lore-Romane übernommen haben. Von Lore oder dem Altmeister aller Antifeministen, Otto Weininger, abgeschrieben scheint folgende Stelle in dem als erotisch angepriesenen *Netz*-Roman zu sein: „‚Lerne zu warten', befiehlt Rex, und Martha folgt wie ein dressiertes Hündchen, in ständiger Erwartung, er möge sie von schmerzhaftem Sehnen erlösen."
>
> In Hinblick auf antifeministische Tendenz und schlechten Stil erinnert das sehr an den *Cicero*-Artikel, weshalb wohl Christine Eichel als dessen Hauptverfasserin anzusehen ist. Doch nicht sie, sondern ihre Co-Autorin wurde durch diesen Artikel in der politischen Öffentlichkeit bekannt. Gemeint ist Eva Herman.

An dieser Stelle sehe ich mich dann doch genötigt, einmal sexistisch zu reagieren: Der obige Text ist schlimmer als das Getratsche von Waschweibern. Zivilisierte Männer schreiben einen solchen zickigen Unsinn nicht. Und wenn es im Text auf einmal heißt:

> In Hinblick auf antifeministische Tendenz und schlechten Stil erinnert das sehr an den Cicero-Artikel, weshalb wohl Christine Eichel als dessen Hauptverfasserin anzusehen ist.

dann könnte man doch glatt meinen, Meisterdenkerin Thea Dorn hätte mit ihren grandiosen Vergleichen dem Herrn Wippermann beratend zur Seite gestanden.

Und es ist im Übrigen völlig gleich, was Autoren in ihren Romanen schreiben. Für mich sind/waren auch Anne Cécile Desclos, Sasha Grey, Catherine Millet, Anais Nin und Esthar Vilar emanzipierte Frauen.

In seinem Buch bezeichnet Wolfgang Wippermann Eva Hermans Buch *Das Prinzip Arche Noah* [152] als einen Text von einer „unfassbar primitiven Form" [153]. Mir würden dann bei seinem obigen Text die Superlative ausgehen.

Der nächste Fauxpas Wippermanns folgt gleich darauf [154]:

> Zweitens wird behauptet, dass das „Bild der Mutter" zusammen mit nicht genauer benannten „Werten" vom „Nationalsozialismus" und der „darauffolgenden 68er-Bewegung abgeschafft" worden sei, was sprachlich wirr und inhaltlich skandalös ist: Was hat die 68er-Bewegung mit dem Nationalsozialismus gemein?

Also das ist nun wirklich zu komisch.

Wie im Kapitel *Was Eva Herman wirklich sagte* ab Seite 53 erläutert wurde, war die Aufarbeitung und Überwindung des Nationalsozialismus das bestimmende Thema der 68er-Bewegung. Wichtige theoretische Arbeiten schienen nahezulegen, dass die autoritäre Struktur der patriarchalischen Kleinfamilie maßgeblich für das spätere Aufkommen des Faschismus mitverantwortlich war. Und da man gleichzeitig der Ansicht war, dass eben jene Familienstruktur mit Gründung der Bundesrepublik Deutschland wieder eingeführt worden war, folgerte man, dass der Faschismus auch in Zukunft wieder möglich werden könnte. Und genau das sollte auf jeden Fall verhindert werden. Sieht man es so, dann ergibt der von Eva Herman auf ihrer Pressekonferenz gesprochene Text auf einmal sehr viel Sinn. Er ist Wort für Wort schlüssig. Er entspricht sowohl dem damaligen Anliegen der 68er als auch dem zeitlichen Geschehen. Eva Herman bemängelt in ihrem gesprochenen Wort lediglich: Auch das, was nach dem Zweiten Weltkrieg ihrer Meinung nach im Familienbereich gut war, wurde seitens der 68er abgeschafft. An keiner Stelle äußert sie sich positiv zu den Familienwerten im Dritten Reich. Ihre Auffassung dazu kann in ihrem Buch *Das Eva-Prinzip* nachgelesen werden (siehe Kapitel *Herman zur Nazi-Familienpolitik*).

Auf der gleichen Seite heißt es bei Wippermann weiter [155]:

> Drittens weiß Eva Herman von Hitler nur zu berichten, dass er „das deutsche Volk ins Verderben geführt" habe. Doch da lag noch einiges andere im Argen. Davon allerdings, nämlich vom Juden- und Rassenmord, wird nicht geredet, sondern stattdessen viertens, von dem, was „damals" (d. h. eindeutig in der NS-Zeit) auch „gut" war. Nämlich „Werte", „Kinder", „Mütter", „Familien". Diese Schlussfolgerung ist in der Tat untragbar.

Dass Eva Herman in einem in freier Rede gesprochenen Halbsatz nicht alle Schlechtigkeiten des Nazi-Regimes aufzählen muss (damit sich nur ja keiner übergangen fühlt), versteht sich von selbst, es genügt der Hinweis, dass diese Zeit schrecklich und schlimm war. Ansonsten folgt wieder einmal der gleiche Fehler, der sich durch alle Texte Wippermanns und eines Großteils der Artikel in den Medien zieht: Das Wort „damals" in ihrem Text bezieht sich *nicht* auf die Zeit des Dritten Reichs, sondern auf die Zeit der 68er. Eva Herman spricht in dem besagten Zitat von den 68ern und was diese ihrer Meinung nach „damals" alles abgeschafft haben.

Sodann äußert sich Wippermann zum problematischen *Bild am Sonntag*-Artikel vom 09.09.2007, der maßgeblich mitverantwortlich für ihre kurz darauf erfolgte NDR-Kündigung war [156]:

> *Bild am Sonntag* gab den „aber"-Halbsatz folgendermaßen wieder: „Werte wie Familie, Kinder und das Mutterdasein, die auch im Dritten Reich gefördert wurden, anschließend durch die 68er abgeschafft wurden.
>
> Wie bei Bild üblich war das sprachlich verkürzt, aber inhaltlich keineswegs verfälscht. Tatsächlich wurde das *Bild*-Zitat auch von der sonstigen Presse übernommen – und entsprechend kritisiert. Dabei wurden jedoch die drei anderen Bestandteile – Familienpolitik heute, Hitler und das deutsche Volk, Hitler und die 68er – des gesamten Zitats kaum noch erwähnt, was aber auch nicht notwendig war, denn das eigentlich Skandalöse war, dass Eva Herman im NS-Kontext von „Werten" und was sonst noch „gut" im Dritten Reich gewesen sein soll gesprochen hatte.

Auch hier irrt Wippermann: Der zitierte BamS-Artikel ist sowohl sprachlich verkürzt als auch inhaltlich falsch. Die BamS-Redaktion hatte dies später wohl selbst eingesehen und ihren Artikel zurückgezogen (siehe Kapitel *Die FAZ zur Kerner-Sendung*). Eva Herman hatte sich in ihrem Text zu den familienpolitischen Aktivitäten der 68er geäußert, nicht jedoch zur Familienpolitik im Dritten Reich. Insbesondere hatte sie nicht gesagt, dass im Dritten Reich irgendwelche Familienwerte gefördert worden seien. Und noch einmal: Es gab nichts Skandalöses in ihrer damaligen Rede. Der gesamte Skandal fußte darauf, dass sie von der Journalistin Barbara Möller falsch verstanden und zitiert worden war. Das Skandalöse war die Wiedergabe ihrer Worte durch Barbara Möller und was von den Medien danach daraus gemacht wurde. Ihre Worte waren es jedenfalls nicht.

Im Folgenden äußert sich Wippermann zur Kerner-Sendung. Seine Darstellung beginnt sogleich mit einer Falschwiedergabe [157]:

> Daher ließ Kerner das obige Zitat in der langen Tonbandfassung einblenden. Eva Herman beharrte darauf, den mit „aber" beginnenden Halbsatz nicht gesagt zu haben.

Das ist eine glatte Lüge, denn tatsächlich wurde das Folgende gesagt [158]:

> *Kerner*: (zitiert) „das wissen wir alle, aber es ist *damals* eben auch das, was gut war, das sind die Werte, das sind *damals* das was gut war, *damals*"
>
> *Herman*: Ja, aber ich hab, Moment Johannes, ich hab ja vorher gesagt, wir müssen vor allem das Bild der Mutter in Deutschland auch wieder wertschätzen lernen, das ja leider mit dem Nationalsozialismus und den 68ern abgeschafft wurde. Das heißt, was *vorher* schon bestanden hat.
>
> *Kerner*: Schon klar, (zitiert) „es war eine grausame Zeit, das war ein durchgeknallter, hochgefährlicher Politiker, der das Volk ins Verderben geführt hat" das heißt, es geht ganz klar um die Zeit, die von Adolf Hitler traurig bestimmt war, es geht um diese Zeit.
>
> Und es geht weiter: „Wir wissen alle, es ist *damals* eben auch das was gut war, und das sind" und dieses *damals* bezieht sich ganz klar auf diese Zeit, auch wenn du es nicht gewollt hast, „und das sind Werte, das sind Kinder, das sind Mütter, das sind Familien, das ist Zusammenhalt – das wurde abgeschafft."
>
> *Herman:* Nein! Nein, nein. Es geht um die Werte, die *vorher* bestanden haben, ich sag doch vorher, das Bild der Mutter in Deutschland wieder, was leider mit dem Nationalsozialismus, also *vorher* bestanden hat. Übrigens es gibt ja auch noch Zitate davor, die wie durch ein Wunder alle überhaupt nicht mehr auftauchen, sondern unter Verschluss gehalten werden.

Eva Herman beharrte in der Kerner-Sendung also nicht darauf, den mit „aber" beginnenden Halbsatz nicht gesagt zu haben, sondern sie reklamierte, falsch interpretiert worden zu sein, und zwar ganz besonders in Hinblick auf die zeitliche Einordnung des von ihr verwendeten Wortes *damals*. In den zitierten, von Eva Herman auf ihrer Pressekonferenz gesprochenen Worten wird nämlich letztlich nichts anderes gesagt, als dass die Nationalsozialisten Familienwerte wie die „Wertschätzung der Mutter", die vor 1933 in der Weimarer Republik und im Deutschen Reich Gültigkeit besaßen, abgeschafft hatten, und dass die 68er die gleichen (oder ähnliche) Familienwerte, die seit Beginn der Bundesrepublik Deutschland bis zum Jahr 1968 erneut Gültigkeit besaßen, *damals* – das heißt zu ihrer Zeit ab 1968 – ein weiteres Mal abgeschafft hatten.

Im Grunde waren ihre Sätze klar und auch nicht schwer zu verstehen. Man hätte sich lediglich einmal die Mühe machen müssen, auch ihren Standpunkt (das heißt der Angeklagten) wahrzunehmen, anstatt völlig einseitig ausschließlich nach belastenden Argumenten gegen die der Ketzerei beschuldigten Person zu suchen. Die an diesem entwürdigenden Schauprozess beteiligten Personen Johannes B. Kerner, Margarethe Schreinemakers, Senta Berger und Wolfgang Wippermann haben in der Hinsicht jedenfalls völlig versagt, da es ihnen erkennbar nicht darum ging, fair zu urteilen, sondern zu richten.

Allerdings muss ich gestehen, dass mir Eva Herman an der Stelle der Talkshow viel zu höflich und auch unspezifisch blieb [159]. Johannes B. Kerner hatte letztlich eine Frage gestellt, nämlich auf welche Zeit sich das Wort „damals" in dem zitierten Satz bezieht, und die Antwort lautet definitiv nicht, dass es um Werte geht. Denn das Wort „damals" wurde ja ausdrücklich von ihr gesprochen:

> Mit den 68ern wurde damals praktisch alles das – alles was wir an Werten hatten – (…) abgeschafft. Es durfte nichts mehr stehen bleiben.

Die Antwort konnte folglich nur lauten: „Damals" bezieht sich auf die Zeit um 1968 und nicht die Zeit des Nationalsozialismus. Die 68er konnten nur die Werte abschaffen, die zu ihrer Zeit in der Bundesrepublik Deutschland noch Bestand hatten. Wie im Kapitel *Was Eva Herman wirklich sagte* ab Seite 53 im Detail erläutert wurde, gab es sehr klare theoretische Gründe, warum die 68er die in der damaligen Bundesrepublik Deutschland etablierten Familienwerte „abschaffen" wollten. Als ehemaliger 68er verstand ich Eva Herman deshalb sofort.

Es wäre meiner Meinung nach aber äußerst hilfreich gewesen, wenn sie in der Sendung auf die Frage, worauf sich das „damals" in dem zitierten Satz bezieht, geantwortet hätte: „Auf die Zeit der 68er, das heißt auf den Zeitraum um 1968". Was denn sonst? In ihrem Buch *Die Wahrheit und ihr Preis* ist sie in der Hinsicht viel genauer [160]:

> Es ist auch klar, dass die zwei Worte „damals" die Zeit der 68er meinen. (…) Ich sprach nicht von den Werten der nationalsozialistischen Politik. Im Gegenteil: Mein Einschub über die Zeit des Dritten Reichs besagt ja, dass es richtig war, dass diese durch die 68er verurteilt wurden. Und auch vorher habe ich gesagt, dass das Bild der Mutter mit dem Nationalsozialismus abgeschafft wurde.

Mit einer solchen Klarstellung hätte sich dann auch sofort ergeben, dass mit dem

> was gut war – das sind die Werte, das sind Kinder, das sind Mütter, das sind Familien, das ist Zusammenhalt

nur „Gutes" aus den Anfangsjahren der Bundesrepublik Deutschland gemeint sein konnte und nicht angeblich „Gutes" im Dritten Reich. Auch hätte sie sich die ganzen komplizierten Erklärungen ersparen können, dass die von ihr genannten Werte schon vor dem Dritten Reich, das heißt, in der Weimarer Republik und im Deutschen Reich gültig waren. Dies interessierte in der Runde sowieso niemanden, außerdem waren die Überlegungen den meisten zu komplex. Den einen fehlte es dafür an Bildung, den anderen an Offenheit, Einsicht und Neutralität. Vielleicht hätte die Sendung mit einer solchen unmissverständlichen Klarstellung einen ganz anderen Verlauf genommen.

Manchmal sind die Dinge tatsächlich einfach, und dann gehören auf einfache Fragen auch einfache Antworten.

Doch Wippermann legt in seinem Buch weiter nach [161]:

> Ich hielt einen kleinen Vortrag, in dem ich auf die Unterschiede zwischen dem konservativen und dem faschistischen Frauen- und Familienbild hinwies und Eva Herman bat, sich zumindest vom Letzteren zu distanzieren. Doch sie ging mich frontal an.

Die Äußerung Wippermanns belegt letztlich nur, wie arrogant, peinlich und grob beleidigend sein Verhalten in der Kerner-Sendung gegenüber Eva Herman war. Denn tatsächlich wurde in der Sendung das Folgende gesagt [162]:

> *Wippermann:* Es ist falsch, dass sie verwechselt Faschismus und Konservativismus. Sie möchte das konservative Frauen- und Mütterideal verteidigen, das ist ihr gutes Recht, das heißt eben die 3 Ks, nämlich Kirche, Küche, Kinder.
>
> Aber der Punkt ist, dass dieses konservative Werteideal in Anführungszeichen, einige finden es nicht gut und einiges hat sich auch verändert, es sind inzwischen ja auch nicht mehr nur Frauen in der Küche, sondern auch Männer in der Küche und machen das ja auch ganz gut, aber dieses K,K,K war im Dritten Reich etwas anderes, nämlich es war Rassenzucht, Rassenvernichtung im Rassenstaat, und diesen Unterschied, den haben Sie verwischt, und das war problematisch. Ich darf das ausführen vielleicht: Rassenzucht bedeutete, dass Frauen erniedrigt wurden zu Muttertieren, sie wurden ausgezeichnet, wie Kühe geradezu, für Kinder, vier Mutterkreuz in Bronze, sechs in Silber und acht in Gold.
>
> Das wollen Sie doch nicht. Es wurden Frauen ermordet, als Jüdinnen, als Sintezza, als Romni, aber auch als Asoziale und Kranke oder Schwachsinnige.
>
> Schwachsinn war bei Frauen: sozialer Schwachsinn oder moralischer Schwachsinn, wenn man mehrere Geschlechtspartner hatte, oder wenn man die Wohnung nicht ganz in Ordnung hatte, dann wurde man zwangssterilisiert, dann wurde eine Abtreibung durchgeführt, all das ist damit verbunden, sozusagen. Und auch noch eins dazu, am Anfang wurden Frauen aus dem Berufsleben verdrängt, einige kamen wieder herein, weil man sie brauchte.
>
> Aber auch das müssen Sie zugestehen: Moderatorinnen gab‘s im Dritten Reich nun nicht, das ist ein Punkt. Das heißt also, die Frauen wurden diskriminiert, und das können

Sie doch nicht gut finden, und das hat auch mit diesen konservativen Idealen, die Sie verteidigen möchten – es sind nicht meine Ideale, aber das können Sie durchaus tun – nichts zu tun, und Sie sollten sich davon distanzieren.

Herman: Also vielen Dank erst Mal für den Geschichtsunterricht, aber das sind keine Neuigkeiten, die Sie hier gerade von sich gegeben haben. Und wenn Sie hierher kommen und mit mir darüber sprechen wollen, dann setze ich voraus, dass Sie vielleicht auch meine Bücher gelesen haben und dann wissen Sie auch, dass beispielsweise in dem Buch „Das Eva-Prinzip“ ich mich mit einem langem Unterkapitel genau um diese Zeit kümmere und damit intensiv auseinandersetze und über die verheerenden Zustände in dieser Zeit berichte und über die ausbeuterischen Zustände der Mutter und ich distanziere mich hier noch einmal sehr energisch.

Ich möchte einmal dazu sagen, abgesehen davon, dass ich das völlig an den Haaren herbeigezogen und unsachlich finde, weil mir hier wieder etwas unterstellt wird, wovon ich mich die ganze Zeit distanziert habe, möchte ich einfach mal darauf hinweisen auf dieser Pressekonferenz gab es ca. 30 Pressevertreter. Von diesen 30 Pressevertretern hat niemand eine Frage gestellt, die in diese Richtung ging und auch niemand den nächsten Tag darüber berichtet, dass ich mich missverständlich geäußert habe, denn ich habe vor diesem Zitat mich mehrfach ausdrücklich distanziert von irgendeiner Nähe zum Dritten Reich, im Gegenteil, ich hab‘s energisch von mir gewiesen, weil ich die Erfahrung gemacht hatte, mit dem Buch „Das Eva-Prinzip“, ist bereits die braune Keule über mir geschwungen worden.

Ich habe mich jahrelang gegen Rechts eingesetzt, bis jetzt und werde es auch weiterhin tun. Aber was passiert ist, das Eva-Prinzip wurde zum Eva-Braun-Prinzip in der Presse gemacht. Alice Schwarzer hat direkt im ersten Interview mit dem „Spiegel“ gesagt, meine Thesen seien angesiedelt zwischen Steinzeitkeule und Mutterkreuz und hat auf die Frage geantwortet, ob ihr die demografische Krise, in der wir stecken, nicht Sorgen bereite, da hat sie geantwortet: „Wir müssen dem Führer heute kein Kind mehr schenken.“ Es ist nämlich ganz anders, die braune Keule wird von vorn herein geschwungen, wenn man sich heute für Werte einsetzt, für Kinder und für Familie (…).

Wolfgang Wippermann hatte in der Sendung das Glück, auf eine eher sanfte, auf ihr religiöses Welt- und Menschenbild vertrauende Person zu treffen, die unter den geladenen Gästen keinen einzigen Fürsprecher besaß. Die meisten Männer, mich eingeschlossen, hätten ihm spätestens an dieser Stelle die rote Karte gezeigt und sein Verhalten als arrogant, unsachlich und niveaulos tituliert.

Eva Herman wies in der Sendung zu Recht darauf hin, dass sie sich in einem Unterkapitel ihres ein Jahr zuvor erschienenen Buchs *Das Eva-Prinzip* [163] sehr intensiv mit der Familienpolitik der Nationalsozialisten auseinandergesetzt hatte [164]. Ihre Ausführungen sind im Kapitel *Herman zur Nazi-Familienpolitik* vollständig nachzulesen. Vor diesem Hintergrund stellten die Belehrungen Wippermanns eine grobe Beleidung dar. Wer nämlich so etwas verfasst hat, wie es Eva Herman auf den Seiten 140 bis 145 ihres Buchs *Das Eva-Prinzip* getan hat, dem kann und darf man in einer öffentlichen Sendung nicht in belehrendem Tonfall vor den Kopf werfen, dass die Frauen im Nationalsozialismus diskriminiert wurden („Moderatorinnen gab‘s im Dritten Reich nun nicht“), und „das können Sie doch nicht gut finden, und das hat auch mit diesen konservativen Idealen, die Sie verteidigen möchten (…) nichts zu tun, und Sie sollten sich davon distanzieren“.

Wer sich in ein solches Tribunal setzt, um über andere zu richten, sollte sich zuvor eingehend darüber informiert haben, was die beklagte Person zum Thema öffentlich gesagt oder sonst wie veröffentlicht hat. Alles andere ist dumm, peinlich und eines Wissenschaftlers unwürdig. Eva Hermans damalige Reaktion

> und wenn Sie hierher kommen und mit mir darüber sprechen wollen, dann setze ich voraus, dass Sie vielleicht auch meine Bücher gelesen haben

war für meinen Geschmack noch viel zu sachlich und sanft. Nicht wenige Männer hätten in der gleichen Situation mit schroffen Beleidigungen aufgewartet. Und sie wären berechtigt und angemessen gewesen.

Wolfgang Wippermann hat sich in der Kernersendung nicht als seriöser Wissenschaftler, sondern als egozentrischer Ideologe präsentiert, der weder zuhören kann noch will, sondern nur seine eigene Meinung gelten lässt.

Für einen Mathematiker und Naturwissenschaftler wie mich ist es bei allen Überlegungen wesentlich, die eigenen Prämissen und Grundannahmen zu benennen, zu prüfen und gegebenenfalls infrage zu stellen. Wippermann scheint so etwas nicht zu kennen, da er sowieso annimmt, dass seine Sicht die einzig richtige ist. Aus seinem Buch geht dies unmittelbar hervor. Wippermann scheint sich in die Sendung mit einem festen Bild über Eva Herman gesetzt zu haben: „Sie ist schuldig, sie hat die Familienpolitik der Nazis gelobt, sie ist eine blonde Anhängerin des Nationalsozialismus." Und diese Grundannahme hat er zu keinem Zeitpunkt hinterfragt. Ihre Auslassungen interessierten ihn im Grunde nicht die Bohne, ihre sonstigen Veröffentlichungen zum Thema auch nicht, er hat sie nicht einmal gelesen, und das hält er wohl auch nicht für nötig. Das ist klassisches Herrenmenschenverhalten.

144 https://www.youtube.com/watch?v=KEyRL3HaIXI (1/6)
https://www.youtube.com/watch?v=476Fsu_zDCs (2/6)
https://www.youtube.com/watch?v=fy4O7esQtSQ (3/6)
https://www.youtube.com/watch?v=nSB-YmEJD6o (4/6)
https://www.youtube.com/watch?v=YBghghmQ2k8 (5/6)
https://www.youtube.com/watch?v=SMHVoccW2XQ (6/6)
http://www.welt.de/fernsehen/article1252525/Eva-Hermans-Auftritt-bei-Kerner-im-Wortlaut-1.html http://www.welt.de/fernsehen/article1252851/Eva-Hermans-Auftritt-bei-Kerner-im-Wortlaut-2.html

145 Herman, Eva (2010): Die Wahrheit und ihr Preis. Meinung, Macht und Medien. Rottenburg: Kopp

146 Hoffmann, Arne (2007): Der Fall Eva Herman. Hexenjagd in den Medien. Grevenbroich: Lichtschlag

147 Wippermann, Wolfgang (2008): Autobahn zum Mutterkreuz. Historikerstreit der schweigenden Mehrheit. Berlin: Rotbuch

148 Wippermann, Wolfgang (2008): Autobahn zum Mutterkreuz. Historikerstreit der schweigenden Mehrheit. Berlin: Rotbuch, S. 7

149 Herman, Eva (2006): Das Eva-Prinzip. Für eine neue Weiblichkeit. München/Zürich: Pendo, S. 140-145

150 Wippermann, Wolfgang (2008): Autobahn zum Mutterkreuz. Historikerstreit der schweigenden Mehrheit. Berlin: Rotbuch, S. 10

151 Wippermann, Wolfgang (2008): Autobahn zum Mutterkreuz. Historikerstreit der schweigenden Mehrheit. Berlin: Rotbuch, S. 14f.

152 Herman, Eva (2007): Das Prinzip Arche Noah. Warum wir die Familie retten müssen. München/ Zürich: Pendo

153 Wippermann, Wolfgang (2008): Autobahn zum Mutterkreuz. Historikerstreit der schweigenden Mehrheit. Berlin: Rotbuch, S. 20

154 Wippermann, Wolfgang (2008): Autobahn zum Mutterkreuz. Historikerstreit der schweigenden Mehrheit. Berlin: Rotbuch, S. 20

155 Wippermann, Wolfgang (2008): Autobahn zum Mutterkreuz. Historikerstreit der schweigenden Mehrheit. Berlin: Rotbuch, S. 20

156 Wippermann, Wolfgang (2008): Autobahn zum Mutterkreuz. Historikerstreit der schweigenden Mehrheit. Berlin: Rotbuch, S. 20f.

157 Wippermann, Wolfgang (2008): Autobahn zum Mutterkreuz. Historikerstreit der schweigenden Mehrheit. Berlin: Rotbuch, S. 28

158 http://www.welt.de/fernsehen/article1252525/Eva-Hermans-Auftritt-bei-Kerner-im-Wortlaut-1.html

https://www.youtube.com/watch?v=KEyRL3HaIXI&t=340 (1/6), ab 05:40

Die gesprochenen Wörter *damals* und *vorher* wurden zum besseren Verständnis nachträglich kursiv hervorgehoben.

159 Ich weiß jedoch nicht, ob mir selbst unter dem Druck stets die passenden Antworten eingefallen wären. Mit der Gelassenheit des Unbeteiligten lässt sich leicht urteilen.

160 Herman, Eva (2010): Die Wahrheit und ihr Preis. Meinung, Macht und Medien. Rottenburg: Kopp, S. 146f.

161 Wippermann, Wolfgang (2008): Autobahn zum Mutterkreuz. Historikerstreit der schweigenden Mehrheit. Berlin: Rotbuch, S. 29

162 https://www.welt.de/fernsehen/article1252525/Eva-Hermans-Auftritt-bei-Kerner-im-Wortlaut-1.html

https://www.youtube.com/watch?v=KEyRL3HaIXI&t=432 (1/6), ab 07:12

https://www.youtube.com/watch?v=476Fsu_zDCs (2/6), ab 00:00

163 Herman, Eva (2006): Das Eva-Prinzip. Für eine neue Weiblichkeit. München/Zürich: Pendo

164 Herman, Eva (2006): Das Eva-Prinzip. Für eine neue Weiblichkeit. München/Zürich: Pendo, S. 140-145

SENTA BERGER BEI KERNER

Zu den großen Enttäuschungen der Kerner-Sendung gehörte für mich das belehrende und in der Sache inkompetente Auftreten der Schauspielerin Senta Berger, beispielsweise in dem folgenden Dialog [165]:

Herman: (…) Und es ist doch klar, in dieser Zeit im Dritten Reich sind die Familienwerte missbraucht worden und pervertiert worden. Und natürlich auch von den 68ern ist das deswegen abgelehnt worden.

Berger: Wie alt waren Sie, Eva, 68?

Herman: Zehn.

Berger: Eben! Ja und weiter?

Herman: Ich hatte aber Geschichtsunterricht, und ich habe mich auch ausgiebig, also wirklich ausgiebig mit dieser Zeit auseinandergesetzt, was bedeutet...

Berger: Aber ich habe sie gelebt. Ich habe sie erlebt und gelebt. Und ich muss sagen, dass gerade 68 zum ersten Mal ein Tor aufgestoßen worden ist in die Richtung, dass Frauen die gleichen Möglichkeiten haben sollen und ergreifen können wie die Männer, und daraus ist eigentlich eine Emanzipation des Mannes und der Frau entstanden. Also nicht eine Emanzipation der Frau gegen den Mann, das wäre ja auch wirklich zu dumm, sondern es ist ein ganz neues Gefühl zwischen Mann und Frau (…) entstanden, von dem wir alle profitieren. Und niemals sind so viele Kinder auf die Welt gekommen, wie gerade in den 60er-Jahren. Das war einfach zu schön.

Herman: Aber warum kommen dann heute keine mehr auf die Welt, liebe Senta Berger?

Berger: Ja, ich glaube, dass wir eine sehr sehr schlechte Wirtschaft haben, wo natürlich immer wieder dann gerade die Frauen das ausbaden müssen. Weil, wenn Sie sagen, ich möchte gerne, dass die Werte so definiert werden, dass Frauen, die zu Hause sind, quasi die wertvollere Arbeit leisten, dann muss ich Ihnen leider sagen, dass das kaum eine Frau heute noch als freie Wahlmöglichkeit hat. Das ist das Problem.

An diesen Ausführungen ist so gut wie alles falsch. Es stimmt zwar, dass in den 1960er-Jahren in Deutschland so viele Kinder wie nie nach dem Zweiten Weltkrieg auf die Welt gekommen sind (die sogenannten Babyboomer), nur hatte das überhaupt nichts mit der von Senta Berger reklamierten Emanzipation von Frauen und Männern und den 68ern zu tun, da sich die Babyboomer-Periode auf den Zeitraum der 1960er-Jahre vor 1968 erstreckt (siehe *Abbildung 2*).

Abbildung 2: Fertilitätsraten Alte und Neue Bundesländer 1947-2017 [166]

Um 1963 lebten in ganz Deutschland ca. 75 Millionen Menschen, und die Fertilitätsrate [167] lag bei einem Wert von rekordverdächtigen 2,5. Ich spreche von der Zeit der Babyboomer, über die Senta Berger sagte: „niemals sind so viele Kinder auf die Welt gekommen, wie gerade in den 60er-Jahren. Das war einfach zu schön."

Was gerne übersehen wird: Wäre die Fertilität ab 1963 die nächsten 100 Jahre unverändert (bei ca. 2,5) geblieben, dann würden um das Jahr 2063 in Deutschland mehr als 130 Millionen Menschen leben. Bei einer ähnlichen Entwicklung in unseren Nachbarländern wäre die Kriegsgefahr in Europa dann wieder sehr groß. Es lebten dann zu viele Menschen und vor allem viel zu viele junge Männer in Europa.

Das ist übrigens mit ein Grund, weshalb ich Eva Hermans familienpolitischen Vorschlägen – anders als ihren Analysen zum Thema – letztlich nichts abgewinnen kann. Bei einer Rückkehr zu einer stärkeren Arbeitsteilung zwischen den Geschlechtern würden wir vermutlich wieder viel zu hohe Geburtenraten bekommen, zumal Frauen auch dann etwas aus ihrem Leben machen wollten (indem sie etwa viele eigene Kinder aufziehen). Die Bevölkerungsentwicklung beruhte dann wieder einzig auf der Summe aller Individualentscheidungen für oder gegen ein Kind. Was wir in Zukunft auf unserem längst überbevölkerten Planeten jedoch dringend benötigen, ist – wie auch an anderer Stelle angemerkt wird – eine international abstimmbare Bevölkerungsplanung. So etwas scheint nur unter der Gleichberechtigung der Geschlechter möglich zu sein. Ohne stärkere staatliche Eingriffe tendieren (mit der Pille ausgestattete) gleichberechtigte Gesellschaften zu Fertilitätsraten, die deutlich unter Bestandserhaltung liegen. Die Geburtenraten sind dann oftmals viel zu niedrig. Es ist aber durchaus möglich (siehe die weiteren Ausführungen), zu niedrige Geburtenraten auf ein gewünschtes Niveau anzuheben, ohne dabei in Persönlichkeitsrechte einzugreifen. Deutlich zu hohe Geburtenraten (selbst bei freier Verfügbarkeit der Pille) scheinen hingegen nur durch Zwangsmaßnahmen absenkbar zu sein (siehe China).

Senta Berger übersah zudem, dass das Geburtenverhalten – und damit zusammenhängend auch die Emanzipation der Frauen – ab etwa Ende der 1960er Jahre wesentlich von einer der bedeutendsten Erfindungen des 20. Jahrhunderts geprägt wurde, der Antibabypille. Auf Wikipedia heißt es in diesem Zusammenhang [168]:

> Der Economist bezeichnete die Antibabypille als die Erfindung, die das 20. Jahrhundert maßgeblich prägte. 1965, fünf Jahre nach der Erstzulassung, wurde sie in den Vereinigten Staaten bereits von 41 % der verheirateten Frauen unter 30 Jahren verwendet. Erst 1972 wurde (…) auch unverheirateten Frauen in den Vereinigten Staaten der Zugang ermöglicht. 1976 verhüteten drei Viertel der 18- und 19-jährigen Frauen mit oralen Kontrazeptiva.

> Mit der Einführung der Antibabypille ist ein markanter Abfall der Geburtenraten in vielen Industrienationen zu beobachten, der oft als „Pillenknick“ beschrieben wird.

Anders gesagt: Mit der sehr einfachen Anwendung der Antibabypille wurde eine äußerst verlässliche Familienplanung möglich, und zwar unter der Kontrolle der Frauen, die die Hauptlasten von unerwünschten Schwangerschaften zu tragen hatten. Dies war letztlich die entscheidende Voraussetzung für die Emanzipation der Frauen beziehungsweise Gleichberechtigung der Geschlechter. Die Künstlerin Beate Passow beschreibt dies in einem Interview mit dem Deutschlandfunk wie folgt [169]:

> Es war einfach Aufbruch. Wir hatten die Pille. Ich weiß noch, meine Mutter hatte immer Angst, in der Ehe hatte man auch immer Angst, schwanger zu werden, plötzlich konnte man selber entscheiden. 50 Prozent der Menschheit, zumindest in unseren Breiten, waren befreit von dieser Angst, unfreiwillig schwanger zu werden. Und das rief ein wunderbares Gefühl hervor. An Selbstbestimmung. Und das wollte man ausleben. Diese Befreiung, ohne Pille wäre das nicht denkbar gewesen.

Und in der Tat bestand die vor dieser Zeit in Deutschland geltende moralische Ordnung noch primär in der Durchsetzung des sechsten christlichen Gebots „Du sollst nicht ehebrechen.“ [170] [171]:

> Sexualität darf nur im Ehebett stattfinden, zum Zwecke der Fortpflanzung. Außerehelicher Verkehr ist verboten, wer unter seinem Dach ein unverheiratetes Paar übernachten lässt, macht sich der Kuppelei verdächtig. Der entsprechende Paragraf wurde erst 1973 abgeschafft.

Die sich ab etwa Mitte der 1960er Jahre sukzessive ereignende „sexuelle Revolution“[172] allein den 68ern [173] zuzurechnen, stellt deshalb eine unzulässige Überhöhung von deren Einfluss und Bedeutung dar.

Ebenfalls falsch war die Aussage, dass die niedrigen Geburtenraten seit etwa 1970 die Folge einer sehr schlechten Wirtschaft seien. In Deutschland besteht – wie in den meisten entwickelten Ländern – eine negative Korrelation zwischen sozioökonomischem Status und Kinderzahl. Wenn die geringe Kinderzahl eine

Folge der schlechten Wirtschaft wäre, dann müssten gut verdienende Menschen eigentlich mehr Kinder haben als gering verdienende oder gar arbeitslose Menschen. Das genaue Gegenteil ist der Fall.

Die Gründe für den sogenannten demografischen Wandel (sehr niedrige Geburtenraten ab etwa 1970) sind den Wissenschaften bekannt und darin eigentlich auch unstrittig. Prominente Erklärungsmodelle sind unter anderen die ökonomische Theorie der Fertilität und die biografische Theorie der Fertilität. Der demografische Wandel lässt sich besonders einfach und vollständig auch auf der Grundlage der Systemischen Evolutionstheorie erklären [174].

Abbildung 3 und *Abbildung 4* stellen die Geburtenentwicklungen in der Bundesrepublik Deutschland in den Jahren 1960 bis 1992 und in Deutschland in den Jahren 1993 bis 2017, jeweils getrennt für Neugeborene mit deutscher oder ausländischer Mutter, dar. Der kleine Peak um 1990 ist eine Konsequenz aus der größeren Zahl an potenziellen Müttern unter den Babyboomern, die ca. 25 bis 30 Jahre zuvor geboren wurden. Wie aus der *Abbildung 2* auf Seite 121 ersichtlich wird, ist die Fertilitätsrate (durchschnittliche Zahl an Kindern pro Frau) zwischen ca. 1970 und 2012 in den Alten Bundesländern weitestgehend konstant geblieben. Ein größerer Einfluss einer schlechten beziehungsweise guten Wirtschaft ist nicht erkennbar. Erst ab 2013 steigt die Fertilität in Deutschland wieder an. Der Anstieg ist maßgeblich auf den in diesem Zeitraum stattgefundenen starken Ausländerzuzug zurückzuführen, wie aus *Abbildung 4* auf Seite 125 und *Abbildung 5* auf Seite 126 hervorgeht.

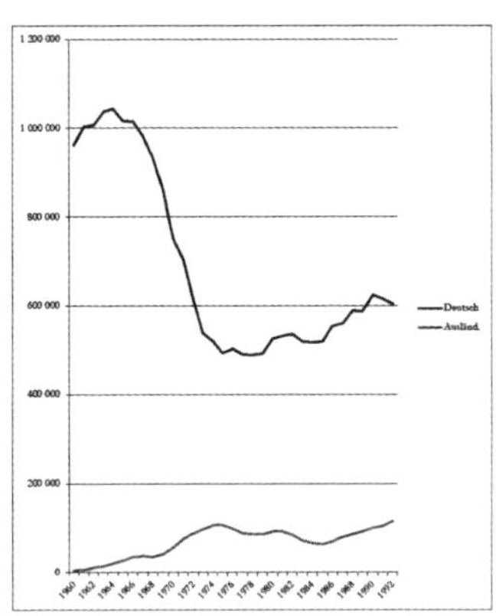

Abbildung 3: Anzahl Geburten deutsche/ ausländ. Mutter BRD 1960-1992

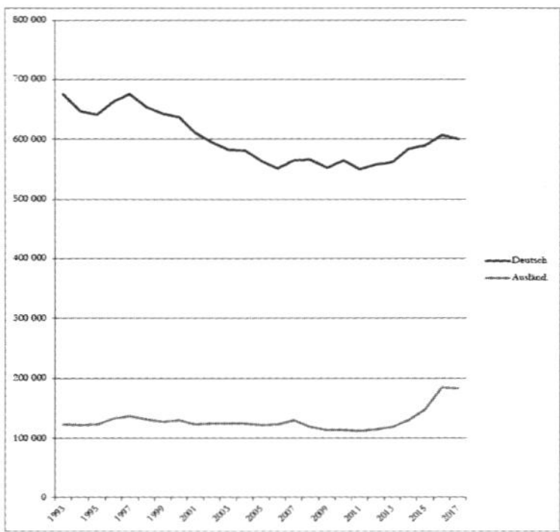

Abbildung 4: Anzahl Geburten deutsche/ausländ. Mutter Deutschland 1993-2017

Gemäß Abbildung 5 ist der Anteil der Neugeborenen mit nichtdeutscher Mutter an allen Neugeborenen im Zeitraum 1960 bis 2017 von 0,59% auf zuletzt 23,43% angestiegen. Der Ausländeranteil an der deutschen Bevölkerung betrug im Jahr 2017 etwa 12,35%. Frauen mit deutscher Staatsangehörigkeit besaßen in 2017 eine Fertilitätsrate von 1,45, Frauen mit ausländischer Staatsangehörigkeit hingegen von 2,15, zusammen von 1,57 [175].

Aufgrund des in Deutschland angestrebten und gelebten Multikulturalismus könnte sich die beschriebene Entwicklung in Zukunft noch verstärken. Multikulturalismus bedeutet eben gerade nicht, dass eine vollständige Assimilation von Zugezogenen in eine Leitkultur erfolgt, sondern dass verschiedene Kulturen gleichberechtigt nebeneinander existieren können. Dabei dürfen sie wesentliche Aspekte ihrer Kulturen beibehalten und pflegen. Dazu könnten auch die gegebenenfalls stark voneinander abweichenden Normen für das Arbeits- und Bildungsbestreben oder das Paarungs- und Fortpflanzungsverhalten gehören.

Unter dem Vorhandensein eines allen Menschen in gleicher Weise zur Verfügung stehenden Sozialstaats könnte eine Kultur dann auf Kosten aller anderen leben. Beispielsweise könnte sie den Sozialstaat zur eigenen Populationsvergrößerung nutzen, während andere Kulturen aufgrund der in ihnen allgemein akzeptierten *verantworteten Elternschaft* (Kinder werden in der Regel erst dann in die Welt gesetzt, wenn sowohl die erforderlichen ökonomischen, psychischen als auch zeitlichen

Ressourcen für eine verantwortungsvolle Familienführung zur Verfügung stehen) dessen Leistungen nur zur Behebung einer konkreten Not (und nicht länger) beanspruchen würden, nicht jedoch zur Regelversorgung und erst recht nicht für das In-die-Welt-setzen weiterer Nachkommen. Beispielsweise dürften sich die arabischen Clans auf diese Weise in Deutschland ausgebreitet haben.

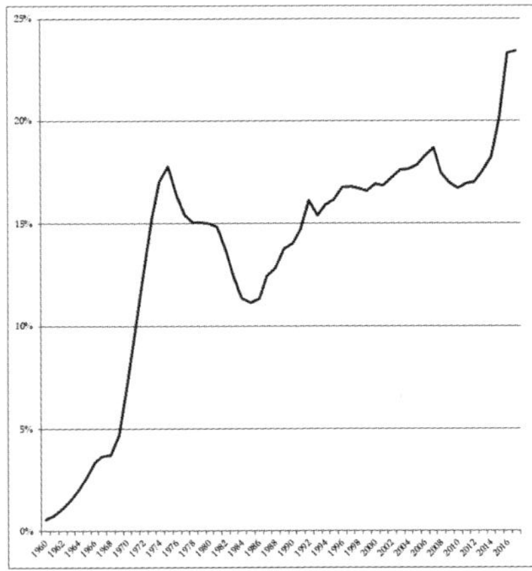

Abbildung 5: Anteil Geburten von ausländischen Müttern BRD 1960-2017

All dies stellt letztlich eine substanzielle Gefährdung des sozialen Zusammenhalts dar. Die deutsche Gesellschaft ist eine Gemeinschaft, in der die Menschen gegenseitig füreinander einstehen. Wird es anderen jedoch ermöglicht, in den Sozialstaat der Gemeinschaft auf einfache Weise einzuwandern und seine Ressourcen zur eigenen Populationsvergrößerung zu nutzen, während die Hauptleistungserbringer aufgrund sozialer Normen (Gleichberechtigung der Geschlechter, paritätische Aufteilung der Familienarbeit, Wirtschaftsfunktion der Familie, verantwortete Elternschaft, ...) an einer angemessenen Nachwuchsarbeit eher gehindert werden, dann dürfte der Fortbestand der Gemeinschaft und ihres Zusammenhalts auf Dauer gefährdet sein.

Wenn in gleichberechtigten Gesellschaften (Gesellschaften, in denen die beiden Geschlechter gleichberechtigt sind) – anders als im Patriarchat – neben den Männern auch alle Frauen einer Erwerbsarbeit nachgehen, wird es zwangsläufig zu einem deutlichen Anstieg der Zahl an Arbeitskräften kommen. Denkbare negative Folgen sind: Arbeitskräfteüberangebot, Langzeitarbeitslosigkeit, Frühverrentungen, Jugendarbeitslosigkeit, vermehrte Teilzeitjobs, prekäre Arbeitsverhältnisse, Lohneinbußen, Zunahme der sozialen Ungleichheit.

Tatsächlich stieg die Erwerbsquote unter den 15- bis 65-Jährigen im Zeitraum 1959 bis 2017 bei den Frauen von 47,12% auf 73,99% und bei beiden Geschlechtern zusammengerechnet von 67,22% auf 78,24%, während sie bei den Männern von 90,67% auf 82,35% sank [176] (vergleiche *Abbildung 6*).

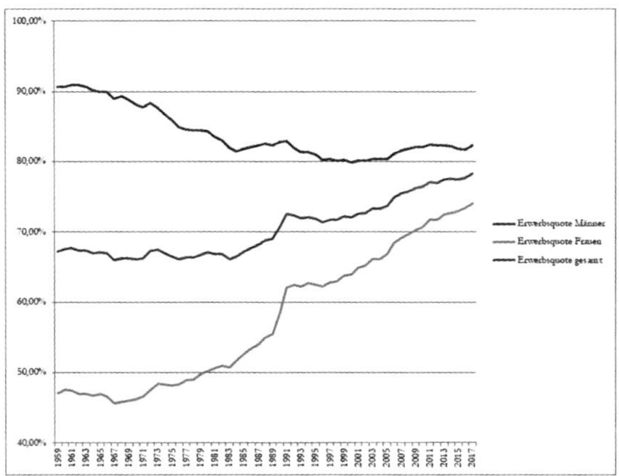

Abbildung 6: Erwerbsquoten 1959-2017

Zugleich stieg die Zahl der Erwerbspersonen im Zeitraum 1959 bis 1990 von 25,154 auf 31 Millionen und im Zeitraum 1991 bis 2017 weiter von 39,762 auf 42,070 Millionen an [177], ein Effekt, der – wird von dem durch die Wiedervereinigung ausgelösten einmaligen Sprung im Jahr 1991 abgesehen – maßgeblich auf den kontinuierlichen Anstieg der Frauenerwerbsquote zurückzuführen ist. Von einem Verschwinden der Arbeit kann folglich nicht die Rede sein.

Ferner dürfte die Kaufkraft des durchschnittlichen Einkommens pro Arbeitnehmer unter den genannten Bedingungen sinken, denn man kann den produzierten Warenkorb nicht mehrfach teilen. Für die Mehrkindfamilie hat dies fatale Konsequenzen, da sie aufgrund des enormen Aufwands bei der Familienarbeit üblicherweise nur einen Ernährer hat: Konnte im Patriarchat ein einzelner Mann mit einem leicht überdurchschnittlichen Gehalt noch seine Frau und beispielsweise vier Kinder ernähren, so kann er das in gleichberechtigten Gesellschaften nun möglicherweise nicht mehr. Die gesellschaftsweite Priorisierung von Erwerbsarbeit (*Produktion*) gegenüber der Nachwuchsarbeit (gesellschaftliche *Reproduktion*) bei beiden Geschlechtern – im Rahmen einer arbeitsmarktzentrierten Familienpolitik – dürfte auf diese Weise zu einer Entwertung von Familienarbeit und einer generellen Verarmung größerer Familien führen.

Und schließlich kommt es durch niedrige Geburtenraten zu einer Absenkung des Binnenbedarfs und damit zu einer weiteren möglichen Erhöhung der Arbeitslosigkeit. Werden die entstehenden Humankapitallücken später durch Migranten aus der Dritten Welt aufgefüllt, dann handelt es sich bei der Absenkung der Geburtenraten letztlich um eine Verlagerung von (Familien-)Arbeit in Niedriglohngebiete (beziehungsweise um demografischen Kolonialismus, wie es der Bevölkerungsforscher Herwig Birg ausgedrückt hat [178]), im Grunde also um die gleiche Vorgehensweise, die gelegentlich den global operierenden Unternehmen vorgeworfen wird.

Zusammenfassend können wir festhalten: Wenn in einer Gesellschaft im Allgemeinen sowohl Frauen als auch Männer arbeiten, dann verdienen Paare im Mittel keineswegs doppelt so viel wie Männer im Mittel in einer Gesellschaft, in der fast nur die Männer arbeiten gehen. Auch ist aufgrund des Arbeitskräfteüberschusses mit einer Zunahme der sozialen Ungleichheit zu rechnen. In unserer Gesellschaft lässt sich die prognostizierte Entwicklung exakt bestätigen.

Senta Berger äußerte sich in der Kerner-Sendung aber auch noch zu anderen vermeintlichen Wirkungen der 68er und – zusammen mit Margarethe Schreinemakers – zu diversen familienpolitischen Aspekten.

Manch einen mag an dieser Stelle verwundern, dass ich zwar Wolfgang Wippermann und Senta Berger eigene Kapitel gewidmet habe, aber keins Margarethe Schreinemakers. Offen gestanden fand ich ihren Auftritt in der Kerner-Sendung doch ein wenig sehr schrill und auch zu nichtssagend, um daraus ein eigenes Kapitel zu machen. Allerdings wird Margarethe Schreinemakers noch im Kapitel *Gleichschaltung* eine unrühmliche Rolle spielen. Sie war nämlich (wie möglicherweise zuvor verabredet) durch ihre wie inszeniert wirkende Aufgeregtheit wesentlich für den Eva Herman-Hinauswurf aus der Kerner-Sendung mitverantwortlich. Doch zurück zur Kontroverse zwischen Eva Herman, Senta Berger und Margarethe Schreinemakers [179]:

Berger: Also ich muss ehrlich sagen, ich fühle mich sehr unwohl bei dieser Diskussion, also sowieso, und dann eben auch, weil ich diese Bücher nicht kenne, sondern nur über diese Bücher gelesen habe, und deshalb kann ich auch sehr schwer argumentieren. Aber, lass uns noch einmal, Eva entschuldigen Sie, lassen Sie uns noch einmal ganz kurz zurückgehen zu dieser sehr pauschalierten Aussage, die ich überhaupt nicht verstehe, als hätte ich die ganzen letzten 30 Jahre auf einem anderen Planeten gewohnt.

Die 68er haben also diese Werte ausgehebelt, und seitdem liegen sie auch am Boden, ruiniert und es bedarf einer neuen Ordnung, einer neuen Moralvorstellung. Das kann ich überhaupt nicht nachvollziehen. Es gab einen Satz, den hatten wir Frauen dieser Generation damals, uns auf die, wie soll man sagen, wir haben ja keine Manifeste veröffentlicht – aber es war einfach eine veröffentlichte Meinung – und die hieß: „Glück ist, seinen Anlagen gemäß gebraucht zu werden."

Und dieser Satz war dringend notwendig damals. Und wenn wir heute sehen, was daraus entstanden ist, wie viele Studentinnen in den Sälen der Universitäten sitzen, wie viele Ärztinnen es mittlerweile gibt, wie viele Juristinnen, wie die Frauen sich eine Welt erobert haben, die ihnen zusteht.

Man könnte jetzt darüber reden und sagen, ja, sie werden immer noch schlechter bezahlt – absolut, da muss man weiter kämpfen – das muss man auch und das muss auch durchgesetzt werden. Aber niemals sind Frauen, die die Wahl vorgezogen haben, zu Hause zu bleiben, diskriminiert worden. Meine Mutter musste arbeiten gehen, und sie hat es gerne getan, weil damit konnte sie auch eine Kleinigkeit beitragen. Sie konnte mir die Schauspielschule leisten, zum Beispiel.

Meine Schwiegermutter, die Schauspielerin war, musste ihren Beruf an den Nagel hängen, weil mein Schwiegervater, ihr Mann, gesagt hat: „Die Frau eines Intendanten arbeitet nicht!" Von den beiden war sicherlich meine Mutter, die aus wirtschaftlichen Gründen arbeiten musste, die Glücklichere. Und meine Schwiegermutter hat ihr Leben lang darunter gelitten und wurde damit nicht fertig. Also, das kann man doch gar nicht pauschalieren. Ich erlebe keine Diskriminierung von Frauen, die sich für Kinder entscheiden.

Herman: Nein! Aber Frau Berger, Sie doch nicht, Sie erleben die nicht. Aber es gibt doch zahlreiche Mütter, durchaus Akademikerinnen, die ihren Beruf an den Nagel hängen, zu Hause bleiben und diskriminiert werden.

Berger: Von wem?

Herman: Von der Gesellschaft.

Berger: Ach Quatsch.

Herman: Natürlich.

Berger: Ach.

Herman: Du arbeitest nicht, dann bist Du also nur ein Muttchen.

Berger: Aber Eva. (…)

Schreinemakers: Der deutsche Hausfrauenbund hat schon, ich glaube, wenn ich mich richtig erinnere, als junge Reporterin habe ich den ersten Bericht gemacht, 1978 ein Gehalt für Hausfrauen gefordert. Also diese Tätigkeit, die du da machst, die anspruchsvoll ist, die aufreibend ist, die dich den ganzen Tag irgendwie in Beschlag nimmt und die kaum einer so richtig wertschätzt. (…)

Herman: Aber es ist nichts passiert.

Schreinemakers: Alles ist nicht passiert. Aber wie gesagt, da musste ja nicht erst Eva kommen. Das hat der deutsche Hausfrauenbund schon ´78 gesagt. Und immer wieder.

Herman: Ja, aber sie haben ja nichts erreicht, Margarethe. Es ist doch heute noch genauso.

Schreinemakers: Ja, in Ordnung.

Senta Berger erwähnt zunächst einen Satz, der ihr Denken maßgeblich geprägt habe: „Glück ist, seinen Anlagen gemäß gebraucht zu werden." Strenggenommen ist er heute fast politisch unkorrekt, denn gemäß der den öffentlichen Diskurs beherrschenden (wissenschaftlich jedoch unhaltbaren) soziologischen Gleichheitsideologie besitzen Menschen keine wesentlichen natürlichen individuellen Anlagen, siehe etwa die Debatte um die von Thilo Sarrazin behauptete – und in den zuständigen Wissenschaften völlig unstrittige – Teilerblichkeit von Intelligenzunterschieden zwischen Menschen, siehe auch die Ausführungen im Kapitel *Einführung*.

Mit dem von ihr zitierten Satz betont Senta Berger, dass jeder Mensch – gleich welchen Geschlechts – das gleiche Recht besitzt, seine Anlagen zu entfalten und anderen zur Verfügung zu stellen („gebraucht zu werden"). In diesem Zusammenhang verweist sie auf die vielen Studentinnen in den Universitäten, die vielen Ärztinnen und Juristinnen, die es mittlerweile gibt, und generell die vielen Frauen, die „sich eine Welt erobert haben, die ihnen zusteht". So weit, so gut.

Menschen besitzen allerdings nicht nur Anlagen, die von der aktuellen Generation „gebraucht werden", sondern von der nächsten im Grunde ebenso. In meinem Buch *Was ist Leben? Mit den Augen eines Systemtheoretikers* [180] betrachtet spreche ich allgemeiner von Kompetenzen statt von Anlagen. Beispielsweise hatten sowohl Isaac Newton als auch Ludwig van Beethoven keine leiblichen Nachkommen, beide haben aber – jeder auf seine Weise – den nächsten Generationen bedeutsame kulturelle Schätze (kulturelle Kompetenzen) hinterlassen. Man muss also nicht zwingend seine Anlagen der nächsten Generation (per Fortpflanzung) zur Verfügung stellen, in der Regel genügt es, wenn dies genügend viele andere mit ähnlich ausgeprägten Anlagen tun.

Problematisch wird es allerdings dann, wenn beispielsweise fast alle Frauen, die von ihren Anlagen her Ärztinnen werden könnten, entsprechende Berufe ergreifen – und sich somit gemäß ihren Anlage von der aktuellen

Generation „gebrauchen" lassen – und dafür im Gegenzug fast keine Kinder mehr bekommen. Denn damit nehmen sie den nächsten Generationen die Möglichkeit, ihre spezifischen Anlagen in vergleichbarer Qualität ebenfalls zu „gebrauchen".

Dies gilt umso mehr, wenn in der Gesellschaft die Konzentration auf die Weitergabe der eigenen Anlagen an die nächste Generation – ohne wesentliche Nutzung der Anlagen durch die aktuelle Generation – gewissermaßen tabuisiert wird. Oder einfacher formuliert: Wenn eine Frau, die von ihren Anlagen her eine gute Ärztin hätte werden können, von der Gesellschaft – wie von Eva Herman behauptet – diskriminiert wird, weil sie lieber fünf eigene Kinder großzieht als Ärztin zu werden.

Senta Berger bestritt diesen letzten Punkt in der Sendung vehement, sie bezeichnete Eva Hermans Behauptung gar als Quatsch. Doch damit lag sie falsch.

Die Industriegesellschaft mit ihrem hohen Kapitaleinsatz und ihrer starken Verlagerung der Produktion aus dem häuslichen Bereich machte es bereits vor längerer Zeit erforderlich, dass ein Elternteil – üblicherweise der Mann – das Haus (das „ganze Haus" [181]) verließ, um einer Erwerbsarbeit nachzugehen. Diese wurde mit Geld und/oder Waren vergütet, womit der Familienvater Frau und Kinder ernährte.

Als Familienform setzte sich in der Folge das *patriarchalische Ernährermodell* durch, bei dem der Vater als Ernährer der Familie fungierte (*Wirtschaftsfunktion* der Familie), während sich die Mutter als Hausfrau um Haus und Kinder kümmerte.

Beim Ernährermodell besteht eine Hierarchie an sozialen Funktionen. Es kann wie folgt beschrieben werden:

- Der Mann geht arbeiten und verdient dafür Geld, die Frau zieht die Kinder auf und verdient dafür kein Geld.

Abbildung 7: Das patriarchalische Ernährermodell

Das patriarchalische Ernährermodell erwies sich in der Praxis als äußerst erfolgreich, zumal es für ein ausgewogenes Gleichgewicht zwischen *Produktion* (Ressourcenbeschaffung) und Reproduktion (Fortpflanzung; Aufziehen von Kindern) sorgte. Dies erlaubte es dem Staat, sich weitestgehend aus der Bevölkerungsreproduktion herauszuhalten und sie als ausschließliche Angelegenheit seiner Bürger anzusehen. Das Modell besaß allerdings auch einen entscheidenden Nachteil: Die Frauen wurden dabei auf eine vorgegebene Rolle (Mutter und Hausfrau) festgelegt und verblieben zugleich in ökonomischer Abhängigkeit von ihren Ehemännern/Partnern. Mit den modernen Gleichheitsgrundsätzen war dies nicht länger zu vereinbaren.

Die Frauenbewegung hat das patriarchalische Ernährermodell erfolgreich bekämpft und ein anderes Familienmodell (*Vereinbarkeitsmodell*) dagegen gesetzt [182], das in unserer Gesellschaft mittlerweile auf breiteste Akzeptanz stößt. Es basiert auf der Annahme einer grundsätzlichen Vereinbarkeit von Familie und Beruf:

- Mann und Frau gehen beide arbeiten und verdienen dafür Geld. Außerdem teilen sie sich die Familienarbeit (*paritätische Aufteilung der Familienarbeit*) und verdienen dafür beide kein Geld.

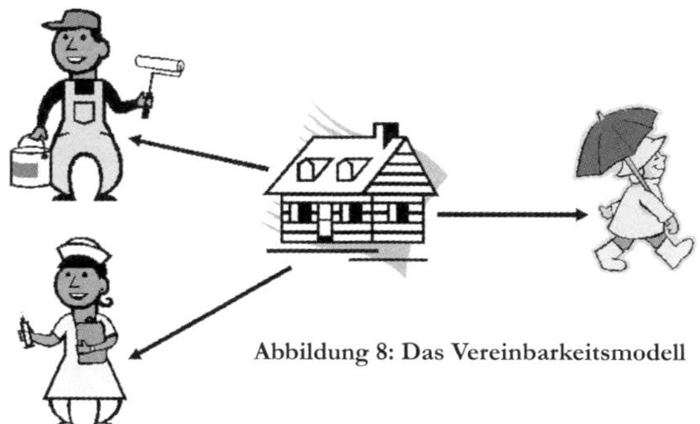

Abbildung 8: Das Vereinbarkeitsmodell

Familien sind in unserer Gesellschaft ökonomisch autarke Einheiten, die sich vom Grundsatz her selbst zu ernähren haben. Anders gesagt: Familien besitzen eine *Wirtschaftsfunktion*. Eine solche gesellschaftliche Vorgabe ist aber alles andere als selbstverständlich. Viele Naturvölker kennen etwas Vergleichbares nicht.

Im Patriarchat galt unter dem Paradigma der familialen *Wirtschaftsfunktion* noch die einfache (darwinistische [183]) Regel: Familien, die mehr Ressourcen (Geld) erlangen, können sich auch mehr Kinder „leisten", sofern sie nur wollen.

Im Rahmen der Gleichberechtigung der Geschlechter wurde die *Wirtschaftsfunktion* der Familie unbesehen beibehalten. Nun beschaffen unter dem gesellschaftlich präferierten Vereinbarkeitsmodell beide Elternteile gleichermaßen die von der Familie benötigten Ressourcen, während sie sich gleichzeitig die Familienarbeit paritätisch teilen.

Leider ist dies nicht in allen Fällen möglich. Denn spätestens ab dem dritten oder vierten Kind nimmt die Familienarbeit ein solches Ausmaß an, dass entweder ein Elternteil oder gar beide ihre Arbeitszeiten signifikant reduzieren müssen, und zwar selbst dann, wenn sie auf eine optimale Vereinbarkeitsinfrastruktur zurückgreifen können. Mit jedem weiteren Kind dürfte sich die Situation weiter verschärfen. Dies führt zu dem folgenden bemerkenswerten – und im Patriarchat noch weitestgehend unbekannten – Dilemma [184]:

- Mit zunehmender Kinderzahl steigen die Ausgaben für die Familie, während gleichzeitig ihre Einkünfte sinken.

Ich möchte dies an einem – allerdings stark vereinfachenden – Beispiel verdeutlichen:

> Ehepaar Müller ist beruflich qualifiziert und erfolgreich. Die beiden Ehepartner verdienen monatlich jeweils 3.000 Euro nach Steuern und Sozialabgaben. Mit jedem Kind entstehen ihnen 500 Euro an zusätzlichen Kosten, bei vier Kindern also 2.000 Euro. Gleichzeitig haben sie dann soviel Familienarbeit, dass beide nur noch halbtags arbeiten gehen können. In der Folge reduzieren sich ihre Einkünfte auf jeweils 1.500 Euro pro Monat, das heißt,

> auf insgesamt 3.000 Euro. Während sie also vorher zusammen 6.000 Euro im Monat verdienten, die ihnen allein zur Verfügung standen, haben sie mit ihren vier Kindern nur noch ein Einkommen von 3.000 Euro monatlich. Gleichzeitig sind ihre Kosten aber um 2.000 Euro im Monat gestiegen. Im Endeffekt haben sich ihre persönlichen Einkünfte durch die Familiengründung von 6.000 Euro auf 1.000 Euro im Monat reduziert.

Auf die Unternehmenswelt übertragen könnte das Dilemma wie folgt lauten: „Mit zunehmenden Investitionen in die Zukunft des Unternehmens sinken unsere Umsätze." Unternehmen würden unter diesen Umständen ihre Investitionen in die Forschung (Reproduktion) einstellen. Offenbar handeln moderne Paare ganz entsprechend.

Das geschilderte Dilemma ist mit den bislang öffentlich diskutierten familienpolitischen Maßnahmen nicht einmal ansatzweise behebbar. Dies hat zur Folge, dass die größeren Familien entweder verschwinden oder in die Sozialhilfe abgedrängt werden, wo die *Wirtschaftsfunktion* der Familie nicht mehr greift, sondern der Staat die Versorgung der Kinder übernimmt.

Dies alles wäre noch hinnehmbar, wenn eine Bevölkerungsreproduktion auch ohne größere Familien funktionieren könnte. Diverse Analysen zeigen jedoch: Dies ist nicht möglich. Tatsächlich ist der Geburtenrückgang in Deutschland, aber auch in vielen anderen entwickelten Ländern, in erster Linie auf das Verschwinden der Mehrkindfamilie zurückzuführen [185], denn unter der Rahmenbedingung der Gleichberechtigung der Geschlechter gibt es für solche Familien zurzeit kein passendes Familienmodell mehr.

Ein denkbarer Ausweg aus der Situation könnte darin bestehen, Mehrkindfamilien staatlicherseits mit mehr Mitteln auszustatten und insbesondere die daheim gebliebenen Mütter für die von ihnen geleistete Familienarbeit mit einem Hausfrauengehalt zu entlohnen. In der weiter oben zitierten Kontroverse zwischen Eva Herman, Senta Berger und Margarethe Schreinemakers wurde das Thema kurz angesprochen: Der deutsche Hausfrauen-Bund (heute: DHB – Netzwerk Haushalt, Berufsverband der Haushaltsführenden e.V. [186]) habe bereits vor vielen Jahren (und danach immer wieder) eine entsprechende Forderung gestellt. Die zu erwartenden negativen Seiteneffekte einer solchen Maßnahme dürften allerdings beträchtlich sein, wie auf den nächsten Seiten noch näher erläutert werden soll.

Zudem gehörte bezahlte Familienarbeit noch nie zu den denkbaren Optionen des Gleichheitsfeminismus. Besonders eindeutig äußerte sich Simone de Beauvoir in der Sache [187]:

> Keine Frau sollte das Recht haben, zu Hause zu bleiben und die Kinder großzuziehen. Die Gesellschaft sollte völlig anders sein. Frauen sollten diese Wahl nicht haben, und zwar genau deshalb, weil, wenn es eine solche Möglichkeit gibt, zu viele Frauen sich dafür entscheiden würden.

Eine recht ähnliche Vorstellung stammt aus der Feder Alice Schwarzers [188]:

> Hausfrauenlohn würde Hausarbeit verstärkt als Frauenarbeit institutionalisieren, Frauen ans Haus binden und die Diskussion um die Teilung der Hausarbeit zwischen Frau und Mann ersticken. (...) Die Hausfrauenlohnforderung basiert auf einer Missachtung der emanzipatorischen Elemente in JEDER Frauenberufstätigkeit.

Das Problem an den beiden zitierten Aussagen ist, dass sie lediglich ein spezifisches Konzept von bezahlter Familienarbeit diskutieren, nämlich den – wie vom DHB geforderten – per Gießkanne verteilten Hausfrauenlohn. Eine Frau müsste nur für ihre Kinder zu Hause bleiben, und schon stünde ihr der Geldbetrag zu. Das ist in der Tat in höchstem Maße problematisch. Ich stimme Alice Schwarzer zu: Ein solcher Hausfrauenlohn widerspräche dem Grundgedanken der Frauenemanzipation. Daneben hätte er vermutlich weitere ungünstige Seiteneffekte zur Folge. Er ist nämlich vor allem für eher gering gebildete, arbeitslose Mütter von Nutzen. Deren Fertilität würde nach Einführung einer solchen Bezahlung vermutlich weiter steigen, mit den bekannten negativen Folgewirkungen für unsere Gesellschaft.

Festzuhalten ist aber: Die beiden führenden Persönlichkeiten des Gleichheitsfeminismus haben zu keiner Zeit einen Hehl daraus gemacht, dass sie das Aufziehen mehrerer Kinder anstelle einer Erwerbstätigkeit für unvereinbar mit dem Status einer emanzipierten Frau halten. Von daher war Eva Hermans Aussage, dass solche Frauen – insbesondere bei vorhandener Bildung – heute gesellschaftlich diskriminiert werden, absolut zutreffend. Allerdings sehe ich dafür weniger die 68er in der Verantwortung, sondern in erster Linie den Gleichheitsfeminismus.

Das familienpolitische Mantra des Gleichheitsfeminismus lautet auch heute noch: In der Regel gehen beide Elternteile einer Erwerbsarbeit nach und teilen sich paritätisch die Familienarbeit. Der Staat und die Unternehmen sorgen zugleich für eine möglichst optimale Vereinbarkeit von Familie (Familienarbeit) und Beruf (Erwerbsarbeit). Im Grunde handelt es sich hierbei um eine arbeitsmarktzentrierte Familienpolitik, die primär den Interessen der Unternehmen dient.

Das Problem ist nun aber, dass exakt dieses Konzept die vollständige Gleichstellung von Frauen (und damit die Gleichberechtigung der Geschlechter) letztlich verhindert. In der öffentlichen Debatte zum Thema geht es meist um Vorstands- oder Aufsichtsratspositionen, dabei scheitert die Gleichberechtigung der Geschlechter bereits aus ganz anderen Gründen.

Dies soll anhand eines fiktiven Pharmakonzerns erläutert werden. Bevor Sie vielleicht zu leichtfertig weiterblättern, weil Ihrer Meinung nach Pharmakonzerne nichts mit unserer Familien- und Geschlechterproblematik zu tun haben, seien drei Anmerkungen erlaubt:

- Es handelt sich um ein Analogiebeispiel. Analogiebeispiele gehören in den Naturwissenschaften zu den Standardmethoden der wissenschaftlichen Arbeit. Albert Einstein hat einen Großteil seiner Relativitätstheorie mit dieser Methode entwickelt.

- Sowohl beim fiktiven Pharmakonzern als auch Deutschland handelt es sich um menschliche Gemeinschaften (Organisationssysteme).

- Das Analogiebeispiel entspricht mit der einen Ausnahme, dass die Geschlechter zur besseren Veranschaulichung getauscht wurden, in allen Aspekten der aktuellen deutschen Situation: Die eigentliche deutsche Kernkompetenz sind seine Humankompetenzen (das Wissen und die Fähigkeiten seiner Menschen), während es beim fiktiven Pharmakonzern die von ihm hergestellten und vermarkteten Medikamente sind. Mit ihren Kernkompetenzen erlangen Deutschland und der fiktive Pharmakonzern (im Bereich „Produktion") die Mittel zur Reproduktion ihrer Kernkompetenzen. Im fiktiven Pharmakonzern sind in diesem Bereich ausschließlich Frauen beschäftigt, bis Mitte der 1960er Jahre arbeiteten in Deutschland dort fast ausschließlich Männer. Die Reproduktion findet in Deutschland in der Familie statt, im fiktiven Pharmakonzern hingegen in der Forschung & Entwicklung. In Deutschland arbeiteten bis Mitte der 1960er Jahre in der Reproduktion fast ausschließlich Frauen, im fiktiven Pharmakonzern sind dort ausschließlich Männer beschäftigt. Mit den deutschen Reproduktionsergebnissen (erwachsene Träger von Humankompetenzen) können nach frühestens 18 Jahren die ersten Einnahmen (unter anderem Steuereinnahmen) erzielt werden, bei den Reproduktionsergebnissen des fiktiven Pharmakonzerns (neue Medikamente) sieht es im Allgemeinen nicht viel anders aus (10-20 Jahre). In beiden Organisationssystemen (Deutschland/fiktiver Pharmakonzern) sind also die gleichen grundsätzlichen Lebensaufgaben zu lösen.

Betrachten wir also das folgende fiktive Pharmaunternehmen: Die eigentliche Produktion besteht in der Herstellung und Vermarktung von verschiedenen Medikamenten. Damit verdient das Unternehmen sein Geld. In der Produktion arbeiten ausschließlich Frauen, die für ihre gewinnbringende Tätigkeit auch entlohnt werden. In der Forschung & Entwicklung (Kompetenz-Reproduktion) sind dagegen ausschließlich Männer beschäftigt. Sie erhalten kein Gehalt, da mit Forschung und Entwicklung keine Einnahmen erzielt werden. Stattdessen werden die Forscher und Entwickler von den weiblichen Produktionsmitarbeitern gelegentlich zum Essen eingeladen und etwas Hübsches zum Anziehen dürfen sie sich hin und wieder auch noch aussuchen.

Irgendwann ist es den Forschern und Entwicklern zu bunt. Aber anstatt auf einer angemessenen Bezahlung für ihre reproduktiven und auf lange Sicht für das Unternehmen bedeutsamen Tätigkeiten zu bestehen, beharren sie auf ihrem Recht, nun ebenfalls in der Produktion beschäftigt zu werden, um Geld zu verdienen. Aus Gründen der neu eingeführten Geschlechtergleichstellung kann ihnen dieser Wunsch nicht verwehrt werden, sodass nun massenhaft Männer in die Produktion drängen. Die Folge ist: Die Forschung & Entwicklung liegt danieder, die Zukunft des Unternehmens steht auf dem Spiel.

Gleichzeitig ist das Arbeitsangebot in der Produktion jetzt zu groß, sodass Frauen ab 50 in Frührente geschickt und weniger qualifizierte entlassen werden. 50-jährige Männer werden erst gar nicht übernommen und bei den weniger qualifizierten gilt das Gleiche. Ebenso sinken die Gehälter, während die Anforderungen steigen, denn die Auswahl an potenziellen Arbeitnehmern ist groß. Es geschehen also letztlich genau die Dinge, an die wir uns in unserer Gesellschaft längst gewöhnt haben (vergleiche die Ausführungen zum *Anstieg der Zahl an Arbeitskräften* unter der Gleichberechtigung auf Seite 127).

Die Forderung nach einer besseren Vereinbarkeit von Familie und Beruf und einer paritätischen Aufteilung von Familienarbeit entspricht in unserem PharmakonzernBeispiel dem Anliegen, Frauen und Männer sollten neben der Produktion auch noch ein wenig Forschung und Entwicklung betreiben: Tagsüber bezahltes Herstellen von Pillen, abends unentgeltliches Forschen und Entwickeln im Labor. In ernsthaften Unternehmen wäre man sich sehr schnell im Klaren darüber: Dies kann und wird nicht funktionieren.

Wir stellen fest: Hart kalkulierende und durch und durch ökonomisch denkende, gewinnorientierte Unternehmen investieren Milliardensummen in ihre Reproduktion (insbesondere in Forschung & Entwicklung), obwohl sich diese nicht unmittelbar „rechnet". Sie beschäftigen in diesen Bereichen häufig ihre fähigsten Mitarbeiter, und das aus gutem Grunde. Oft repräsentieren solche Abteilungen sogar die eigentliche Kernkompetenz des Unternehmens, während fast alles andere ausgelagert werden könnte und zum Teil auch wird.

Dabei fällt aber vor allem eins auf: Leistungsfähige Unternehmen organisieren sowohl ihre produktiven als auch reproduktiven Bereiche marktwirtschaftlich. Staaten tun dies hingegen nicht (dort gilt die Reproduktion – Nachwuchsarbeit – als eine von den Bürgern kostenlos zu erbringende Kollektivaufgabe). Anders gesagt: Moderne, gleichberechtigte Gesellschaften weisen einen massiven Organisationsfehler auf.

Unser Pharmakonzern-Beispiel wirft aber auch noch eine ganz andere Frage auf, und zwar nach der Emanzipation. Haben sich die ursprünglich unentgeltlich in der Forschung & Entwicklung arbeitenden Männer durch ihren Wechsel in die Produktion emanzipiert?

Zum Teil sicherlich ja, denn nun erhalten sie ihr eigenes Einkommen und sind nicht länger Almosenempfänger der in der Produktion beschäftigten Frauen. Aber sicherlich wird auch mancher begeisterte Forscher dabei sein, für den die bezahlte Arbeit in der Produktion nur ein notwendiges Übel ist, und der seine eigentliche Bestimmung eher in der Forschung sieht und folglich andere Präferenzen besitzt. Wäre ein solcher Forscher durch seine gleichberechtigte Arbeit und Bezahlung in der Produktion nun emanzipiert? Ganz sicherlich nicht.

Die generelle Forderung nach der Vereinbarkeit von Familie und Beruf und der paritätischen Aufteilung von Familienarbeit unter den Geschlechtern weist deshalb auf ein ungelöstes Problem hin: Reproduktionsarbeit gilt in unserer Gesellschaft weiterhin als grundsätzlich minderwertig. Und da diese bislang primär von Frauen geleistet wurde und auch heute noch vorrangig von Frauen erbracht wird, ist deren Emanzipationsprozess keineswegs abgeschlossen, was ein wesentlicher Grund für die noch immer von Frauen reklamierte Benachteiligung sein dürfte.

Bei der grundsätzlich kostenfrei zu erbringenden Familienarbeit handelt es sich um ein Relikt aus der Zeit des patriarchalischen Ernährermodells, ja sogar um die eigentliche Grundlage des Patriarchats [189]. Aus der Sicht des Patriarchats ernährt der Ehemann Frau und Kinder, und deshalb gehören sie ihm gewissermaßen (als seine Ressourcen). Ganz besonders ausgeprägt ist dies im Islam. In unserem Kulturkreis behalten Frauen auch in der Ehe die Verfügungs- beziehungsweise Nutzungsrechte an ihren Fortpflanzungsressourcen, in islamischen Gesellschaften muss dies gemäß Koran und Hadithen nicht zwingend der Fall sein. Barbara Köster fasst die rechtlichen Verhältnisse für die beiden Geschlechter in der islamischen Ehe wie folgt zusammen [190]:

> Die islamische Ehe ist ein Nießbrauchvertrag. Der Mann erwirbt das Recht auf Nutzung der Geschlechtsorgane seiner Frau(en). Den Tatbestand der Vergewaltigung in der Ehe gibt es deshalb selbstredend nicht.

Mit dem Wegfall des patriarchalischen Ernährermodells und der Durchsetzung der Geschlechtergleichberechtigung kann die Situation deshalb so nicht bleiben. Das zeigen auch die soziologischen Untersuchungen zum sogenannten Präferenzmodell. Wenn es tatsächlich Frauen jedes Qualifikationsniveaus gibt, die lieber eine größere Familie gründen würden, als irgendwo einer außerhäuslichen Erwerbsarbeit nachzugehen [191], dann ist die grundsätzliche Nichtkommerzialisierbarkeit dieser für unsere Gesellschaft so eminent wichtigen Familienarbeit nicht mit den Prinzipien der Gleichberechtigung der Geschlechter vereinbar, da solche Frauen sonst in ihrer Lebensplanung substanziell benachteiligt werden.

Oder anderes ausgedrückt: Solange Frauen in unserer Gesellschaft nicht das Folgende sagen können, sind sie nicht vollständig emanzipiert:

> Ich habe gehört, dass es unserer Gesellschaft an wohlerzogenem und gut gebildetem Nachwuchs mangelt, um den gesellschaftlichen Betrieb auch in der nächsten Generation in der gleichen Qualität aufrechtzuerhalten und die Renten der jetzigen Generation zu sichern. Ich bin gerne bereit, einen wesentlichen Beitrag zur Minderung des Problems zu leisten und mehrere Kinder in die Welt zu setzen und liebevoll und gewissenhaft aufzuziehen. Ich bin auch bereit, dafür eine einschlägige Ausbildung zu absolvieren, mich für den Job zu bewerben und mich anschließend ganz auf diese Aufgabe zu konzentrieren. Dann möchte ich aber auch für diese für das Überleben unserer Gesellschaft so ungeheuer wichtige Aufgabe angemessen gut bezahlt werden, und zwar nicht von meinem Ehemann, sondern vom Staat.

Ich würde mich als Mann jedenfalls sehr zurückgestuft fühlen, wenn ich für Tätigkeiten, bei denen Männer im Allgemeinen natürliche Vorteile gegenüber Frauen besitzen (etwa Polizist, Berufssoldat, Möbelpacker, ...) in unserer Gesellschaft auf professionelle Weise kein Geld verdienen dürfte [192]. Es ist erstaunlich, dass dies umgekehrt von Frauen seit Jahrzehnten einfach hingenommen wird.

Familienarbeit mit eigenen Kindern kann erst dann entlohnt werden, wenn sie von Müttern oder Vätern als Erwerbsarbeit wahrgenommen werden kann, das heißt, wenn ein neuer Ausbildungsberuf für Familienarbeit mit eigenen Kindern („Familienmanagerin“ [193]) geschaffen wurde.

Für Erwerbsarbeiten gelten üblicherweise drei *Erwerbsarbeitsbedingungen:*

- Bedarfsmeldung für eine zu erbringende Leistung (wobei sich Bedarfsmelder und Leistungserbringer unterscheiden),

- Tauschbarkeit der Leistung (zum Beispiel auf Basis vorgegebener Qualifikationen),

- vertragsmäßige Freiwilligkeit.

Normale Hausarbeit erfüllt keine der genannten Bedingungen, weswegen (unprofessionellen) Hausfrauen auch kein Erziehungsgehalt gezahlt werden kann.

Eine Frau müsste nämlich lediglich – ungefragt – ein Kind in die Welt setzen, und schon besäße sie einen Anspruch auf die staatlich zugesagten Mittel. Dies widerspricht aber sonstigen gesellschaftlichen Gepflogenheiten (derjenige der zahlt, bestimmt den Gesamtbedarf), zumal hierdurch bedenkliche Seiteneffekte entstehen können [194].

Wie bereits im Einführungskapitel erwähnt wurde, stammt von mir ein eigener familienpolitischer Vorschlag zur Lösung der prekären deutschen Familiensituation und des demografischen Wandels, und zwar das sogenannte Familienmanager-Konzept [195].

Grob skizziert handelt es sich bei der „Familienmanagerin“ um einen neuen staatlich bezahlten Ausbildungsberuf für Familienarbeit mit eigenen Kindern, der wie folgt gestaltet sein könnte:

- Der Staat bestimmt den Bedarf und schreibt freie Stellen aus, auf die sich beworben werden kann. Das Verfahren erlaubt eine präzise und gegebenenfalls global abstimmbare Bevölkerungsplanung (einschließlich einer sozialverträglichen Bevölkerungsschrumpfung), ohne dass in Persönlichkeitsrechte eingegriffen werden müsste [196].

- Einstellungsvoraussetzung ist die Absolvierung einer berufsspezifischen Ausbildung, die der Ausbildung zum Grundschullehrer ähneln könnte. Ist auf absehbare Zeit keine Einstellung zu erwarten, könnte folglich recht mühelos auf den Beruf einer Grundschullehrerin oder Erzieherin umgesattelt werden.

- Die Bezahlung könnte beispielsweise wie folgt aussehen: Monatlich 2.000 € Grundgehalt (nach Abzug von Steuern und Sozialabgaben) plus 1.200 € Leistungspauschale pro Kind (nach Abzug von Steuern und Sozialabgaben) bis zu einer vom Staat genannten Obergrenze an Kindern. Daneben sind zahlreiche weitere Bezahlmodelle denkbar, auch solche, bei denen die Familienmanagerin am sozialen Erfolg des Vaters/der Väter und später ihrer Kinder partizipiert. Vor allem zu Beginn und nach Ende der Familienphase könnten durch die Familienberufstätigen auch Tagesmütterdienste für andere Eltern angeboten werden, gegebenenfalls mit Übernachtungsmöglichkeiten. Anders gesagt: Die Familienmanagerinnen könnten einen Großteil der Kindertagesbetreuungen übernehmen.

- Bei einer Scheidung fällt kein Unterhalt an, da die Bezahlung für die Familienarbeit unverändert weitergeht.

- Männer könnten den Beruf gleichfalls ergreifen, allerdings wären Frauen aus natürlichen Gründen prädestiniert.

Für alle anderen (nicht-professionellen) Eltern würde sich gegenüber heute nichts Wesentliches ändern, außer dass die Familienmanagerinnen – wie erwähnt – auch einen erheblichen Anteil der außerschulischen Kinderbetreuungen anbieten und übernehmen könnten.

Das Konzept könnte bei gewissenhafter Implementation die weiter oben aufgeworfenen familienpolitischen und demografischen Probleme (demografischer Wandel, demografisch-ökonomisches Paradoxon, ...) auf garantierte Weise lösen, zumal es dem Verfahren entspricht (Arbeitsteilung, Professionalisierung), das die Menschheit bei vergleichbaren Problemen praktisch immer gewählt hat (Polizist/Sheriff; Lehrer; Berufssoldat, professionelle Gastronomie, ...). Allerdings weist es mehrere Eigenarten auf, die es für etliche gesellschaftliche Akteure und Interessengruppen wenig attraktiv machen dürfte:

- Es ist von Grund auf matriarchalisch ausgerichtet (mit Ähnlichkeiten zum Familienmodell der Mosuo) [197]. Allein schon deshalb ist mit starken Vorbehalten aufseiten der Religionen, der Familienverbände, des Feminismus und eines Großteils der Männer zu rechnen, da dort noch immer patriarchalische Familienmodelle wie das Ernährer- oder Vereinbarkeitsmodell präferiert werden.

- Es dürfte unter ihm zu einer weiteren Deinstitutionalisierung von Ehe und Familie und zu einer zunehmenden Individualisierung auch im reproduktiven Bereich (Familien, Nachwuchsarbeit) kommen. Auch deshalb ist mit Vorbehalten aufseiten der Religionen und der Familienverbände zu rechnen.

- Den primären Arbeitsmärkten würde eine nennenswerte Zahl an qualifizierten Frauen entzogen werden, die sich nun für den Beruf der Familienmanagerin statt etwa einer Ingenieurin entscheiden. Es ist deshalb mit Vorbehalten und Widerständen seitens der Wirtschaft zu rechnen.

- Es würde kaum jemand sofort und unmittelbar von der vorgeschlagenen Maßnahme profitieren, sehr wohl aber die nachkommende Generation und alle späteren Rentenbezieher. Auch besäße die Gleichberechtigung der Geschlechter damit eine Überlebenschance. Da die nächste Generation noch keine Wählerstimmen hat, können mit dem vorgeschlagenen Familienmanager-Modell vermutlich keine Wahlen gewonnen werden (möglicherweise aber mit problematischen alternativen Konzepten wie dem bedingungslosen Grundeinkommen).

- Linke Parteien würden die fehlende Unterstützung der Gleichheitsideologie kritisieren (anderes gesagt: das Konzept wäre ihnen nicht kommunistisch genug) und eine Neiddebatte lostreten.

- Nach Einführung des Familienmanagerinnen-Berufs würde es aller Wahrscheinlichkeit nach zu einer deutlichen Absenkung der Armutsraten unter Kindern und zu einer Verbesserung der mittleren kindlichen Bildungserfolge kommen. Auch wäre die Aufnahme von Migranten aus demografischen Gründen nicht länger erforderlich. Beide Facetten dürften das Konzept für linke Parteien und die Sozialstaatsindustrie eher unattraktiv machen.

Erstmalig in Buchform wurde das Konzept im Jahr 2006 veröffentlicht, das heißt, zum exakt gleichen Zeitpunkt, als von Eva Herman der Cicero-Artikel *Die Emanzipation – ein Irrtum?* [198] und das Buch *Das Eva-Prinzip* [199] erschienen waren. Möglicherweise hatte der damalige Skandal mit dazu beigetragen, dass das Interesse an familienpolitischen und demografischen Themen zunehmend schwand und das Konzept deshalb nie öffentlich diskutiert wurde, was eigentlich gleichfalls skandalös ist, da die deutsche Familien- und Nachwuchssituation viel zu prekär ist, als dass sich das systematische Ignorieren von neuen Vorschlägen geleistet werden könnte.

Beim Familienmanager-Konzept handelt es sich also letztlich um einen weiteren familienpolitischen und bevölkerungswissenschaftlichen Vorschlag, der jedoch nicht rückwärts-, sondern vorwärtsgewandt ist. Er nimmt die Gleichberechtigung der Geschlechter ernst und versucht sie zu vervollständigen. Das dürfte ihn jedoch keineswegs vor ähnlichen Attacken wie gegenüber Eva Hermans Vorschlägen schützen. Denn solange die öffentliche Debatte maßgeblich von Meisterdenkern à la Thea Dorn bestimmt wird, sind jederzeit Genieblitze der folgenden Art denkbar: „Das Familienmanager-Konzept versucht die Geburtenraten in Deutschland anzuheben, das wollte Hitler mit Mutterkreuz und Lebensborn auch, also ist beides vergleichbar."

Allerdings handelt es sich für mich beim Familienmanager-Konzept nicht nur um einen x-beliebigen weiteren familienpolitischen Vorschlag. Ich vermute, dass jeder funktionierende familienpolitische Vorschlag für eine nachhaltige Nachwuchsarbeit in gleichberechtigten Zivilisationen so oder ähnlich gestaltet sein müsste. Wer ihn zügig zurückweist, sollte darlegen können, wie man es anders machen könnte. Das Konzept einer Verbesserung der Vereinbarkeit von Familie und Beruf und der paritätischen Aufteilung von Familienarbeit gibt es seit mindestens 40 Jahren. Substanziell verbessert hat sich nichts, und es dürfte sich auch in Zukunft nichts Wesentliches tun. Wir brauchen deshalb andere, wirksame Vorschläge; Vorschläge die auch in gleichberechtigten Zivilisationen funktionieren können.

Im Übrigen ist in der Zukunft mit etlichen technologischen Innovationen/ Revolutionen im reproduktiven Bereich zu rechnen. Die unlängst erfolgte vorgeburtliche Erbgutveränderung mittels einer „Genschere" [200] dürfte nur ein Vorgeschmack gewesen sein. Bereits Simone de Beauvoir sehnte sich eine Embryonalentwicklung außerhalb des Mutterleibs herbei. Spätestens dann wird man den Beruf der Familienmanagerin aber ohnehin benötigen, denn irgendwer muss die Kinder schließlich aufziehen.

Dass sich der Familienmanager-Vorschlag nicht jedem auf Anhieb erschließt, und er für manche auch zu verwegen erscheint, leuchtet mir durchaus ein. Doch stellen Sie sich einmal vor, wir lebten noch in einer Gesellschaft, in der es weder Polizei noch Schulen gibt. Für ihre Sicherheit wäre jede Familie selbst verantwortlich und für die Ausbildung der Kinder ebenso. Und in dieser Gesellschaft unterbreitete nun jemand den Vorschlag, die beiden neuen Ausbildungsberufe Polizist und Lehrer einzuführen, und die Gewährleistung der öffentlichen Sicherheit und die Unterrichtung der Kinder diesen staatlich bezahlten Profis zu überlassen. Würden die genannten Vorschläge ohne Kenntnis ihrer Realisierung in unserer Gesellschaft auf sofortige Gegenliebe stoßen? Mir fallen spontan etliche Gründe ein, warum die vorgeschlagenen Berufe nicht sinnvoll sein können und deshalb abzulehnen sind.

Es ist nämlich so gut wie unmöglich, die langfristigen Folgen einer Professionalisierung von Tätigkeiten, die bislang zur Kollektivleistung eines jeden Menschen zählten, halbwegs sicher vorherzusagen. Hätte man sich zur Zeit des Wilden Westens etwa vorstellen können, dass dem Exekutivorgan Polizei irgendwann einmal etwas so

Leistungsfähiges wie die moderne Forensik zur Seite stünde? Und dass es die Forensik ohne die Professionalisierung von Schutzleistungen in der aktuellen Form vermutlich nie gegeben hätte? Aus dem gleichen Grund ist es auch nicht möglich, schon jetzt alle erdenklichen späteren Entwicklungen im Rahmen einer Professionalisierung von Familienarbeit mit eigenen Kindern vorauszusehen. Nur eins dürfte sicher sein: Es wird auch dabei Entwicklungen geben, die ohne eine Professionalisierung nicht hätten stattfinden können.

Einige wenige Aspekte liegen allerdings meiner Meinung nach bereits auf der Hand. So vermute ich, dass ein Großteil (bis alle) Familienberufstätigen die eigentliche Hausarbeit an Dritte auslagern werden. Und gleichfalls vermute ich, dass etliche Familienmanagerinnen in Gegenden ziehen werden, wo schon viele andere Familienberufstätige leben [201], und wo es zu Kooperationen mit Unterrichtsanbietern (Musik, Kunst, Sprachen, MINT [202], Bewegung etc.), Ärzten, Apotheken, der Gastronomie und weiteren Dienstleistern kommen wird.

Ich bin übrigens der Meinung, dass ein demokratischer Staat unter den aktuell in Deutschland vorhandenen Bedingungen (Gleichberechtigung der Geschlechter, staatliche Rentenversicherung, Sozialstaat, freiheitlich-demokratische Grundordnung, Marktwirtschaft, demografischer Wandel, keine ähnlich leistungsfähige Alternative in Sicht, …) geradezu verpflichtet ist, das beschriebene Konzept – so oder so ähnlich – umzusetzen. Und zwar aus dem einfachen Grund, dass es den demografischen Wandel aufhalten kann, ohne der aktuellen Bevölkerung zu große bis unzumutbare Belastungen aufzubürden. Es mag nicht jedem gefallen, und es mag auch – speziell in den Einführungsjahren – die eine oder andere unerwartete Nebenwirkung haben, weil einiges noch nicht ausreichend bedacht wurde. Wir sind es aber unseren Kindern und Enkeln schuldig. Es zu ignorieren, wäre ihnen gegenüber verantwortungslos.

Stellen Sie sich vor, jemand hätte eine Technologie entwickelt, mit der sich der Klimawandel auf sichere und ungefährliche Weise beenden (und gegebenenfalls sogar umkehren) ließe. Die Umsetzung der Technologie würde zwar einiges kosten und auch diverse soziale Veränderungen erforderlich machen, ansonsten spräche jedoch alles dafür, dass die Klimaziele damit verlässlich erreicht werden können.

Wäre unsere Gesellschaft verpflichtet, die Technologie einzusetzen? Sofern es keine vergleichbar gute Alternative gibt: meiner Meinung nach eindeutig ja.

Ich halte Eva Hermans Analysen in ihrem Artikel *Die Emanzipation – ein Irrtum?* [203] und ihren beiden Büchern *Das Eva-Prinzip* [204] und *Das Prinzip Arche Noah* [205] für zutreffend. Man bekommt die von ihr beschriebenen Dinge auch als Mann recht häufig zu hören. Beispielsweise lernte ich vor Jahren beruflich eine Versicherungsmathematikerin kennen, die mir beim Bier verriet, dass sie sich immer gewünscht habe, einmal einen ganzen Park eigener Kinder großzuziehen. Nun sei sie aber Versicherungsmathematikerin geworden und habe keine Kinder. Unwillkürlich dachte ich: Was hat das bitteschön mit Gleichberechtigung zu tun?

Wenn es ihr ermöglicht worden wäre, hätte diese Frau vermutlich mindestens eine Handvoll Kinder liebevoll großgezogen, aus denen später einmal kompetente und erfolgreiche Erwachsene geworden wären. Der Bedarf dafür war und ist vorhanden, leider jedoch nicht das Angebot, sich für einen solchen Lebensweg frei zu entscheiden. Stattdessen wird heute versucht, gering gebildete Zuwanderer, die in Ehrenkulturen sozialisiert wurden, mühsam in unsere Gesellschaft zu integrieren; und patriarchalischen Clan-Oberhäuptern anderer Kulturen erlaubt, ihren Ehefrauen fünf Kinder in vier Jahren zu machen [206] und sie per Transferleistungen aufziehen zu lassen. Wie *Abbildung 4* auf Seite 125 zeigt, werden von deutschen (überwiegend gleichberechtigt lebenden) Müttern seit vielen Jahren stets um die 600.000 Kinder pro Jahr in die Welt gesetzt. Alles was sich mit der Zeit geändert und für etwas höhere jährliche Geburtenzahlen gesorgt hat, ist der sukzessiv steigende Anteil an Kindern mit ausländischen (vermutlich zu erheblichen Anteilen patriarchalisch lebenden) Müttern (*Abbildung 5* auf Seite 126). Dass wir seit vielen Jahren zwingend auf patriarchalische Unterstützung angewiesen sind, um unsere Bevölkerung zu reproduzieren, demonstriert das Versagen der bisherigen feministischen Familienpolitik. Dies umso mehr, als es in der Bundesrepublik Deutschland in den letzten 50 Jahren (mit einer kleinen dreijährigen Unterbrechung durch Heiner Geißler) ausschließlich Bundesfamilienministerinnen gab. Auch das ist im Grunde ein Skandal.

Das Konzept des Multikulturalismus bedeutet unter anderem, dass in unserem Land gleichberechtigt Kulturen gedeihen dürfen, in denen die Gleichberechtigung der Geschlechter nicht gegeben ist, und die kulturelle Norm der verantworteten Elternschaft nicht akzeptiert wird. Es spricht einiges dafür, dass das Konzept des Multikulturalismus primär deshalb propagiert wurde und wird, weil Gesellschaften mit einer Gleichberechtigung der Geschlechter bislang noch nirgendwo auf der Welt nachweisen konnten, dass sie zu einer nachhaltigen Bevölkerungsreproduktion in der Lage sind (obwohl das Problem mit dem Familienmanager-Konzept leicht lösbar wäre). Anders gesagt, sie sind bislang auf die Schützenhilfe durch externe patriarchalische Kulturen (Migranten) oder strikt patriarchalisch lebende Familien im eigenen Land angewiesen. Phillip Longman hatte bereits 2004 prognostiziert, dass wenn das demografische Problem gleichberechtigter Gesellschaften nicht gelöst werden könne, das Patriarchat zurückkehren werde [207].

Ich bin deshalb weiterhin verwundert darüber, mit welcher Leichtigkeit und Arroganz der Feminismus noch immer mit diesem seriösen Problem umgeht. Zwar nimmt man den Klimawandel ernst, ignoriert aber diesen ebenfalls schwerwiegenden Wandel. Dabei steht nicht nur die Gleichberechtigung auf dem Spiel, sondern die Zukunft unserer Gesellschaft und Kultur als Ganzes ebenso.

Unsere Gesellschaft besitzt ein massives Familienproblem beziehungsweise ein Problem mit der Bevölkerungsreproduktion. Wer es noch immer leugnet, hat entweder nichts vom Leben verstanden oder verfolgt ganz andere Interessen. Oder er profitiert davon.

Und in der Tat hat die Gleichberechtigung der Geschlechter ganz nebenbei auch für eine größere soziale Ungleichheit in unserer Gesellschaft gesorgt. Heute gibt es viele Paare, bei denen beide Seiten genügend Geld verdienen, um jeweils locker fünf Kinder großzuziehen. Dennoch haben sie aus zeitlichen Gründen keine Kinder. Sie verlassen sich darauf, dass ihre späteren Renten von den Kindern der anderen finanziert werden, oder sie von ihrem Vermögen beziehungsweise ihrer privaten Altersversicherung leben können. Im Patriarchat hätte das Paar nur ein Einkommen, dafür aber fünf Kinder gehabt. Der Unterschied zur restlichen Bevölkerung wäre folglich bei Weitem nicht so groß gewesen.

Wie der Fall Eva Herman gezeigt hat, sind die Profiteure der aktuellen gesellschaftlichen Ordnung offenbar gewillt, ihre Privilegien mit letzter Konsequenz zu verteidigen. Selbst vor der sozialen Ausgrenzung unliebsamer Kritiker schrecken sie nicht zurück. Daran hat sich bis heute nichts geändert.

Es ist also viel zu tun. Doch was?

In einem metaphorischen Sinne könnte Deutschland mit der gerade auf einen Eisberg zurasenden Titanic verglichen werden. Eva Herman befand sich zunächst als Offizier auf der Brücke, als sie das Hindernis erstmalig wahrnahm. Nachdem sie die anderen zum Anhalten der Motoren aufgerufen hatte, wurde sie zum Apfelkuchenbacken in der Küche verdonnert [208], damit die Fahrt auf dem bislang eingeschlagenen Weg unbeirrt fortgesetzt werden konnte (The Show Must Go On). Meine Position zur gleichen Zeit war die eines einfachen Matrosen und Ausgucks. Ich sah den Eisberg ebenfalls recht frühzeitig, allerdings aus einer etwas anderen Perspektive. Statt die Motoren anzuhalten oder gar zurückzusetzen, riet ich zu einer Kurskorrektur. Aufgrund meiner niedrigen Position als Matrose wurde ich erst gar nicht ernst genommen und gehört.

Wie ich in meinem Buch *Was ist Leben? Mit den Augen eines Systemtheoretikers betrachtet* [209] dargelegt habe, ist alles Leben in einem physikalischen/systemischen Sinne absolute und komparative Kompetenzverlustvermeidung. Ein massiver Kompetenzverlust (wie es die soziale Ausgrenzung ist) gehört deshalb zu den schwersten Strafen/Demütigungen, die einem Menschen (und generell einem Lebewesen) zugefügt werden können. Das Aschenputtel-Märchen (Cinderella) zieht einen gehörigen Teil seines Reizes aus exakt diesem Umstand: Als einzige in eine höhere Schicht hineingeborene Person ihres Gutshofs war sie von ihrer bösen Stiefmutter zu einer Magd degradiert worden. Mit anderen Worten: Ihr war auf unzulässige Weise ein Kompetenzverlust zugefügt worden.

Aus all dem folgt, dass es für Menschen deutlich schwerer zu ertragen ist, aus einer Gesellschaft ausgegrenzt zu werden, als von vorherein gewissermaßen nicht richtig dazuzugehören. Anders gesagt: Ausgrenzung nach vorherigem Dazugehören ist für gewöhnlich schlimmer als von vornherein ausgegrenzt zu sein.

Wie schlimm es für Eva Herman gewesen sein muss, von ständig neuen Personen des Lobs der Familienpolitik der Nationalsozialisten bezichtigt und in der Folge ausgegrenzt zu werden, obwohl sie für jedermann nachvollziehbar nichts dergleichen gesagt hatte, ist kaum zu ermessen. Dabei hatte sie noch nicht einmal andere beleidigt, sondern lediglich ihren eigenen (christlichen) Standpunkt vertreten. Manch anderer hätte nicht ihre Stärke aufgebracht. Vielleicht hat ihr starker Glaube ihr dabei geholfen, durchzuhalten. Ich weiß nicht, was ich in ihrer Position getan hätte. Möglicherweise hätte ich mir das Leben genommen. Systematisches Mobbing kann nämlich tödlich enden, wie von etlichen Fällen im Schulumfeld her bekannt sein sollte.

Haben die verschiedenen Akteure geglaubt, dies alles sei nur ein Spiel? Oder was hat sich beispielsweise Thea Dorn dabei gedacht, unmittelbar nach Eva Hermans NDR-Entlassung einen spöttischherablassenden Artikel wie *Endlich Zeit für Apfelkuchen* [210] über die längst am Boden liegende, ihr intellektuell überlegene ehemalige Tagesschausprecherin zu verfassen? Gar nichts? Ist aus der schrecklichen Zeit des Nationalsozialismus nicht einmal diese eine Sache in der Bevölkerung zurückgeblieben, dass man tunlichst nicht auf bereits am Boden liegende Menschen tritt? Wenn die Situation zu gefährlich ist und man nicht den Mut aufbringt, darf man sich vielleicht schamvoll abwenden, darf man schweigen, aber auf keinen Fall tritt man selbst nach! Schon gar nicht ohne Not.

Angesichts der beschriebenen Umstände müssen wir im nichtlinken Umfeld zu einem neuen Selbstverständnis, einem neuen Selbstbewusstsein und zu einer neuen Solidarität kommen, wir können die soziale Weiterentwicklung nicht den linken Ideologen kampflos überlassen. Unter Solidarität verstehe ich in diesem Zusammenhang auch: Sollte es zu einem weiteren Fall Herman kommen, dann sollte eingehend und mit Gehirnschmalz geprüft werden, ob die erhobenen Vorwürfe plausibel und berechtigt sind. Wenn nicht, dann ist unsere laute Stimme gefragt. Man kann das Thema dann nicht denen überlassen, die sowieso kein Gehör finden.

Wir können uns in diesem Zusammenhang auch nicht auf die Sozialwissenschaften verlassen, weil dort an den Hochschulen die gleichen Ideologen tätig sind, die für den Abschuss Eva Hermans gesorgt haben, Wolfgang Wippermann hat es in aller Deutlichkeit vorgeführt.

Beispielsweise hatte ich in den Jahren 2006 oder 2007 [211] bei der Zeitschrift für Soziologie einen wissenschaftlichen Artikel zum Familienmanager-Konzept eingereicht. Ich erhielt zwei anonyme Gutachten, eins war sehr ausführlich und äußerst positiv gehalten, das andere im Wesentlichen eine hasserfüllte Polemik. Während das erste Gutachten die Arbeit zur Veröffentlichung empfahl:

> Der Artikel kann mit viel Gewinn gelesen werden. Er bietet eine Fülle an theoretischen und empirischen Hintergrundinformationen. Der Beitrag ist sehr sorgfältig recherchiert, und das Thema wird insgesamt sehr differenziert behandelt. (…) Mit diesen Anmerkungen möchte ich den vorgelegten Artikel zur Veröffentlichung empfehlen.

hieß es im zweiten Gutachten ausdrücklich:

> Wenn man dem Artikel etwas Positives abgewinnen möchte, könnte man ihn als populärwissenschaftlich bezeichnen, und dem Autor wäre anzuraten, ihn in einem dementsprechenden Medium zu veröffentlichen. Doch wären auch diesbezüglich noch berechtigte Vorbehalte angebracht: Eher müsste man den Artikel als pseudowissenschaftlich einstufen, dessen Veröffentlichung schlechthin äußerst fragwürdig wäre.

Beide Gutachten wurden in meinem Buch *Hurra, wir werden Unterschicht! Zur Theorie der gesellschaftlichen Reproduktion* [212] in voller Länge abgedruckt und mit der ironischen Anmerkung versehen:

> Ein wenig klingt das so, als wenn in einem Mordfall ein Gutachten zu dem Ergebnis kommt, die Tote sei vergewaltigt, erdrosselt, erstochen und anschließend in den Rhein geworfen worden, ein zweites dagegen eine natürliche Todesursache ausgemacht haben will.

Anders gesagt: Wenn zwei Gutachten zur gleichen wissenschaftlichen Arbeit zu solch unterschiedlichen Urteilen kommen, dann ist die Wissenschaftlichkeit der gesamten Disziplin ohnehin infrage gestellt, offenbar fehlt es an klaren

Wissenschaftskriterien. Prof. Wolfgang Wippermann hat diesen Eindruck durch seinen bizarren Kerner-Auftritt bekräftigt.

Der Verfasser des negativen Gutachtens schien sich insbesondere daran gestört zu haben, dass ich es gewagt hatte, in einem sozialwissenschaftlichen Text im Laufe der Argumentation auch einen Bezug zur Evolutionstheorie herzustellen. Unter Naturwissenschaftlern gehört die Evolutionstheorie zwar zu den bedeutendsten wissenschaftlichen Erkenntnissen aller Zeiten (sie hat das moderne naturwissenschaftliche Weltbild maßgeblich mitgeprägt), sie wird von den Vertretern der in den Sozialwissenschaften (und in der öffentlichen Debatte) dominierenden Gleichheitsideologie jedoch genauso wenig anerkannt wie vom religiösen Kreationismus. Ein Grund dafür ist: Gemäß der Evolutionstheorie sind alle Menschen von Natur aus verschieden (Prinzip Variation), für die Gleichheitsideologie hingegen gleich. Ungleichheit stellt für Letztere – aus naheliegenden kommerziellen Gründen – ein ausschließlich soziales Phänomen dar. Für Gleichheitsideologien ist es deshalb auch ohne jede Bedeutung, wer in unserer Gesellschaft Nachwuchs bekommt. Ganz entsprechend versuchte der ablehnende Gutachter mir weiszumachen, dass Evolution immer stattfinde und sie nichts mit Höherentwicklung oder Ähnlichem zu tun habe.

Wer so etwas schreibt, hat das Evolutionsprinzip definitiv nicht verstanden. Tatsächlich hat Darwin mit seiner Evolutionstheorie beschrieben, wie es in der Natur – ohne Einwirkung eines externen Schöpfers – zu Anpassungsverbesserungen kommen kann. Beispielsweise heißt es in dem renommierten evolutionsbiologischen Lehrbuch Evolution von Stearns und Hoekstra gleich zu Beginn [213]:

> Die Fortpflanzung der *erfolgreicheren* Individuen hat eine anteilsmäßige Zunahme ihrer Gene und der auf ihnen beruhenden Merkmale in der nächsten Generation zur Folge. Erfolgt dieser Prozess über mehrere Generationen hinweg, *verbessert* sich die Anpassung der Population an den Lebensraum, das heißt, ihre Fähigkeit, zu überleben und sich fortzupflanzen, und die vererbten adaptiven Veränderungen spiegeln sich in der genetischen Zusammensetzung der Population wider.

Letztlich geht es dabei um ein Thema, das der Volksmund in Sätzen wie „Unsere Kinder sollen es einmal besser haben“ ausdrückt.

Was ist dafür aber erforderlich? In unserer Gesellschaft ist leider die irrige Meinung weit verbreitet, dazu reiche es, die sozialen Verhältnisse zu verbessern, beispielsweise durch eine bessere Wirtschaft. In den Worten Senta Bergers kam dies ebenfalls klar zum Ausdruck. Ihrer Meinung nach werden seit vielen Jahren nur deshalb so wenige Kinder in Deutschland geboren, weil „wir eine sehr sehr schlechte Wirtschaft haben“. Sie kann – wie angemerkt – damit aber nicht erklären, warum ausgerechnet die Gebildeten/sozial Erfolgreichen ganz besonders wenige Kinder bekommen.

In meinem Buch *Was ist Leben? Mit den Augen eines Systemtheoretikers betrachtet* [214] habe ich Darwins Evolutionsprinzip – ausgehend von einem Gedanken des Schöpfers des aktuellen Quark-Modells [215], Murray Gell-Mann [216] – über die Biologie hinaus verallgemeinert. Dazu war es zunächst erforderlich, die Begrifflichkeiten zu verallgemeinern. Die Biologie spricht allgemein von Anpassung oder Adaption an einen Lebensraum (beziehungsweise gegenüber der Umwelt). Für die komplexe kulturelle Welt des Menschen sind diese Begriffe jedoch ungeeignet, weswegen ich sie durch den flexibleren Begriff der Kompetenzen ersetzt habe.

Die besondere Situation des Menschen unter allen Lebewesen auf der Erde ist, dass er sowohl über umfangreiche biologische als auch kulturelle Kompetenzen verfügt. Damit gehen aber evolutionstheoretische Probleme einher, die in der restlichen Natur weitestgehend unbekannt sind. Man kann sie ein wenig veranschaulichen, indem man den Menschen salopp mit einem modernen Computer (beispielsweise einem PC) vergleicht, was im Folgenden kurz getan werden soll.

Wenn Sie einen möglichst leistungsfähigen PC haben möchten, dann sollte das Gerät sowohl über die neueste Hardware (etwa den neuesten Intel-Chip) als auch die aktuellste und leistungsfähigste Software verfügen. Sollte Ihnen die vorhandene Hardware irgendwann einmal nicht mehr genügen, dann bleibt Ihnen in der Regel nichts anderes übrig, als sich einen neuen PC anzuschaffen. Die Hardware eines

PCs entspricht deshalb im übertragenen Sinne der biologischen Ausstattung des Menschen. Letztere kann im Wesentlichen nur im Rahmen der Fortpflanzung durch Erzeugung eines neuen Menschen geändert werden. Medienberichten zufolge sollen im November 2018 in China Zwillingsmädchen zur Welt gekommen sein, deren Erbgut zuvor mit der sogenannten „Genschere“ Crispr/Cas9 verändert worden war [217]. Die Mädchen sollen deshalb gegen HIV immun sein. Das wäre dann in etwa das, was die Firma Intel im Chip-Bereich tut. Normalerweise läuft die genetische Weiterentwicklung (genetische Adaption) bei Lebewesen aber ungesteuert und zufällig durch Mutationen und die genetische Rekombination bei der Fortpflanzung ab. Festzuhalten sei an dieser Stelle nur, dass Hardwareverbesserungen (beim PC) oder biologische Verbesserungen/Veränderungen (beim Menschen) im Allgemeinen den Austausch des Individuums (Gerät/Mensch) erforderlich machen.

Ganz anders sieht es bei der Software aus. Solange die Hardware nur ausreichend leistungsfähig ist, kann jederzeit neue Software aufgespielt werden. Sollten Sie beispielsweise vorhaben, ein Buch zu verfassen oder regelmäßige statistische Auswertungen zu erstellen, dann müssen Sie im Grunde nur Word und Excel installieren, und schon können Sie loslegen. Und falls Sie zwischendurch doch eine leistungsfähigere Hardware benötigen, dann genügt es, im Anschluss erneut Word und Excel und die bereits von Ihnen erstellten Dateien aufzuspielen, um Ihre Arbeiten ungehindert fortzusetzen.

In einem übertragenen Sinne entsprechen die Software und die mit ihr erstellten Daten und Dateien gewissermaßen den durch Bildung vermittelten kulturellen Kompetenzen beim Menschen. Solange das biologisch bedingte geistige Potenzial (beispielsweise die Schnelligkeit der Neuronen im Gehirn) eines Menschen (das heißt, seine „Hardware“) ausreichend leistungsstark ist, kann er jederzeit neues Wissen erlangen. Menschen können gewissermaßen lebenslänglich lernen. Sie müssen sich nicht zwingend fortpflanzen, um sich an veränderte Lebensbedingungen anzupassen, wie es bei den meisten anderen Lebewesen der Fall ist.

In der Computerentwicklung hat es sich – außer bei sehr schnellen technologischen Neuentwicklungen – als Vorteil erwiesen, die Hardware- und Softwareentwicklung zu trennen und separaten (spezialisierten) Unternehmen zu überlassen.

Der Mensch hat über die längste Zeit seiner Geschichte einen ähnlichen Weg eingeschlagen beziehungsweise eine ähnliche grundsätzliche Arbeitsteilung (auch sexuelle Arbeitsteilung genannt) gewählt: Die Männer waren primär für die kulturelle Evolution verantwortlich, während den Frauen die Hauptlast der biologischen Evolution (einschließlich der Vermittlung grundsätzlicher kultureller Verhaltensregeln) zufiel. Bei einigen Tierarten ist eine ähnliche Aufteilung zu beobachten. Beispielsweise singen bei etlichen Singvögeln ausschließlich die Männchen. Bei vielen Arten sind ihre Melodien sogar kulturell bedingt. Sie werden nachweislich nicht in ihren Genen vorgehalten und vererbt, sondern mittels Imitation und Üben erworben.

Der Vorteil einer solchen Aufteilung ist die Vermeidung des Vereinbarkeitsproblems, unter dem unsere Gesellschaft seit Durchsetzung der Gleichberechtigung der Geschlechter leidet: Wenn beide Geschlechter im kulturellen Bereich im Wesentlichen das Gleiche tun und Gleich und Gleich sich gern gesellt [218] (und sich bei ähnlichen Ausbildungsgängen und beruflichen Entwicklungen auch eher kennenlernen können), dann können in einem ausgebauten Sozialstaat diejenigen Menschen die meisten Kinder bekommen (beziehungsweise am meisten in die Reproduktion ihrer biologischen Kompetenzen investieren), die die geringsten Aufwände bei der Reproduktion ihrer kulturellen Kompetenzen haben. Vereinfacht gesagt: Wer viel arbeitet, um auf dem Laufenden zu bleiben, hat nur wenig Zeit für die Nachwuchsarbeit.

Oder noch etwas plastischer ausgedrückt: Im Patriarchat konnte ein Mann in 10 Minuten ein Kind zeugen, um anschließend für ein Jahr durch die Welt zu segeln und Amerika zu entdecken. Unter der Gleichberechtigung können Mann und Frau sich entweder für eine paritätische Aufteilung von Familienarbeit entscheiden und beiderseitig nichts Neues entdecken, oder sich beiderseits für das Entdecken von Neuem entscheiden und keine Kinder haben. Die dritte Alternative lautet: Keinen nennenswerten kulturellen Beitrag leisten, von Transferleistungen leben und viele Kinder haben.

Das Problem dabei ist – und dies wird von den sozialwissenschaftlichen Gleichheitsideologen leider hartnäckig ignoriert und geleugnet, wie die

Sarrazin-Debatte mehr als deutlich gemacht hat –, dass eine Population dabei von Generation zu Generation einen wesentlichen Teil ihrer biologischen Potenziale verliert.

Wie weiter oben mit der Analogie zur Hardware- und Softwareevolution zu erklären versucht wurde, setzen ausgeprägte kulturelle Erfolge (beispielsweise eine wichtige wissenschaftliche Entdeckung gemacht, eine künstlerische Leistung vollbracht, ein Unternehmen wie Google gegründet zu haben) in aller Regel auch ausgeprägte biologische Potenziale voraus. Vereinfacht ausgedrückt: Man sollte dann tunlichst einen Mikroprozessor der Intel-Core-i-Serie im Kopf haben statt einen Intel 8086. Unter anderem sollten die Neuronen über eine hinreichend hohe Verarbeitungsgeschwindigkeit verfügen.

Bekommen Menschen aus der Mittelschicht, in der sozialer Erfolg für gewöhnlich nicht einfach per Erbschaft weitergegeben wird, sondern von Generation zu Generation auf der Grundlage von anlagebedingten Potenzialen und erworbenen kulturellen Kompetenzen neu erarbeitet werden muss, durchschnittlich weniger Kinder als gering gebildete Menschen, dann gehen der Gesellschaft wichtige anlagebedingte Potenziale von Generation zu Generation verloren. Sie schafft sich dann gewissermaßen selbst ab [219].

Die Gleichheitsideologie der Sozialwissenschaften wurde in den letzten Jahren auch durch die Resultate des britischen Ökonomen Gregory Clark widerlegt, der die soziale Mobilität von Menschen anhand seltener Familiennamen über einen Zeitraum von mehreren Jahrhunderten untersucht hat. Rainer Hank beschrieb Clarks Methodik in der Frankfurter Allgemeinen Zeitung (FAZ) wie folgt [220]:

> Nennen wir ein Beispiel: Auch bei uns ist die englische Familie Pepys (sprich: „peps“) bekannt, weil ein berühmter Vorfahre, der erste Sekretär der Englischen Admiralität, Samuel Pepys (1633 bis 1703), ein hinreißender Tagebuchschreiber war. Pepys war stets ein seltener Nachname, immer bedroht vom Aussterben. Im Jahr 1881 gab es nur 31 Pepyse, im Jahr 2002 nur noch achtzehn Angehörige dieser Sippe. Man kennt sie also alle. Selbst im 17. Jahrhundert verzeichneten die Pfarrbücher bei Taufen und Hochzeiten allenfalls 40 Leute mit diesem Namen. Und nun kommt der Clou: Seit dem Jahr 1496 haben sich an der Universität

> Cambridge insgesamt mindestens 58 Mitglieder der Familie Pepys eingeschrieben, zuletzt im Jahr 1995. Für einen durchschnittlichen Nachnamen, den derart wenige Menschen tragen, wären allenfalls zwei oder drei Akademiker zu erwarten gewesen. Von den 18 Pepyses, die im Jahr 2012 lebten, haben allein vier einen medizinischen Doktor.
>
> Das will sagen: Die Familie Pepys ist eine Familie der britischen Oberschicht, und zwar bereits seit dem späten 15. Jahrhundert. Die Voraussage, dass, wer in diese Familie hineingeboren wird, es einmal gut hat im Leben (zumindest gemessen an materiellen Kriterien), ist mit sehr geringem Risiko behaftet. Clark hat in Cambridge parallel eine Familie Peeps (das spricht sich fast genauso wie Pepys) ausfindig gemacht, die ebenfalls über die Jahrhunderte überschaubar blieb, die es aber – abgesehen von zwei Ausreißern im Jahr 1530 – nie an die Universität und in akademische Berufe geschafft hat. Die Vorstellung, dass Status und Fähigkeiten unserer Vorfahren vor zwölf Generationen unsere Chancen bestimmen, heute ein Arzt oder ein reicher Mann zu werden, lässt einen frösteln und verletzt unsere Gefühle, dass eine faire Gesellschaft jedermann gleiche Startchancen bieten sollte.

Clark kommt in seinem Buch *The Son Also Rises* [221] zu dem Ergebnis, dass die soziale Mobilität in allen Gesellschaften und Ländern unabhängig von ihrer Struktur und Kultur äußerst gering ist. Das Maß der Mobilität zwischen den Generationen liegt gemäß seiner Untersuchungen in allen Gesellschaften zwischen 0,7 und 0,9. Ein Wert von 0 steht dabei für vollkommene soziale Mobilität, ein Wert von 1 für restlos fehlende Mobilität (das heißt, für soziale Starrheit). Sein Fazit ist, dass sich soziale Mobilität kaum von genetischer Vererbung unterscheiden lässt. Konsequenterweise folgert er, dass auf lange Sicht die größten Chancen für einen sozialen Aufstieg in der Einheirat in eine höhere Schicht/Klasse bestehen.

Leider dürfte auch dieser Weg im Allgemeinen eher verbaut sein, wie Rainer Hank in der Frankfurter Allgemeinen Zeitung (FAZ) anmerkte [222]:

> Doch die Menschen verhalten sich genau umgekehrt: Gleich und Gleich gesellt sich gern, und Reiche lieben am liebsten Reiche. Der Trend verstärkt sich sogar. Ob das ein Indiz dafür ist, dass es mit dem Wunsch nach Egalisierung (…) doch nicht so weit her ist? Man könnte es meinen. Dass bestimmte Gruppen besonders lange Elite (Juden, Kopten, Brahmanen) oder

Unterschicht (Schwarze in Amerika, Sinti) bleiben, dürfte jedenfalls auch mit dem sozialen Paarungsverhalten der Menschen zusammenhängen.

In den zitierten Worten Rainer Hanks fällt der interessante Ausdruck eines vermeintlichen „Wunsches nach Egalisierung“ (eine weitere Facette der Gleichheitsideologie) auf. Es gibt jedoch keinen solchen Wunsch. Wie in meinem Buch *Was ist Leben? Mit den Augen eines Systemtheoretikers* [223] betrachtet gezeigt wird, verhalten sich Menschen – wie alle Lebewesen – aufgrund der Struktur unseres Universums Kompetenzverlust vermeidend. Sollte ein gebildeter Mann der oberen Mittelschicht unbewusst der Ansicht sein, dass er seinen sozialen Status mit einer ähnlich gebildeten Partnerin aus der gleichen Schicht besser bewahren kann als mit einer hübsch aussehenden gering gebildeten und über nur geringe Sozialkompetenzen verfügenden Frau aus der Unterschicht, dann dürfte er sich im Allgemeinen für Erstere entscheiden. Auch im Aschenputtel-Märchen heiratet der Prinz die Magd letztlich nur deshalb, weil er genau spürt, dass sie eigentlich (sozial) seinesgleichen ist.

Und auch die FAZ würde nicht einfach jeden – getrieben von einem vermeintlichen Wunsch nach Egalisierung – als Journalisten einstellen, sondern die potenziellen Kandidaten gemäß Qualifikationen und sonstiger Eignung selektieren. Sonst könnte es nämlich nicht sein, dass die Medienschaffenden wohl auch politisch gerne unter sich bleiben, wie Untersuchungen und der Fall Eva Herman belegen [224].

Und schließlich widerspricht die Gleichheitsideologie den Lebenserfahrungen der meisten Menschen. Beispielsweise habe ich etlichen Kindern Nachhilfeunterricht in Mathematik erteilt. Die Unterschiede in der Auffassungsgabe waren – selbst bei Kindern des gleichen Elternhauses – zum Teil so groß, dass sie sozial nicht erklärt werden könnten. Auch widerspricht mein eigener Lebenslauf in eklatanter Weise der Gleichheitsideologie [225].

Anders als Gleichheit beziehungsweise Egalisierung ist Chancengleichheit jedoch zweifellos ein wichtiges soziales Anliegen. Alle Menschen sollten die gleichen Chancen und Rechte besitzen, unabhängig von ethnischer Herkunft, Geschlecht,

Behinderung, Religion, Weltanschauung, Alter oder sexueller Identität. Aber ist denn so etwas in unserer Gesellschaft tatsächlich gegeben?

Beispielsweise wurde Eva Herman aus ihren Fernsehdiensten entlassen, weil sie die falsche Weltanschauung besaß. Es waren ihre Kritik an „der Emanzipation" und den 68ern sowie ihr Einstehen für ein christlichkonservatives Familienbild, die den Ausschlag gaben. Ihr angebliches Lob für die Familienpolitik der Nationalsozialisten wurde ihr nur angedichtet, um sie als Kritikerin mundtot zu machen, wie die vorliegenden Analysen gezeigt haben.

Hinzu kommt, dass es beim Thema Gleichheit in der öffentlichen Debatte vorwiegend um ökonomische Gleichstellung geht. Eine womöglich noch viel größere Ungleichheit besteht jedoch beim Thema öffentliche Aufmerksamkeit/ Wahrnehmung.

Wäre ich beispielsweise ein genialer Physiker aus einfachem Hause (ähnlich etwa dem Mathematiker Will Hunting im US-amerikanischen Filmdrama *Good Will Hunting* [226]), der in seinem Keller ein größeres Gerät zusammengebastelt hat, mit dem er schwere dunkle Objekte [227] im Universum beobachten kann, und der damit nun als bislang einziger Mensch auf der Erde feststellen konnte, dass sich ein solches Objekt auf die Erde zubewegt und in ca. 25 Jahren auf ihr einschlagen wird, dann müsste ich trotz größter Anstrengungen um Aufmerksamkeit vermutlich erst DSDS gewinnen, bevor mir ausreichend Gehör geschenkt würde. Wahrscheinlicher ist, dass das Objekt auf der Erde einschlägt, bevor meine Warnungen gehört werden. Ein vergleichbares Problem hätte Dunja Hayali [228] dagegen nicht.

Und das liegt nicht nur daran, dass unsere Gesellschaft so ist wie sie ist oder dass die Menschen so sind wie sie sind. Es hat auch etwas damit zu tun, dass die Meinungsvielfalt und damit zugleich die Meinungsfreiheit von einer kleinen Teilgruppe der Gesellschaft, die sich im Besitz der alleinigen Deutungshoheit wähnt, systematisch beschnitten wird, indem entweder dafür gesorgt wird, dass die Meinung erst gar nicht wahrgenommen wird oder aber die gegnerischen Meinungsführer entwürdigt und sozial ausgegrenzt werden, notfalls per Fälschung.

Wer einmal die Gelegenheit hat, einen Blick in mein – zugegebenermaßen sehr anspruchsvolles – Buch *Was ist Leben? Mit den Augen eines Systemtheoretikers*[229] betrachtet zu werfen, dürfte unschwer erkennen, welch tiefe Einblicke in die Struktur unseres Universums und des Lebens sich dahinter verbergen. Auf diesen Einblicken beruht auch das Familienmanager-Konzept. Der Mensch hat vergleichbare organisatorische Probleme wie sie in unserer Gesellschaft seit Einführung der Gleichberechtigung der Geschlechter im reproduktiven Bereich (Bevölkerungsreproduktion, Familie, Nachwuchs) bestehen, im Laufe seiner Geschichte im Grunde immer auf die gleiche Weise gelöst, wie es auch mit dem Familienmanager-Konzept vorgeschlagen wird. Und selbst die Honigbienen haben sich entsprechend organisiert. Alle sozialen Aufgaben werden in Honigbienensozialstaaten von Weibchen wahrgenommen. Ihre Königinnen sind gewissermaßen die Familienmanagerinnen der Bienenkolonien. Selbst die Bienen waren aus systemischen Gründen also dazu gezwungen, sich entsprechend zu organisieren.

Wenn solche Vorschläge aber von den Medien nicht einmal aufgegriffen werden, damit sie in der Gesellschaft diskutiert, gegebenenfalls weiterentwickelt oder auch verworfen werden können, wenn ich als Autor gewissermaßen dazu gezwungen bin, meinen sozialen Vorschlag denkbaren Adressaten persönlich in Buchform in den Briefkasten zu legen, damit er überhaupt wahrgenommen wird, dann weiß ich ehrlich gesagt nicht, wofür die Medien überhaupt noch benötigt werden? Um mir Märchen über Eva Herman ins Ohr zu raunen? Oder die neuesten Äußerungen Angela Merkels zum Vorfall in Chemnitz? Oder Belanglosigkeiten am Morgen, Belanglosigkeiten am Abend?

Ein Großteil der klassischen Wege zur Unterbreitung von sozialen Vorschlägen ist, wie die obigen Ausführungen gezeigt haben, somit längst verbaut, das gilt auch für die wissenschaftlichen Publikationsmagazine im Bereich der Sozialwissenschaften. Es sollte deshalb ein neuer Weg geschaffen werden, auf dem auch ernsthafte nichtlinke (nicht mit der Gleichheitsideologie konform gehende) soziale Vorschläge unterbreitet, debattiert und bekannt gemacht werden können. Ich sage bewusst „Vorschläge". Deutschland und die anderen europäischen Länder werden sich kulturell und ökonomisch „abschaffen", sollte es ihnen in absehbarer Zeit nicht gelingen, zu einer nachhaltigen Bevölkerungsreproduktion zurückzukehren.

Und wenn ich an der Stelle vielleicht einmal bewusst ironisch anmerken darf: Da ich offenkundig zu ganz wenigen Personen in Deutschland zähle, die so intelligent sind, dass sie den in freier Rede von Eva Herman gesprochenen Dreizeller auf Anhieb verstanden haben (nicht einmal der BGH, führende Journalisten, Programmdirektoren, Linkspolitiker, Feministinnen, Schauspielerinnen und Verleger waren dazu in der Lage), könnte es ratsam sein, auch meinen Vorschlägen zur Familienproblematik einmal verstärkte Aufmerksamkeit zu schenken. Denn ich könnte hierbei gleichfalls etwas erkannt haben, das anderen nicht aufgefallen ist.

165 http://www.welt.de/fernsehen/article1252851/Eva-Hermans-Auftritt-bei-Kerner-im-Wortlaut-2.html
https://www.youtube.com/watch?v=476Fsu_zDCs (2/6), ab 05:01

166 https://de.wikipedia.org/wiki/Demografie_Deutschlands
https://www.presseportal.de/pm/32102/4102552

167 Siehe:
https://de.wikipedia.org/wiki/Zusammengefasste_Fruchtbarkeitsziffer

168 https://de.wikipedia.org/wiki/Antibabypille (abgerufen am 20.11.2018)

169 https://www.deutschlandfunkkultur.de/liebe-und-un-treue-nach-68-wer-zweimal-mit-derselben-pennt.976.de.html?dram:article_id=407378

170 https://www.deutschlandfunkkultur.de/liebe-und-un-treue-nach-68-wer-zweimal-mit-derselben-pennt.976.de.html?dram:article_id=407378

171 Udo Jürgens Song „Ein ehrenwertes Haus" erschien – der gesellschaftlichen Entwicklung entsprechend – im Jahr 1974:
https://www.youtube.com/watch?v=WRqTvqi-pVM

172 https://de.wikipedia.org/wiki/Sexuelle_Revolution

173 Mit ihren zum Teil noch recht stark an männlichen Interessen ausgerichteten Sprüchen wie „Wer zweimal mit derselben pennt, gehört schon zum Establishment".

174 Vergleiche Mersch, Peter (2019): Was ist Leben? Mit den Augen eines Systemtheoretikers betrachtet. Reiskirchen: Independently Published; Mersch, Peter (2019): Wie sich Deutschland noch retten lässt. (im Erscheinen)

175 https://www.presseportal.de/pm/32102/4102552

176 https://www-genesis.destatis.de/genesis/online, Tabelle 12211-0001.

177 https://www-genesis.destatis.de/genesis/online, Tabelle 12211-0001.

178 http://www.herwig-birg.de/downloads/dokumente/DemografischeUhr-Wirtschaftswoche.pdf
http://www.herwig-birg.de/downloads/dokumente/Birg-Gemeinschaftsaufgabe.pdf

179 http://www.welt.de/fernsehen/article1252851/Eva-Hermans-Auftritt-bei-Kerner-im-Wortlaut-2.html
https://www.youtube.com/watch?v=fy4O7esQtSQ (3/6), ab 07:24
https://www.youtube.com/watch?v=nSB-YmEJD6o (4/6), ab 00:00

180 Mersch, Peter (2019): Was ist Leben? Mit den Augen eines Sys-temtheoretikers betrachtet. Reiskirchen: Independently Published

181 Vergleiche:
https://de.wikipedia.org/wiki/Familienformen#Haus_/_Ganzes_Haus_/_Erweiterter_Haushalt

182 Träger, Jutta (2007): Neue Wege familialer Arbeitsteilung. Neuorientierung in der Familienpolitik? in: Auth, Diana/Holland-Cunz, Barbara (Hrsg.): Grenzen der Bevölkerungspolitik. Strategien und Diskurse demographischer Steuerung. Opladen: Verlag Barbara Budrich

183 Betzig, Laura L. (1986): Despotism and Differential Reproduction. A Darwinian View of History. New York, NY: Aldine Publishing Company

184 Man könnte diese Aussage auch als die Brasilianisierungsformel bezeichnen, denn aus exakt diesen Gründen wird in den entwickelten Ländern zunehmend Armut „produziert".

185 Bertram, Hans/Rösler, Wiebke/Ehlert, Nancy (2005): Nachhaltige Familienpolitik. Zukunftssicherung durch einen Dreiklang von Zeitpolitik, finanzieller Transferpolitik und Infrastrukturpolitik. Berlin: Bundesministerium für Familie, Senioren, Frauen und Jugend, S. 10

186 http://www.dhb-netzwerk-haushalt.de/

187 Friedan, Betty (1998): It Changed My Life: Writings on the Women's Movement. Boston: Harvard

University Press, S. 397. Im Original: „No, we don't believe that any woman should have this choice. No woman should be authorized to stay at home to raise her children. Society should be totally different. Women should not have that choice, precisely because if there is such a choice, too many women will make that one. It is a way of forcing women in a certain direction."

188 Schwarzer, Alice (2002): Der kleine Unterschied und seine großen Folgen. Frankfurt: Fischer Taschenbuch, S. 278f. (Hervorhebungen im Original)

189 Siehe Mersch, Peter (2019): Wie sich Deutschland noch retten lässt. (im Erscheinen)

190 Siehe Voraus-Denken statt zu spät Nach-Denken: Was kann es bedeuten, wenn der Islam sich in Deutschland ausbreitet?,
https://www.epochtimes.de/politik/deutschland/voraus-denken-statt-zu-spaet-nach-denken-was-kann-es-bedeuten-wenn-der-islam-sich-in-deutschland-ausbreitet-a2388984.html

191 Hakim, Catherine (2005): Work-Lifestyle Choices in the 21st Century. Preference Theory. Oxford: Oxford University Press; Bertram, Hans/Rösler, Wiebke/Ehlert, Nancy (2005): Nachhaltige Familienpolitik. Zukunftssicherung durch einen Dreiklang von Zeitpolitik, finanzieller Transferpolitik und Infrastrukturpolitik. Berlin: Bundesministerium für Familie, Senioren, Frauen und Jugend, S. 27ff.

192 Es gab und gibt den Beruf des Scharfrichters (Henkers), Söldners und Berufssoldaten. Und da soll es in unserer Gesellschaft prinzipiell nicht möglich sein, einen Ausbildungsberuf für das Aufziehen von eigenen Kindern einzuführen?

193 Mersch, Peter (2017): Die Familienmanagerin. Kindererziehung und Bevölkerungspolitik in Wissensgesellschaften. Erstauflage 2006. Norderstedt: Books on Demand; Mersch, Peter (2019): Wie sich Deutschland noch retten lässt. (im Erscheinen)

194 https://www.zeit.de/wissen/gesundheit/2018-08/kinder-und-jugendreport-gesundheit-kinder-bildungsstatus-karies-uebergewicht
https://www.aerztezeitung.de/politik_gesellschaft/praevention/article/970299/dak-analyse-bildung-eltern-beeinflusst-gesundheit-kinder.html
https://www.morgenpost.de/berlin/article215498111/Die-toten-Babys-von-Neukoelln.html
„In die Beratung von Butscher kommen vor allem türkische und arabische Frauen, in den letzten Jahren immer mehr Roma: ‚Gerade diese Frauen sind oft sehr jung und kriegen teilweise fünf Kinder in vier Jahren.'"

195 Mersch, Peter (2017): Die Familienmanagerin. Kindererziehung und Bevölkerungspolitik in Wissensgesellschaften. Erstauflage 2006. Norderstedt: Books on Demand; Mersch, Peter (2016): Familie als Beruf. Erstauflage 2008. Norderstedt: Books on Demand

196 Die Menschheit wird auf Dauer nur überleben und in Frieden miteinander auskommen können,

wenn ihr die Beherrschung der Bevölkerungsentwicklung gelingt. Ist das zu viel verlangt? Nun, wir waren auf dem Mond, wir haben Atomkraftwerke und der genetische Code ist auch entschlüsselt. Familienplanung und Abtreibung sind längst selbstverständlich geworden. Irgendwann wird man in der Lage sein, Menschen zu klonen und das Wetter zu beeinflussen. Und unter diesen Bedingungen soll es nicht möglich sein, über Maßnahmen zur zielgenauen Bestimmung zukünftiger Bevölkerungsgrößen nachzudenken, zumal man mit kaum etwas anderem die Welt nachhaltiger befrieden könnte?

197 https://de.wikipedia.org/wiki/Mosuo

198 Herman, Eva (2006): Die Emanzipation – ein Irrtum? In: Cicero, Ausgabe Mai 2006; https://www.cicero.de/kultur/die-emanzipation-%E2%80%93-ein-irrtum/37347

199 Herman, Eva (2006): Das Eva-Prinzip. Für eine neue Weiblichkeit. München/Zürich: Pendo

200 https://www.br.de/nachrichten/wissen/aufschrei-wegen-angeblich-genveraenderter-babys-aus-china,RAWEq0P

201 Unter Umständen kaufen sie ganze Straßenzüge auf.

202 MINT = Mathematik, Informatik, Naturwissenschaft und Technik

203 Herman, Eva (2006): Die Emanzipation – ein Irrtum? In: Cicero, Ausgabe Mai 2006; https://www.cicero.de/kultur/die-emanzipation-%E2%80%93-ein-irrtum/37347

204 Herman, Eva (2006): Das Eva-Prinzip. Für eine neue Weiblichkeit. München/Zürich: Pendo

205 Herman, Eva (2007): Das Prinzip Arche Noah. Warum wir die Familie retten müssen. München/Zürich: Pendo

206 https://www.morgenpost.de/berlin/article215498111/Die-toten-Babys-von-Neukoelln.html

207 Siehe: Longman, Phillip (2004): The Empty Cradle. How Falling Birthrates Threaten World Prosperity and What to Do about It. New York, NY: Basic Books; Mersch, Peter (2018): Hurra, wir werden Unterschicht! Zur Theorie der gesellschaftlichen Reproduktion. Erstauflage 2007. Norderstedt: Books on Demand

208 http://www.spiegel.de/kultur/gesellschaft/ndr-feuert-eva-herman-endlich-zeit-fuer-apfelkuchen-a-504723.html

209 Mersch, Peter (2019): Was ist Leben? Mit den Augen eines Systemtheoretikers betrachtet. Reiskirchen: Independently Published

210 http://www.spiegel.de/kultur/gesellschaft/ndr-feuert-eva-herman-endlich-zeit-fuer-apfelkuchen-a-504723.html

211 So genau weiß ich es leider nicht mehr.

212 Mersch, Peter (2018): Hurra, wir werden Unterschicht! Zur Theorie der gesellschaftlichen Reproduktion. Erstauflage 2007. Norderstedt: Books on Demand

213 Stearns, Stephen C./Hoekstra, Rolf F. (2005): Evolution. An introduction. Oxford: Oxford University Press, S. 2
Übersetzung aus dem Englischen Original von mir. Die Hervorhebungen wurden nachträglich eingefügt.
Originaltext: „The reproduction of the successful individuals then causes the frequency of the genes and the traits that they determine to increase in the next generation. As this process continues over generations, the population becomes better adapted, more capable of successfully surviving and reproducing, and the inheritance of the adaptive change is reflected in the genetic composition of the population."

214 Mersch, Peter (2019): Was ist Leben? Mit den Augen eines Systemtheoretikers betrachtet. Reiskirchen: Independently Published

215 https://de.wikipedia.org/wiki/Quark_(Physik)

216 https://de.wikipedia.org/wiki/Murray_Gell-Mann

217 https://www.br.de/nachrichten/wissen/aufschrei-wegen-angeblich-genveraenderter-babys-aus-china,RAWEq0P

218 https://www.sueddeutsche.de/wissen/hirnforschung-gleich-und-gleich-gesellt-sich-gern-1.1090668

219 An dieser Stelle darf ich mich für die mitunter etwas länglichen philosophischen Betrachtungen entschuldigen, die sich durch manche Kapitel ziehen. Aber in den Büchern von Richard David Precht finden Sie solche Darlegungen nicht, sonst hätte ich darauf verwiesen.

220 http://www.faz.net/aktuell/wirtschaft/wirtschaftspolitik/sozialer-aufstieg-die-neue-klassengesellschaft-12827187.html?printPagedArticle=true#pageIndex_2

221 Clark, Gregory (2014): The Son Also Rises. Surnames and the History of Social Mobility. Princeton, NJ: Princeton University Press

222 http://www.faz.net/aktuell/wirtschaft/wirtschaftspolitik/sozialer-aufstieg-die-neue-klassengesellschaft-12827187.html?printPagedArticle=true#pageIndex_2

223 Mersch, Peter (2019): Was ist Leben? Mit den Augen eines Systemtheoretikers betrachtet. Reiskirchen: Independently Published

224 http://www.spiegel.de/politik/deutschland/s-p-o-n-der-schwarze-kanal-warum-sind-so-viele-journalisten-links-a-895095.html
Vergleiche auch Endnote 293 auf Seite 201.

225 Als Schulkind erkrankte ich über einen längeren Zeitraum sehr schwer (insoweit war ich gewissermaßen ein benachteiligtes Kind). Im Abschlusszeugnis der Grundschule (damals Volksschule) stand neben allen Fächern die Note „ohne Bewertung". In Absprache mit meinem damaligen Klassenlehrer entschieden sich meine Eltern deshalb dafür, mich auf die Realschule

zu schicken, wo ich zwar ein guter, aber auch sehr gelangweilter Schüler war. Im Alter von 15 Jahren entdeckte ich im Bücherschrank meines Vaters zufällig ein Hochschulmathematikbuch („Infinitesimalrechnung für Ingenieure"). Bereits ein Jahr später ließ sich der Mathematiklehrer des dann besuchten Gymnasialzweigs der Höheren Handelsschule bei den Aufgabenstellungen und Lösungswegen von mir beraten. Soziale Erklärungen für Karrieren dieser Art, die in der Mathematik nicht einmal ungewöhnlich sind – siehe etwa die Lebensläufe der Mathematiker Carl Friedrich Gauß (https://de.wikipedia.org/wiki/Carl_Friedrich_Gau%C3%9F), Srinivasa Ramanujan (https://de.wikipedia.org/wiki/S._Ramanujan) und Évariste Galois (https://de.wikipedia.org/wiki/%C3%89variste_Galois) – existieren nicht. An der Universität lernte ich schließlich einen Mitstudierenden kennen, der über einige geistige Fähigkeiten verfügte (er konnte unter anderem ganze Bibliotheken visuell im Kopf speichern), die ich mir nicht einmal ansatzweise hätte vorstellen können. Erlernen kann man solche Fähigkeiten definitiv nicht.

Meine eigene Geschichte zeigt ganz nebenbei auch, dass die Lernanstrengung vom Lernenden selbst vollbracht werden muss. Es existiert kein Nürnberger Trichter (https://de.wikipedia.org/wiki/N%C3%BCrnberger_Trichter). Einige Kinder lernen leicht und gerne, andere nicht. Die Unterschiede sind zu erheblichen Anteilen angeboren. Menschen sind Individuen, die sich bereits aus natürlichen Gründen unterscheiden. Ich habe viele Menschen in meinem Leben kennengelernt – und dies fing schon in der Schule an –, denen das Erlernen von Sprachen viel leichter fiel als mir selbst. Umgekehrt habe ich mich bei allen MINT-Themen stets vergleichsweise leicht getan. Die soziologische Gleichheitsideologie bezweifelt letztlich, dass es solche markanten natürlichen Unterschiede zwischen Menschen gibt.

226 https://de.wikipedia.org/wiki/Good_Will_Hunting

227 Was auch immer das sein mag.

228 https://de.wikipedia.org/wiki/Dunja_Hayali

229 Mersch, Peter (2019): Was ist Leben? Mit den Augen eines Systemtheoretikers betrachtet. Reiskirchen: Independently Published

GLEICHSCHALTUNG

Der Skandal um den von Eva Herman erhobenen Vorwurf einer „gleichgeschalteten Presse“ gehört zweifellos zu den größten Absurditäten der bundesdeutschen Mediengeschichte. Er ist sowohl ein glänzendes Beispiel dafür, wie die Medien gewissermaßen aus dem Nichts (oder aus nichtigem Anlass) ihre Skandale selbst inszenieren, als auch für das in linken politischen Kreisen mittlerweile weit verbreitete Dogma: „Ich darf Nazi zu dir sagen, du jedoch nicht zu mir.“

Der SPIEGEL berichtete knapp zwei Wochen vor der Kerner-Sendung wie folgt über den von Eva Herman in der Öffentlichkeit erhobenen Gleichschaltungsvorwurf [230]:

> Eva Herman sieht sich als Opfer einer „gleichgeschalteten Presse“. Die 48-Jährige, die darauf besteht, mit ihren kritisierten Äußerungen falsch zitiert worden zu sein, sagte dem Medienmagazin „V.i.S.d.P“ in einem Interview: „So kühn kann man gar nicht denken, um sich auszumalen, was hier wirklich geschehen ist: Ein vorsätzliches Liquidieren durch eine zum Teil gleichgeschaltete Presse.“
>
> Eine höchst fragwürdige Wortwahl: Der Begriff „Gleichschaltung“ entstammt der Terminologie des Nationalsozialismus und meint eine erzwungene ideologische Ausrichtung aller politischgesellschaftlichen, wirtschaftlichen und kulturellen Organisationen auf die in einem totalitären Staat herrschende Partei. Ziel ist die Beseitigung des gesellschaftlichen Pluralismus. Auch das Wort „liquidieren“ entstammt dem NS-Vokabular. Es ist einer jener perfiden Euphemismen, die als Synonyme für Mord benutzt wurden.

Im zweiten Teil des Textes versucht der Verfasser (oder die Verfasserin) besonders klug zu wirken, dabei ist die Anmerkung im gegebenen Kontext eingebildet und dumm, wie auf den nächsten Seiten noch gezeigt wird.

Eva Hermans Vorwurf einer gleichgeschalteten Presse war selbstverständlich auch Gegenstand der Kerner-Sendung. Die in diesem Zusammenhang entstandene Kontroverse leitete gewissermaßen ihren vorzeitigen „Hinauswurf“ aus der Sendung ein.

Von den Medien war noch am gleichen oder spätestens am nächsten Tag fast gleichlautend über das Geschehen berichtet worden, beispielsweise von der Frankfurter Allgemeinen Zeitung (FAZ) am 09.10.2018 [231]:

> Johannes B. Kerner hat am Dienstag während der Aufzeichnung seiner ZDF-Talkshow die umstrittene ehemalige Moderatorin Eva Herman aus der Gesprächsrunde ausgeschlossen. Zuvor hatte Kerner fast 50 Minuten lang die 48-Jährige immer wieder gefragt, ob sie ihre in die Kritik geratenen Äußerungen zu den familiären Werten im Nationalsozialismus heute so wiederholen würde.
>
> Doch Herman wich mehrfach aus und ergänzte: Wenn man nicht über Familienwerte der Nazis reden dürfe, könne man auch nicht über die Autobahnen sprechen, die damals gebaut wurden. Zudem sagte sie, dass man nicht mehr über deutsche Geschichte reden könne, ohne sich zu gefährden. Daraufhin sagte Kerner: „Ich entscheide mich für die anderen drei Gäste und verabschiede mich von Eva Herman."

Und auf SPIEGEL ONLINE am 10.10.2007 [232]:

> Kerner schloss Eva Herman während der Aufzeichnung der Show nach etwa 50 Minuten aus der Gesprächsrunde aus. Zuvor hatte der Moderator die 48-Jährige immer wieder gefragt, ob sie ihre Äußerungen zu den familiären Werten im Nationalsozialismus heute so wiederholen würde. Doch Herman wich mehrfach aus und ergänzte: Wenn man nicht über Familienwerte der Nazis reden dürfe, könne man auch nicht über die Autobahnen sprechen, die damals gebaut wurden. Zudem sagte sie, dass man nicht mehr über deutsche Geschichte sprechen könne, ohne sich zu gefährden.

Ähnlich klingende Berichte über den Vorfall waren in praktisch allen großen deutschen Medien zu lesen, ganz so, als wollte man Eva Hermans Gleichschaltungsvorwurf – aber auch den in der Öffentlichkeit gemachten Vorwurf der „Lügenpresse" – nachträglich beweisen. Die Artikel sind bis heute im Internet abrufbar. Ihre Inhalte stellen aus heutiger Sicht Fake News dar.

Denn tatsächlich wurde in der Kerner-Sendung das Folgende gesagt [233]:

Kerner: Du hast Dich darüber beschwert und hast gesagt, also die Formulierung war, hast dich beschwert über die „gleichgeschaltete Presse“ in dieser Angelegenheit.

Herman: Ja.

Kerner: Das ist keine glückliche Wortwahl. Weil auch dieses Wort kommt aus dem Dritten Reich wie uns der Historiker sagen kann.

Herman: Ja, aber das hatte ja der Spiegel dann auch gleich in seiner Online-Ausgabe aufgegriffen, und daraufhin musste man nur mal googeln in welchem Zusammenhang alleine der Spiegel diesen Begriff benutzt hat, und man wird fündig in mehreren Zusammenhängen.

Kerner: Das mag ja stimmen, es ist ja nicht nur das eine falsch, wenn das andere...

Wippermann: Nein also, das stimmt nun nicht, das „Gleichschaltung“ kein nationalsozialistischer Begriff ist. Natürlich war „Gleichschaltung“ ein nationalsozialistischer Begriff. Gleichschaltung der Parteien, der Verbände und der Länder. Und sie haben hier einen nationalsozialistischen Begriff gebraucht. Und ich finde es irgendwie sehr problematisch, dass sie Zitate, dieses Zitat, dem haben sie ja auch ihre Entlassung zu verdanken, das ist in allen Zeitungen. Jetzt sagen Sie, das hat‘s nicht gegeben. So kann man da nicht mit umgehen als Historiker. Das ist doch sozusagen da.

Herman: Also wie Sie damit umgehen, kann ich auch nicht damit umgehen, das tut mir leid.

Wippermann: Und deswegen machen sie jetzt Verschwörungsideologien und sprechen von verlorenen Bändern, an die man nicht mehr rankommt.

Herman: Ja.

Wippermann: Das ist eine Verschwörungspathologie, die sie dort haben. Also, das ist doch sehr problematisch.

Herman: Seien Sie doch ein bisschen vorsichtig mit dem was Sie hier äußern mir gegenüber. Und ich möchte jetzt auch ehrlich gesagt zu Ihnen gar nicht mehr Stellung nehmen. Und ich möchte auch nicht mehr Stellung nehmen zu weiteren Vorwürfen in diesem Zusammenhang, denn nochmal: Sie müssen nur Google eingeben, und da können sie jede Zeitung durchgehen, welche Zeitung diesen Begriff bereits benutzt hat.

Kerner: Aber auch falsch, auch falsch.

Herman: Natürlich ist er da benutzt worden. Aber es sind auch Autobahnen damals gebaut worden und wir fahren heute drauf. Moment.

Wippermann (ruft): Ja, das ist ja das Schöne. Adolf hat die Autobahnen gebaut – ja, das war es (ironisch). Das Autobahn-Argument ist das beste (ironisch).

Berger: Das ist der nächste Satz, der zitiert wird.

Schreinemakers: Das kann nicht sein, was Du hier sagst. Tut mir leid. Egal wer hier auch immer applaudiert, es tut mir leid. Das kannst Du so nicht sagen.

Und kurz darauf [234]:

Kerner: Glaubst du, dass nur die anderen Fehler gemacht haben und du keinen?

Herman: Nein, natürlich, man macht immer, jeder macht Fehler. Mein Fehler ist es vielleicht gewesen, nicht von Anfang an sofort auf die Herausgabe des Materials noch deutlicher zu dringen, wenngleich es ja gar nicht möglich gewesen wäre, weil es bis heute nicht erschienen ist.

Kerner: Aber deine Formulierung war nicht fehlerhaft, die würdest du auch wieder so benutzen, weil, da hast du nichts falsch gemacht?

Herman: Nochmal, ich spreche von der ganzen Presse. Wir können doch nicht nur sagen, es geht um ein Zitat.

Kerner: Nee nee, deine Formulierung, nicht die verkürzte! Würdest du das heute alles genauso wieder machen und sagen? Ich will dich ganz fair behandeln und ich will dir alle Möglichkeiten geben, dies darzustellen.

> *Herman:* Ich könnte jetzt sagen, ich würde es wieder so machen. Aber natürlich wird man durch solche Dinge, durch solche Vorfälle vorsichtiger. Ich muss einfach lernen, dass man über den Verlauf unserer Geschichte nicht sprechen kann, ohne in Gefahr zu geraten. Ja.

Wie unmittelbar ersichtlich wird, hatte Eva Herman in der Sendung nicht – wie es von einem Großteil der Medien später behauptet wurde – gesagt, dass wenn man nicht über Familienwerte der Nazis reden dürfe, könne man auch nicht über die Autobahnen sprechen, die damals gebaut wurden." Im Grunde handelt es sich bei dem aus den damaligen Presseartikeln zitierten Satz um einen weiteren Verhörer à la Barbara Möller. Man könnte fast glauben, es falle vielen Journalisten schwer, genau hinzuhören.

Tatsächlich verwies Eva Herman auf die von Hitler gebauten Autobahnen im Rahmen der Diskussion um den von ihr verwendeten Gleichschaltungsbegriff. Ihr gemäß beschreibt der Begriff einen sozialen/politischen Status beziehungsweise Prozess, der zwar von den Nationalsozialisten dafür auch verwendet wurde, auf ähnliche Vorgänge aber in gleicher Weise angewendet werden kann.

Und tatsächlich beschreibt nicht einmal Wikipedia den Begriff als ausschließlich nationalsozialistisch [235]:

> Gleichschaltung bezeichnet im politischkulturellen Zusammenhang eine Strategie, die besonders in der Zeit des Nationalsozialismus zentrale Bedeutung erlangte. Ab den 1930er-Jahren bezeichnete das Wort den Prozess der Vereinheitlichung des gesamten gesellschaftlichen und politischen Lebens in der Machteroberungsphase in Deutschland. Ziel war es, bis 1934 den als Zerrissenheit verstandenen Pluralismus in Staat und Gesellschaft aufzuheben und eine Diktatur mit nur einem Machtzentrum zu errichten.
>
> Mit der Gleichschaltung strebte man an, alle Bereiche von Politik, Gesellschaft und Kultur gemäß den nationalsozialistischen Vorstellungen zu reorganisieren.

Eva Herman merkte in der Kerner-Talkshow zu Recht an, dass der Gleichschaltungsbegriff auch in anderen Veröffentlichungen (etwa vom SPIEGEL selbst) für vergleichbare Prozesse (in totalitären, diktatorischen

Systemen) verwendet wird. Beispielhaft sei an dieser Stelle ein auf der Website der *Bundeszentrale für Politische Bildung* (bpb) veröffentlichter Artikel des Politologen Felix Riefer aus dem Mai 2017 über die russische Staatsführung seit Putin angeführt. Darin liest sich unter anderem [236]:

> Ausgehend von der Logik dieses Mythos artikulierte die russische Staatsführung seit dem Amtsantritt Putins als Präsident zum Jahreswechsel 1999/2000 zunehmend offensiv ihre Unzufriedenheit mit Russlands internationaler Rolle – die postbipolare, postsowjetische, postimperiale Stellung des Landes entsprach nicht den eigenen Vorstellungen und sollte nicht länger akzeptiert werden. So wurden die „Wunderjahre" nach und nach zur „geopolitischen Katastrophe" uminterpretiert. Spätestens der russischgeorgische Krieg im August 2008 zeigte deutlich, dass Russland die anderen Nachfolgestaaten der Sowjetunion nach wie vor als seine Vorhöfe betrachtet.
>
> Zugleich betrieb der Kreml eine rigide Rezentralisierungspolitik: Schlüsselindustrien wurden zunehmend wieder unter staatliche Kontrolle gebracht, Medien regelrecht gleichgeschaltet und jedwede ernstzunehmende Opposition weitgehend zerschlagen.

Wolfgang Wippermann war der ehemaligen Tagesschausprecherin auch bei diesem Thema intellektuell nicht gewachsen, wie das Protokoll der Kerner-Sendung offenbart. Selbstverständlich war Gleichschaltung ein bedeutsamer Begriff des Nationalsozialismus, niemand in der Runde hatte dies bestritten. Allerdings ist der Begriff weder von den Nazis erfunden worden, noch besaßen sie je ein Monopol darauf. Man kann ihn deshalb auch heute noch für vergleichbare soziale Entwicklungen verwenden, wie das Beispiel des Artikels auf bpb.de demonstriert. Eva Hermans Vergleich mit den Autobahnen war deshalb zutreffend und angemessen. Sie hätte auch sagen können: „Nur weil Adolf Hitler ständig von der Vorsehung sprach, muss der Islam noch lange nicht auf seinen Glaubensartikel von der göttlichen Vorsehung verzichten. Und nur weil die Nationalsozialisten einen Großteil der deutschen Autobahnen gebaut haben, bin ich heute nicht verpflichtet, ausschließlich Landstraßen zu fahren."

Ihr Verweis auf die Autobahnen war kein Lob des Nationalsozialismus. Wer dies nicht verstanden hatte, war Eva Hermans Intellekt und Argumentation nicht gewachsen.

Ärgerlich war zudem, dass Wolfgang Wippermann auch an dieser Stelle darauf beharrte, dass Eva Herman die von ihr auf ihrer Pressekonferenz getätigte Äußerung leugne:

> Und ich finde es irgendwie sehr problematisch, dass sie Zitate, dieses Zitat, dem haben sie ja auch ihre Entlassung zu verdanken, das ist in allen Zeitungen. Jetzt sagen Sie, das hat's nicht gegeben. So kann man da nicht mit umgehen als Historiker.

In einem MINT-Fach [237] hätte es Wolfgang Wippermann mit dieser Argumentationsweise wohl nicht einmal durchs Vorexamen geschafft. Eva Herman bestritt zu keinem Zeitpunkt in der Sendung, dass die zu Beginn der Kerner-Talkshow angezeigte und diskutierte Äußerung von ihr war. Sie bestritt lediglich – und das zu Recht, wie im Kapitel *Was Eva Herman wirklich sagte* minutiös aufgezeigt wurde –, dass sie mit ihrer Äußerung weder die Familienpolitik noch die Familienwerte der Nationalsozialisten gelobt hatte. Wolfgang Wippermann hätte einfach nur genauer zuhören und sich besser auf die Sendung vorbereiten sollen.

Ich muss allerdings gestehen, dass mir Eva Hermans Argumentationsweise im dem gegebenen Zusammenhang oftmals zu sanft, zivilisiert und auch christlich war, so als handelte sie gemäß der Vorgabe: „Wenn dich einer auf die linke Wange schlägt, dann halt ihm auch die andere hin."

Konkret: Mitunter wünschte ich mir, dort säße nicht Eva Herman auf der TV-Anklagebank, sondern Klaus Kinski. Um dann zunächst mit sehr leiser Stimme, ja fast flüsternd zu sagen: „Sie wagen es mir vorzuwerfen, von einer *Gleichschaltung* der Medien zu sprechen, während die Medien bei mir von einem *Mutterkreuzzug* schwafeln dürfen? Was bilden Sie sich denn ein?" Alles Weitere überlasse ich der Fantasie des Lesers.

Eva Herman hätte nämlich lediglich darauf hinweisen müssen, dass der NDR zu ihrer Kündigung mit einer *Pressemitteilung* an die Öffentlichkeit getreten war (siehe Seite 100), in der der damalige Programmdirektor des NDR und heutige Programmdirektor des ARD-Gemeinschaftsprogramms „Das Erste"

Volker Herres mit den Worten zitiert wird, dass es Frau Herman freistehe, ihren „Mutterkreuzzug“ fortzusetzen. Oder dass Susanne Lang es ihm in ihrem infamen taz-Artikel *Mutterkreuzzug: Es war nichts gut an Eva* [238] vom 10.09.2007 gleichgetan hatte.

Auch hätte sie anmerken können, dass ihr Cicero-Artikel *Die Emanzipation – ein Irrtum?* [239] von Alice Schwarzer in einem SPIEGEL-Interview [240] vom 29.05.2006 als eine „Suada zwischen Mutterkreuz und Steinzeitkeule“ bezeichnet wurde, der gleiche SPIEGEL also, der sie zwei Wochen vor der Kerner-Sendung wegen der Verwendung des Gleichschaltungswortes gerügt hatte.

Und deutlich nach der Kerner-Sendung schrieb Wolfgang Wippermann in seinem Buch *Autobahn zum Mutterkreuz* [241] gleichfalls, dass Eva Herman einen „Mutterkreuzzug“ führe. Offenbar hatte er nichts aus der Sendung gelernt.

Anders als Gleichschaltung ist Mutterkreuz tatsächlich ein ausschließlich nationalsozialistischer Begriff. Er steht für ein Abzeichen, das in Deutschland als verfassungsfeindlich gilt. Sein öffentliches Tragen ist verboten. Ganz entsprechend heißt es auf Wikipedia dazu [242]:

> Das Ehrenkreuz der Deutschen Mutter, kurz Mutterkreuz, wurde am 16. Dezember 1938 per Verordnung von Adolf Hitler gestiftet. (...) Die Eingangsworte dieser Verordnung lauteten: „Als sichtbares Zeichen des Dankes des Deutschen Volkes an kinderreiche Mütter stifte ich das Ehrenkreuz der Deutschen Mutter.“ (...)
>
> Das Abzeichen zählt in der Bundesrepublik Deutschland zu den verfassungsfeindlichen Propagandamitteln. Sein Herstellen, öffentliches Tragen oder Verbreiten ist verboten.

Hinzu kommt, dass der Ausdruck „Mutterkreuzzug“ direkt an Eva Herman adressiert war und somit eine persönliche Beleidigung darstellte, während Eva Hermans Vorwurf der gleichgeschalteten Medien einen eher allgemeinen politischen Charakter hatte. Eva Herman hatte keineswegs behauptet, dass etwa Susanne Lang von der taz gleichgeschaltet sei.

Der Fall offenbart die ungeheure Arroganz eines Großteils der Medienschaffenden, des Feminismus und der politischen Linken: Dort scheint man tatsächlich zu meinen, man habe ein Monopol darauf, andere Menschen mit Nazi-Begriffen zu beleidigen. Und was noch deutlich fataler ist: Man besitze auch das moralische Recht, Andersdenkende auf diese Weise in die Enge zu treiben und sozial auszugrenzen.

Wir sollten sie der Demokratie und Meinungsfreiheit zuliebe damit nicht durchkommen lassen.

230 SPIEGEL ONLINE, 28.09.2007: Streit um Mutterbegriff: Herman wehrt sich gegen Medien – mit NS-Begriffen, http://www.spiegel.de/kultur/gesellschaft/streit-um-mutterbegriff-herman-wehrt-sich-gegen-medien-mit-ns-begriffen-a-508529.html

231 FAZ, 09.10.2007: AUSWEICHENDE ANTWORTEN: Kerner wirft Eva Herman aus seiner Talkshow, http://www.faz.net/aktuell/feuilleton/medien/ausweichende-antworten-kerner-wirft-eva-herman-aus-seiner-talkshow-1492731.html

232 SPIEGEL ONLINE, 10.10.2007: TV-Eklat: Kerner wirft Eva Herman aus seiner Sendung, http://www.spiegel.de/kultur/gesellschaft/tv-eklat-kerner-wirft-eva-herman-aus-seiner-sendung-a-510476.html

233 http://www.welt.de/fernsehen/article1252851/Eva-Hermans-Auftritt-bei-Kerner-im-Wortlaut-2.html
https://www.youtube.com/watch?v=nSB-YmEJD6o (4/6), ab 03:16
https://www.youtube.com/watch?v=YBghghmQ2k8 (5/6), ab 00:00

234 http://www.welt.de/fernsehen/article1252851/Eva-Hermans-Auftritt-bei-Kerner-im-Wortlaut-2.html
https://www.youtube.com/watch?v=YBghghmQ2k8 (5/6), ab 09:04

235 https://de.wikipedia.org/wiki/Gleichschaltung (abgerufen am 24.11.2018)

236 http://www.bpb.de/apuz/248508/die-erzaehlung-vom-ende-der-sowjetunion-als-aussenpolitischer-referenzpunkt?p=all

237 MINT = Mathematik, Informatik, Naturwissenschaft und Technik

238 http://www.taz.de/!5195290/

239 Herman, Eva (2006): Die Emanzipation – ein Irrtum? In: Cicero, Ausgabe Mai 2006; https://www.cicero.de/kultur/die-emanzipation-%E2%80%93-ein-irrtum/37347

240 http://www.spiegel.de/spiegel/print/d-47074011.html

241 Wippermann, Wolfgang (2008): Autobahn zum Mutterkreuz. Historikerstreit der schweigenden Mehrheit. Berlin: Rotbuch, S. 17

242 https://de.wikipedia.org/wiki/Mutterkreuz (abgerufen am 24.11.2018)

LÜGENPRESSE UND FAKE NEWS

> Macht entsteht nicht durch eine Marke oder eine Knarre. Macht entsteht, wenn man lügt. Lügen im großen Stil und nach Ihrer Pfeife tanzt die Welt. Wenn Sie erst mal jeden davon überzeugt haben, dass sein eigenes Gefühl ihn täuscht, haben Sie die Welt bei den Eiern. (Sin City) [243]

Im Zusammenhang mit der Verbreitung von Falschmeldungen im Internet oder den Medien werden in der Öffentlichkeit primär zwei unterschiedliche Begriffe verwendet, einerseits der aus dem englischen Sprachraum stammende Begriff *Fake News* für die Nachricht an sich, andererseits das auf eine längere deutsche Geschichte zurückblickende und 2014 zum Unwort des Jahres [244] gekürte Wort der *Lügenpresse*.

Gemäß Wikipedia sind Fake News [245]:

> (...) manipulativ verbreitete, vorgetäuschte Nachrichten [...], die sich überwiegend im Internet, insbesondere in sozialen Netzwerken und anderen sozialen Medien zum Teil viral verbreiten. Zunehmend wurde Fake News auch zu einem politischen Schlagwort und Kampfbegriff. Der Rechtschreibduden, der den Begriff 2017 in die 27. Ausgabe aufnahm, definiert ihn als „umgangssprachlich für in den Medien und im Internet, besonders in den Social Media, in manipulativer Absicht verbreitete Falschmeldungen".

In der Öffentlichkeit wird oft behauptet, dass Fake News ein ausschließliches Phänomen der sozialen Medien und des Internets seien, nicht aber der sogenannten Qualitätsmedien (Zeitungen/Zeitschriften, Öffentlichrechtlicher Rundfunk, private Rundfunk- und Fernsehsender). Wie das vorliegende Buch gezeigt hat, ist dies nicht der Fall. Die allgemeinere Definition des Rechtschreibdudens, gemäß der *Fake News* in manipulativer Absicht verbreitete Falschmeldungen in den Medien und im Internet sind, ist in seiner Allgemeinheit somit zutreffender.

Dies gilt umso mehr, als der Fake News-Begriff bereits vor mehr als 100 Jahren erstmalig verwendet wurde [246]:

> Den Herausgebern des Webster's Dictionary zufolge gehen die Anfänge des Begriffs Fake News mindestens auf das Jahr 1890 zurück. Auf der Website des Verlags wird als Beispiel hierfür die Schlagzeile „Secretary Brunnell Declares Fake News About His People is Being Telegraphed Over the Country" genannt.

In einem engen Verhältnis zum Begriff der „Fake News" steht auch der Ausdruck der „Alternativen Fakten". Die *Sprachkritische Aktion* wählte ihn im Januar 2018 mit der folgenden Begründung zum Unwort des Jahres 2017 [247]:

> Die Bezeichnung „alternative Fakten" ist der verschleiernde und irreführende Ausdruck für den Versuch, Falschbehauptungen als legitimes Mittel der öffentlichen Auseinandersetzung salonfähig zu machen. Zwar ist der Ausdruck nur aus dem US-amerikanischen Kontext und dort nur aus einem einzelnen Redebeitrag belegt: Die Trump-Beraterin Kellyanne Conway bezeichnete die falsche Tatsachenbehauptung, zur Amtseinführung des Präsidenten seien so viele Feiernde auf der Straße gewesen wie nie zuvor bei entsprechender Gelegenheit, als „alternative Fakten". Der Ausdruck ist seitdem aber auch in Deutschland zum Synonym und Sinnbild für eine der besorgniserregendsten Tendenzen im öffentlichen Sprachgebrauch, vor allem auch in den sozialen Medien, geworden: „Alternative Fakten" steht für die sich ausbreitende Praxis, den Austausch von Argumenten auf Faktenbasis durch nicht belegbare Behauptungen zu ersetzen, die dann mit einer Bezeichnung wie „alternative Fakten" als legitim gekennzeichnet werden. Mit der Wahl dieser Wortverbindung zum Unwort des Jahres 2017 schließen wir uns daher den kritischen Stimmen in Deutschland an, die durch den im Deutschen fast ausschließlich distanzierenden Gebrauch des Ausdrucks warnend auf diese Tendenzen in der öffentlichen Kommunikation hinweisen. Der Ausdruck wurde 65-mal eingeschickt.

Alternative Fakten stellen also gewissermaßen Fake News (oder schwächer: nicht belegbare Behauptungen) dar, die im Debatten als vermeintlich legitime Argumente eingesetzt werden. In diesem Sinne wären praktisch alle Glaubensaussagen (beispielsweise die Behauptung, dass der Koran wissenschaftlich beweisbar, das bis auf den heutigen Tag den Menschen unverändert gebliebene unmittelbare Wort Gottes sei [248]) alternative Fakten.

Einen etwas anderen Charakter besitzt der Begriff der Lügenpresse. Wikipedia beschreibt ihn wie folgt [249]:

Lügenpresse ist ein politisches Schlagwort, das polemisch und in herabsetzender Absicht auf mediale Erzeugnisse gerichtet ist und sich seit der Mitte des 19. Jahrhunderts im deutschen Sprachraum nachweisen lässt. Zunächst wurde es gelegentlich von konservativen Katholiken, zumeist mit einem antisemitischen Hintergrund, gegen die im Zuge der bürgerlichen Revolutionen entstandene liberale Presse verwendet. Im Kontext des Ersten Weltkrieges fand „Lügenpresse" sehr viel häufiger Verwendung; hier bezeichnete es aus Sicht Deutschlands und Österreich-Ungarns die Presse der Feindstaaten. Sowohl vor als auch im Nationalsozialismus nutzten NS-Agitatoren das Schlagwort im Rahmen ihrer antisemitischen Verschwörungstheorie zur Herabsetzung von Gegnern als Kommunisten und Juden sowie der Behauptung einer Steuerung der Presse durch ein „Weltjudentum". Nach der „Machtergreifung" und der Gleichschaltung der Inlandspresse wurden die Medien der späteren Kriegsgegner mit „Lügenpresse" geschmäht. (…)

Seit Beginn des 21. Jahrhunderts wird der Begriff Lügenpresse – zumal in Deutschland – vorrangig von rechtsextremen und rechtspopulistischen, völkischen oder auch fremdenfeindlichen und islamophoben Kreisen verwendet, zunächst von Teilen der Hooligan-Szene, bekannter seit 2014 als Parole bei den von Dresden ausgehenden Pegida-Demonstrationen sowie bei Demonstrationen der AfD. Hier ist sie mit Gewaltdrohungen und Gewalt gegen Journalisten eng verbunden.

Mit anderen Worten: Lügenpresse ist ein sich gegen einen Teil oder die Gesamtheit der inländischen oder ausländischen Medien richtender politischer Begriff. Er unterstellt den mit dem Ausdruck bezichtigten Medien, dass sie gezielt „Fake News" oder andere Nachrichtenfälschungen produzieren. Mitunter wird ihm ein verschwörungstheoretischer Charakter unterstellt. Wie im Laufe der Ausführungen noch gezeigt wird, muss dies aber nicht zwingend der Fall sein.

Gemäß der Wikipedia-Beschreibung lässt sich der Begriff der „Lügenpresse" bereits seit Mitte des 19. Jahrhunderts im deutschen Sprachraum nachweisen. Der Fall Eva Herman war also – formal gesehen – keineswegs die Geburtsstunde des Lügenpresse-Wortes, wie es der Titel des vorliegenden Buchs zu suggerieren scheint. Gemeint ist dort seine aktuelle Verwendung im 21. Jahrhundert.

Und in der Tat war auch mein Vertrauen in die Medien bis unmittelbar vor dem Eva Herman-Skandal insgesamt noch recht groß. Mir war zwar durchaus bewusst, dass es immer wieder zu vereinzelten Falschmeldungen, Übertreibungen, Auslassungen und anderen Nachrichtenfälschungen kam. Allerdings hätte ich mir bis dahin nie ernsthaft vorstellen können, dass die gesamte Presselandschaft in einer Art konzertierten Aktion aus einem violetten Auto kollektiv ein braunes Fahrzeug macht und bei dieser Behauptung – trotz klarer Gegenbelege – unbeirrt über alle Verlags- und Mediengrenzen hinweg bleibt. Damals glaubte ich noch an eine Art funktionierender Selbstkorrektur innerhalb der Presse.

In dieser Hinsicht hat der Eva Herman-Skandal meinen Blick auf die Medien fundamental verändert. Ich sah danach auch keinen rechten Grund mehr, Geld für Presseerzeugnisse auszugeben: Wenn die Nachrichten so wenig verlässlich waren und wenn aus einem einfachen – absichtlichen oder unabsichtlichen – Missverständnis seitens der Medien ein solches Rad gedreht werden kann, das niemand mehr aufzuhalten in der Lage ist, sodass die betroffene Person am Ende ihren Job und auch ihre gesellschaftliche Würde verliert, dann wollte ich dazu kein eigenes Geld mehr beisteuern. Bei dieser Einstellung ist es bis heute geblieben.

Die *Sprachkritische Aktion* wählte im Januar 2015 „Lügenpresse" mit der folgenden Begründung zum Unwort des Jahres 2014 [250]:

> Das Wort „Lügenpresse" war bereits im Ersten Weltkrieg ein zentraler Kampfbegriff und diente auch den Nationalsozialisten zur pauschalen Diffamierung unabhängiger Medien. Gerade die Tatsache, dass diese sprachgeschichtliche Aufladung des Ausdrucks einem Großteil derjenigen, die ihn seit dem letzten Jahr als „besorgte Bürger" skandieren und auf Transparenten tragen, nicht bewusst sein dürfte, macht ihn zu einem besonders perfiden Mittel derjenigen, die ihn gezielt einsetzen. Dass Mediensprache eines kritischen Blicks bedarf und nicht alles, was in der Presse steht, auch wahr ist, steht außer Zweifel. Mit dem Ausdruck „Lügenpresse" aber werden Medien pauschal diffamiert, weil sich die große Mehrheit ihrer Vertreter bemüht, der gezielt geschürten Angst vor einer vermeintlichen „Islamisierung des Abendlandes" eine sachliche Darstellung gesellschaftspolitischer Themen und differenzierte Sichtweisen entgegenzusetzen. Eine solche pauschale Verurteilung verhindert fundierte

> Medienkritik und leistet somit einen Beitrag zur Gefährdung der für die Demokratie so wichtigen Pressefreiheit, deren akute Bedrohung durch Extremismus gerade in diesen Tagen unübersehbar geworden ist.

Im letzten Satz der zitierten Begründung wird die „für die Demokratie so wichtige Pressefreiheit" angesprochen. Eine Möglichkeit, deren Status einzuschätzen, stellt die jährlich von *Reporter ohne Grenzen* [251] publizierte weltweite *Rangliste der Pressefreiheit* dar.

In der im April 2016 veröffentlichten Rangliste verschlechterte sich Deutschland unter 180 Nationen gegenüber dem Vorjahr um 4 Positionen auf den 16. Platz [252]. Zwei Jahre zuvor hatte es noch auf dem 10. Rang gelegen [253].

Michael Rediske von *Reporter ohne Grenzen* erläuterte die Verschlechterungen gegenüber der Berliner Zeitung mit einem ausdrücklichen Verweis auf das gegen die Medien gerichtete Lügenpresse-Bashing auf Demonstrationen und im Internet [254]:

> Hauptgrund dafür ist die massiv gestiegene Zahl von Übergriffen gegen Medienvertreter, vor dem Hintergrund eines allgemeinen Journalisten-Bashings – unter dem Schlagwort „Lügenpresse". Beleidigungen im Internet und etwa auf Demonstrationen von Pegida und AfD sind alltäglich geworden, in einer Weise, wie wir es bis dato noch nicht erlebt hatten.

Allerdings lag Deutschland im Jahr 2007 in der Pressefreiheits-Rangliste noch deutlich schlechter auf dem 20. [255] und im Jahr 2013 auf dem 17. Rang [256]. Für die Einstufung des Jahres 2013 lautete die Begründung [257]:

> Problematisch ist hier vor allem die abnehmende Vielfalt der Presse: Aus Geldmangel arbeiten immer weniger Zeitungen mit eigener Vollredaktion, mehrere Redaktionen wurden 2012 komplett geschlossen. Gleichzeitig investieren Unternehmen und PR-Agenturen steigende Summen, um ihre Inhalte in den Medien unterzubringen. Zudem gelangen Journalisten oft nur schwer an Informationen von Behörden. Mit Sorge beobachtete ROG die Diskussionen um ein neues Gesetz zur Vorratsdatenspeicherung und Drohungen radikaler Gruppen gegen kritische Berichterstatter.

Ähnliche Ereignisse wie in der Erläuterung von Michael Rediske für die 2016-Bewertung werden auch im 2018-Bericht von *Reporter ohne Grenzen* genannt, demzufolge Deutschland nun weltweit auf dem 15. Platz in der Presse-freiheits-Rangliste liegt [258]:

> Deutschland ist um einen Platz vom 16. auf den 15. Rang vorgerückt. Erneut registrierte Reporter ohne Grenzen eine hohe Zahl an tätlichen Übergriffen, Drohungen und Einschüchterungsversuchen gegen Journalisten, insbesondere bei den Protesten gegen den G20-Gipfel in Hamburg im Juli 2017. Problematisch sind zudem das Anfang 2017 in Kraft getretene BND-Gesetz und das Netzwerkdurchsetzungsgesetz gegen Hassäußerungen in sozialen Medien; sie sorgten auch international für Diskussionen.

Bemerkenswert ist, dass der 2018-Pressefreiheits-Bericht vor allem von linker, gegen Journalisten ausgeübter Gewalt spricht, obwohl in den deutschen Qualitätsmedien – und im Grunde selbst auf der Lügenpresse-Seite von Wikipedia – zumeist das genaue Gegenteil behauptet wird, nämlich dass der Großteil der Angriffe gegen die Pressefreiheit einschließlich Beschimpfungen à la „Lügenpresse" primär aus dem Lager der politischen Rechten kommt.

Historisch betrachtet entspricht dies keineswegs dem tatsächlichen Geschehen, wie das Beispiel der 68er-Zeit belegt. Damals [259] war ein wesentliches Ziel der politischen Linken die Springer-Presse. Typische linke Forderungen bestanden in der Enteignung Springers und einer demokratischen Kontrolle der Presse. Damit einher ging der Aufruf zum Boykott der Springer-Zeitungen. Aus den Demonstrationen heraus ertönten Schlachtrufe wie „Burn Springer burn" oder „Leute, macht die Fackeln aus, wir brauchen sie fürs Springer-Haus" [260]. Etwas Ähnliches wie den Begriff der Lügenpresse kannte die 68er-Bewegung also ebenfalls, nur nannten sie es anders. Der Begriff der Lügenpresse und seine Synonyme scheinen – unabhängig vom jeweiligen politischen Standpunkt – folglich zumeist dann verwendet zu werden, wenn die Presse oder eine Teilgruppe von ihr einseitig und gezielt zur Schwächung der eigenen politischen Ausrichtung zu berichten scheint.

Der *Reporter ohne Grenzen*-Bericht zur 2018-Pressefreiheits-Rangliste wies – wie in vielen Jahresberichten zuvor – auch auf das Problem der sinkenden Medienvielfalt in Deutschland hin [261]:

> Vor dem Hintergrund sinkender Auflagen [262] und Anzeigenumsätze [263] gab es wieder viele Meldungen über Zusammenlegungen von Redaktionen und Einsparungen. Gleichzeitig entstehen Zentralredaktionen großer Regionalverlage, die identische Inhalte an diverse Abnehmer liefern. Dadurch können Regionalzeitungen zwar ihre Kompetenzen etwa in der Politikberichterstattung bündeln, Medienvielfalt und die Vielfalt veröffentlichter Meinungen nehmen jedoch ab.

Nicht erwähnt wurde in diesem Zusammenhang der zunehmende Konformitätsdruck, dem viele Journalisten heute zum Teil auch als Folge der beschriebenen Konzentrationsprozesse ausgesetzt sind, und der auf der gesellschaftlichen Ebene zu einem Verlust von Meinungsvielfalt und demokratischer Qualität geführt hat.

Wie die bisherigen Ausführungen gezeigt haben, geht es beim Begriff der Lügenpresse nicht nur um offenkundige Falschmeldungen, wie sie sich im Fall Eva Herman nachweislich ereignet haben, sondern auch um zahlreiche andere – gegebenenfalls deutlich subtilere – Formen einseitiger Berichterstattung. Von einigen soll im Folgenden ohne Anspruch auf Vollständigkeit beispielhaft berichtet werden.

Auffällig ist, dass die Berichterstattung über die Regierungsarbeit in Berlin unter Bundeskanzlerin Merkel in den Massenmedien kaum mehr kritisch und investigativ ist, sondern über weite Strecken einer Hofberichterstattung gleicht. Dies gilt insbesondere für den öffentlichrechtlichen Rundfunk. Während die Medien in den 1960er Jahren noch wesentlich damit beschäftigt waren, Regierungsskandale aufzudecken, scheinen sie heute in erster Linie dem Machterhalt der Bundeskanzlerin und der Regierungen im Bund und in den Ländern zu dienen. Kein politisches Versagen scheint groß genug zu sein (Flüchtlingskrise 2015/6, Bau des Flughafen Berlin-Brandenburgs (BER), etc.), um zu einer nennenswerten Reaktion seitens der Medien zu führen. Es sei denn, es wird wie im Fall des Verfassungsschutzpräsidenten Maaßen der Bundeskanzlerin widersprochen. Letztere ist als Deutschlands „Mutti“ ohnehin kaum mehr öffentlich kritisierbar. Selbst Sketche wie die „Mond ist aufgegangen“-Helmut-Kohl-Parodie [264] von Dieter Hildebrandt scheinen unter der Kanzlerin kaum mehr möglich zu sein.

Damit einher geht das systematische Ausschweigen und/oder Bekämpfen jeglicher politischen Opposition, die nicht dem Meinungsprofil der Medienschaffenden (mehrheitlich Grüne, SPD [265]) entspricht. Es ist im Grunde wie im Fall Eva Herman: Die ehemalige Tagesschausprecherin war zu prominent und auf dem Buchmarkt zu erfolgreich, als dass sie einfach hätte ausgeschwiegen werden können. Zudem war sie selbst Journalistin. Infolgedessen wurde sie von denjenigen Medienschaffenden, die sich im Besitz der alleinigen Deutungshoheit wähnen, bekämpft und ausgegrenzt. Bei anderen reichte ein einfaches Ausschweigen.

Ähnliches ist im Umgang mit der AfD zu beobachten. Ich möchte ein beliebiges Beispiel herausgreifen, aber so oder ähnlich ist es praktisch täglich zu beobachten. Anlässlich der Generaldebatte im Deutschen Bundestag vom 21.11.2018 wurden von ZDF *heute* auf Facebook die folgenden Videosequenzen mit Ausschnitten der Reden der verschiedenen Partei-Repräsentanten veröffentlicht:

- Merkel (CDU/CSU), Dauer: 3:58 Minuten
- Lindner (FDP), Dauer: 2:58 Minuten
- Nahles (SPD), Dauer: 3:18 Minuten
- Wagenknecht (Linke), Dauer: 2:30 Minuten
- Hofreiter (Grüne), Dauer: 2:40 Minuten
- Weidel (AfD), Dauer: 30 Sekunden

Hinzu kommt, dass die Videosequenz der Rede von Weidel nur deren kurze Stellungnahme zur AfD-Spendenaffäre – nach Zwischenrufen – enthält, zuzüglich einer anschließenden spöttischen Anmerkung der Bundeskanzlerin (ebenfalls von 30 Sekunden Dauer). Der ganze Beitrag trägt den Titel: „Bundeskanzlerin Merkel zu ‚freiheitlichen Debatten‘“ [266]. Im Endeffekt wurde von ZDF *heute* ausschließlich von der AfD keine einzige Videosequenz zur Haushaltsdebatte auf Facebook eingestellt, obwohl sie die größte Oppositionspartei im Bundestag ist. Bei einer Nachrichtensendung eines Privatsenders wie RTL *aktuell* hätte dies sicherlich noch kein Problem dargestellt. Da das ZDF jedoch ein öffentlichrechtlicher Sender ist, der durch die Rundfunkbeiträge der Bürger finanziert wird, stellt das oben beschriebene Selektionsverhalten von ZDF *heute* gewissermaßen einen geldwerten Vorteil (wie bei einer Spende) für die anderen Parteien dar.

Generell fällt auf, dass Politiker der Grünen im Facebook-Angebot von ZDF *heute* besonders häufig zu Wort kommen und dabei auch besonders vorteilhaft dargestellt werden. Zudem ist der Kontext in aller Regel positiv.

Ähnliches gilt für die von den Grünen und der SPD vertretenen politischen Positionen und Konzepte, beispielsweise zur kulturellen Vielfalt beziehungsweise zum Multikulturalismus (Multikulti). Die Konzepte werden von den öffentlich-rechtlichen Sendern (und einem überragenden Anteil der anderen Massenmedien) zumeist im Sinne einer notwendigen Bereicherung oder Modernisierung unserer Gesellschaft positiv kommuniziert.

Doch wo ist kulturelle Vielfalt bereits heute in Deutschland realisiert? Im Bundestag, in den Redaktionsbüros der Medien, an den Arbeitsplätzen, in den Einkaufszentren der großen Städte?

In meiner Heimatstadt Köln nehme ich echte kulturelle Vielfalt eher im „vergessenen Stadtteil" Chorweiler [267] als in den gehobenen Wohngegenden wie Lindenthal oder Junkersdorf wahr. Chorweiler ist der Kölner Stadtteil, der im Frühjahr/Sommer 2018 durch den islamistischen „Rizin-Bomber" Sief Allah H. in die Schlagzeilen geriet [268].

Eine aufschlussreiche Antwort auf die Frage zum Vorhandensein kultureller Vielfalt findet sich in einem SPIEGEL ONLINE-Interview vom 29.10.2018 mit der indischen Politik-Wissenschaftlerin Nikita Dhawan [269] [270]:

> Ich war sechs Jahre lang als Professorin in Frankfurt angestellt: Unter den führenden Forschern gab es kaum Frauen, kaum Migranten. Abends blieb ich für die Arbeit

manchmal länger im Büro. Dann kamen die Reinigungskräfte: Männer und Frauen. Weiß und Schwarz. Die Frauen mit und ohne Kopftuch. Wir sprechen gerne über Vielfalt. Aber Vielfalt gibt es viel öfter in den Schichten, die für uns die schmutzige Arbeit machen.

Gemäß Nikita Dhawan existiert echte kulturelle Vielfalt somit primär am unteren Ende unserer Gesellschaft, dort wo die schmutzige Arbeit für die anderen erledigt wird.

Die folgende *Tabelle 1* zeigt die Wahlergebnisse für *Die Grünen* und die *AfD* in einigen ausgewählten sozial gegensätzlichen Kölner Stimmbezirken zur Bundestagswahl 2017 [271]. Sie stehen in einem interessanten Zusammenhang zur Beobachtung Nikita Dhawans:

Wahlbezirk	Die Grünen	AfD
Chorweiler (60902)	6,76%	21,89%
Chorweiler (60903)	4,60%	22,70%
Chorweiler (60904)	5,59%	20,75%
Chorweiler (60905)	6,90%	17,15%
Lindenthal (30304)	19,77%	2,26%
Lindenthal (30308)	17,79%	1,62%
Junkersdorf (30604)	14,67%	3,33%
Junkersdorf (30605)	14,84%	2,85%

Tabelle 1: Bundestags-Wahlergebnisse für Grünen/AfD in Kölner Stimmbezirken

Im Grunde ergeben die Kölner Wahlergebnisse ein recht stimmiges Bild: Dort, wo kulturelle Vielfalt bereits gelebt wird (das heißt, wo die unterschiedlichen Kulturen auf gleicher Ebene und in vergleichbarer Stärke aufeinandertreffen und Tür an Tür wohnen), wird viel häufiger AfD gewählt als die Partei der Grünen, dort, wo sich Multikulti primär darin beschränkt, ein Kopftuch tragendes Kindermädchen zu beschäftigen, ist es genau umgekehrt.

Oder um es mit den am 28.10.2018 getwitterten Worten des Verlegers und Spiegel-Anteilseigners Jakob Augstein [272] auszudrücken [273]:

> Die Grünen sind eine Partei für Leute, die Zeit, Geld und Bildung zum Nachdenken haben und die ein gutes Gewissen suchen – und das meine ich nicht sarkastisch. Es ist die Partei für die gesellschaftliche Klasse, der ich selber angehöre.

Anders gesagt: Die Grünen sind die Partei der Medienschaffenden. Journalisten besitzen zwar einen großen Einfluss auf die soziale Entwicklung (indem sie Informationen filtern und steuern und Meinungen bilden), allerdings tragen sie kaum jemals Verantwortung für das eigene Tun [274]. Gelebtes Multikulti drückt sich bei ihnen in einem Interview mit einer indischen Wissenschaftlerin aus. Tür an Tür mit Islamisten wohnen dann die anderen.

Eine noch subtilere (zum Teil illegale) politische Einflussnahme der Medien auf die Meinungsbildung erfolgt gleichfalls in den sozialen Medien wie Facebook. Auf vielen Facebook-Angeboten der Massenmedien ist nämlich ein sogenanntes Shadow Banning (Verschattung von Beiträgen) aktiv: Politisch unliebsame Diskussionsbeiträge von Teilnehmern werden damit einfach ausgeblendet.

Die englische Wikipedia definiert Shadow Banning wie folgt [275]:

> Shadow banning (...) is the act of blocking or partially blocking a user or their content from an online community such that it will not be readily apparent to the user that they have been banned.
>
> By making a user's contributions invisible or less prominent to other members of the service, the hope may be that in the absence of reactions to their comments, the

> problematic or otherwise out-of-favour user will become bored or frustrated and leave the site.

Mit anderen Worten: Beim Shadow Banning (Verschattung von Beiträgen) ist die Sichtbarkeit eines Beitrags für die meisten anderen User entweder nicht oder nur unter bestimmten Facebook-Einstellungen gegeben. Der Ausdruck „für die meisten User“ bedeutet in diesem Zusammenhang: In der Regel ist der Beitrag für alle Facebook-Freunde problemlos sichtbar, für alle anderen jedoch nur unter den genannten Einschränkungen. Man selbst merkt also im Allgemeinen nicht, dass ein erstellter Diskussionsbeitrag einer Verschattung unterzogen wurde.

Ziel des Shadow Bannings ist es gemäß der englischen Wikipedia-Seite, den User zu frustrieren. Er soll annehmen, dass er an einer öffentlichen Diskussion teilnimmt, obwohl er es in Wirklichkeit nicht beziehungsweise nur stark eingeschränkt tut. Aufgrund der geringen Resonanz auf seine Beiträge (nur wenige Likes, keine Antworten) verliert er – so jedenfalls die Hoffnung des Betreibers des Facebook-Angebots – mit der Zeit die Lust, weitere Diskussionsbeiträge einzustellen.

Wie ich beobachten konnte, werden vor allem gut belegte, sachlich formulierte Beiträge, die sich etwa kritisch mit der Flüchtlingspolitik oder dem Kriminalverhalten bestimmter Ausländerpopulationen (beispielsweise Asylbewerber) beschäftigen, verschattet. Wer sich hingegen emotional fremdenfeindlich äußert (etwa in der folgenden Art: „Diese ganzen Horden haben in Deutschland nichts verloren. Sie gehören dorthin geschickt, wo der Pfeffer wächst.“) oder den Diskussionspartner gar als Rassisten und Nazi beschimpft, hat im Allgemeinen gute Chancen, dass sein Beitrag öffentlich sichtbar stehenbleibt. Beiträge, die mit den aus demokratischer Sicht problematischen Hashtags #ichbinhier [276] oder #wirsindmehr gekennzeichnet sind, bleiben in aller Regel – unabhängig von ihren konkreten Inhalten – für die gesamte Öffentlichkeit sichtbar. Ich vermute, dass die Selektion der Beiträge zum Ziel hat, Kritiker an der Regierungspolitik lächerlich zu machen. Sichtbar bleiben unter den kritischen Beiträgen vor allem eher platte, dumpfe Postings (frei nach dem Motto: die

Kritiker haben keine wirklichen Argumente, sondern nur dumpfe Vorbehalte), während sachlich begründete Kritik verschattet wird.

Im Kontext von Alexander Gaulands Vogelschiss-Äußerung [277] hatte ich mich auf dem Facebook-Angebot von ZDF heute auch einmal kurz zum Fall Eva Herman geäußert, und zwar mit den folgenden Worten [278]:

> Dennoch: Solange das Meinungsmonopol in Deutschland so ist, wie es ist: Finger weg von diesen 12 Jahren. Siehe den Fall Eva Herman: Sie hatte in öffentlicher Rede die Familienpolitik der Nazis (und der 68er) kritisiert, und daraus wurde ein „sie hat die Familienpolitik der Nazis gelobt". Niemand konnte die Presse stoppen, selbst der BGH schloss sich ihrem Urteil an. Solange Worte dermaßen manipuliert werden können: Finger weg von dieser Zeit.

Damit wollte ich zum Ausdruck bringen, dass sich AfD-Politiker tunlichst nicht zur Epoche des Nationalsozialismus äußern sollten. Es wird ihnen in den Medien in allen Fällen negativ ausgelegt (unabhängig davon haben wir heute genug Probleme, zu denen sich geäußert werden könnte). Natürlich wurde auch dieser Beitrag „verschattet". Verstößt er jedoch gegen irgendwelche Gemeinschaftsstandards, gegen Gesetze oder ist er beleidigend beziehungsweise unhöflich formuliert? War es gar eine justiziable Hassrede? Natürlich nicht. Es handelt sich um eine einfache Meinungsäußerung. Übrigens eine sehr gut begründbare Meinungsäußerung, wie das vorliegende Buch gezeigt hat.

In einer Facebook-Notiz wurden von mir etliche Fälle von Shadow Banning auf den Facebook-Angeboten von *ZDF heute, Tagesschau* und *FAZ* dokumentiert, in denen ich selbst die betroffene Person war [279].

Aus rechtlicher Sicht ist allerdings zwischen einem Shadow Banning von *ZDF heute* und *Tagesschau* auf der einen Seite und FAZ auf der anderen Seite zu unterscheiden. Als Rundfunkbeitragszahler finanziere ich die Facebook-Angebote von *Tagesschau* und ZDF heute (die meines Erachtens nicht zwingend zur Grundversorgung der öffentlich-rechtlichen Sender gehören) mit. Aus diesem Grund haben die Sender nach meinem Verständnis nicht das Recht, meine Diskussionsbeiträge je nach Inhalt zu verschatten.

Allerdings konnte ich bislang nicht herausfinden, ob die Verschattung durch *ZDF heute, Tagesschau* oder *FAZ* direkt erfolgt, oder ob es sich um einen generellen Facebook-Mechanismus (im Zusammenhang mit der NetzDG) handelt. Für die erstere Annahme spricht, dass die gleichen Beiträge auf meiner eigenen Facebook-Seite nicht verschattet werden, für die zweite, dass die Verschattung überaus schnell erfolgt (es dürfte sich deshalb um eine Softwaregestützte Maßnahme handeln). Für sie spricht auch, dass ich von der Moderation des Facebook-Angebots der FAZ auf Anfrage eine Rückmeldung erhielt (anders als bei den öffentlichrechtlichen Sendern scheint das Wort Kundenorientierung dort noch kein Fremdwort zu sein), die darauf hindeutet, dass ihr die systematischen Beitragsverschattungen im eigenen Angebot selbst nicht bekannt waren. Es spricht deshalb einiges für eine automatisierte Facebook-Lösung, die im Endeffekt die Bürger Europas davon abhält, Kritik an der Migrationspolitik von Angela Merkel zu üben.

Die *Tagesschau* hat das beschriebene Problem schließlich noch weit rigoroser gelöst: Dort darf ich überhaupt nicht mehr kommentieren. Konkret: Ich wurde blockiert, nachdem ich eine (oder mehrere?) unliebsame Sachmeinung geäußert hatte. Da ich als Mathematiker die Daten der Polizeilichen Kriminalstatistik und des Statistischen Bundesamts selbst auswerte und aufgrund meiner Ausbildung auch in der Lage bin, die Ergebnisse zu bewerten [280], mögen meine Stellungnahmen gelegentlich „unerwünscht" gewesen sein. Sie entsprechen mitunter vielleicht nicht ganz dem, was vom Staatsbürger seitens eines autoritären und arroganten Senders wie dem NDR heute als Wortmeldung erwartet wird. Vielleicht lag es aber auch nur daran, dass ich mich dort ebenfalls zum Fall Eva Herman geäußert hatte. Die Gründe für die Blockierung kenne ich bis heute nicht. Auf entsprechende Anfragen per E-Mail und zweimal selbst per Einschreiben wurde mir nicht geantwortet, obwohl ich ein zahlender Kunde des NDR bin. Ich finanziere die *Tagesschau* und deren Facebook-Angebote mit meinen Rundfunkbeiträgen mit. Wenn ich einmal mehr Zeit haben sollte, werde ich die Sache einem Rechtsanwalt übergeben. Ich halte das Verhalten des NDR für grob rechtswidrig.

Ansonsten werden auch heute noch von den Massenmedien Nachrichten produziert, die sich bei näherer Betrachtung letztlich als Fake News herausstellen. Als Beispiel können die Vorgänge in Chemnitz anlässlich der Ermordung von Daniel H. genannt werden.

In diesem Zusammenhang wurde ein kurzes Video der Quelle *Antifa Zeckenbiss* von praktisch der gesamten Medienlandschaft zu „Hetzjagden auf Ausländer" hochstilisiert. Dieser Bewertung schloss sich anschließend selbst Bundeskanzlerin Merkel an. Auch bei einem späteren Besuch in Chemnitz blieb sie bei ihrer ursprünglichen Einschätzung. Sie betonte, dass sich die Sicherheitslage in Chemnitz durch die Hetzjagden auf Ausländer (das heißt, durch von Deutschen begangene Straftaten) verschlechtert habe. Dem Staat könne so etwas nicht egal sein [281]:

> Während des Gesprächs erklärte Merkel, dass sie die Aufregung und Erregung vieler Menschen in der Stadt verstehen könne, nachdem Ende August ein Chemnitzer vermutlich von Asylbewerbern erstochen worden war. Diese Erregung rechtfertige aber nicht, bei rechtsradikalen Demonstrationen Straftaten zu begehen. „Was mich bedrückt ist, dass in der Folge der Ereignisse das Gefühl der Sicherheit für viele Menschen verloren gegangen ist. Das geht Verantwortungsträger in einem Rechtsstaat an! Das kann uns nicht egal sein."

Allerdings hatten sowohl der sächsische Ministerpräsident als auch die zuständige Staatsanwaltschaft frühzeitig Zweifel an den berichteten Hetzjagden angemeldet. Als sich der Verfassungsschutzpräsident Maaßen dieser Bewertung anschloss, wurde er kurzerhand abgelöst. Dabei existieren seriöse Berichte mit Verweis auf die eigentlichen Ersteller des Videos, dass der kurzen Videosequenz eine Provokation seitens der beiden „verfolgten" Migranten vorausgegangen sei [282].

Nachrichtlich untergegangen war in diesem Zusammenhang, dass der unmittelbare Auslöser der Proteste in Chemnitz eine schwere Straftat an drei Chemnitzern (ein Getöteter, zwei Verletzte) war. Völlig ignoriert wurde zudem, dass die Gewaltkriminalität in Chemnitz in den letzten 4 Jahren (2013 bis 2017) pro Kopf der Bevölkerung um 60 Prozent angestiegen war, und zwar ohne jede Beteiligung der dort lebenden Deutschen. Die Sicherheitslage der Bevölkerung hatte sich also – anders als es die Bundeskanzlerin selbst in Chemnitz dargestellt hatte – schon lange vor dem Chemnitzer Vorfall (der Mord an Daniel H. und die sich daran anschließenden Proteste) massiv verschlechtert, und zwar ausschließlich durch von Ausländern (in der Regel Asylbewerbern) begangene Straftaten. Die Bundeskanzlerin erwähnte es mit keinem Wort.

Abbildung 9 stellt die Entwicklung der Gewaltkriminalität in den Städten Chemnitz und Köln dar. Wie sich zeigt, hat die Gewaltkriminalitätsbelastung (Fälle pro 100.000 Einwohner) in Chemnitz im genannten Zeitraum um 60% zugenommen, während sie in Köln leicht zurückgegangen ist. Eine 60-prozentige Zunahme von Gewaltdelikten pro Kopf der Bevölkerung binnen 4 Jahren ist sicherlich nichts, das zivilisierte Bürger mit notwendigen Modernisierungsprozessen in Verbindung bringen. In Köln hat man demgegenüber einen leichten Wandel zum Besseren hin erlebt, oder man hat sich vielleicht auch nur besser auf die neue Situation eingestellt (indem man zum Beispiel nicht mehr so häufig ausgegangen ist).

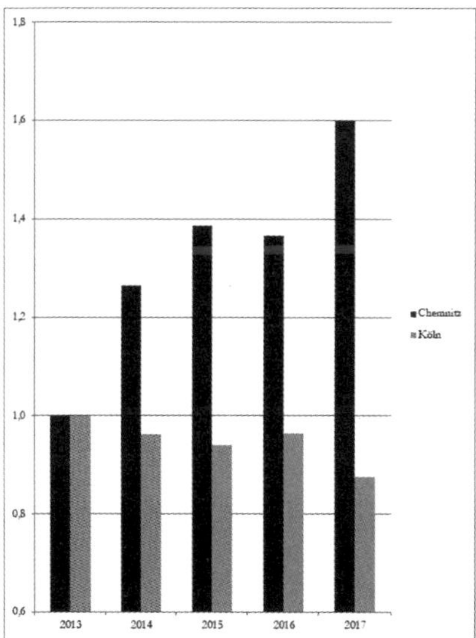

Abbildung 9: Chemnitz/Köln – Gewaltkriminalitätsbelastung in Relation zu 2013

Der obige Fall zeigt, dass das Phänomen der kollektiven Verbreitung von Falschnachrichten in den Massenmedien auch heute noch existent ist. Zudem ist die mediale Berichterstattung politisch gefärbt. Das gilt selbst für die eigentlich zur Neutralität verpflichteten öffentlichrechtlichen Sender. Der Ausdruck

„Lügenpresse" hat deshalb – je nach politischem Standpunkt – weiterhin seine Berechtigung.

Im Folgenden soll der Frage nach der Erklärung des Phänomens nachgegangen werden. Handelt es sich um eine Verschwörung innerhalb der Medienindustrie, oder lassen sich die Erscheinungen auch anders erklären?

Der bekannteste nicht-verschwörungstheoretische Ansatz stammt von der Kommunikationswissenschaftlerin Elisabeth Noelle-Neumann [283]. Es handelt sich um das im Rahmen ihrer *Theorie der öffentlichen Meinung* [284] entwickelte Konzept der Schweigespirale [285]. Den Grundgedanken des Konzepts beschreibt Wikipedia wie folgt [286]:

> Demnach hängt die Bereitschaft vieler Menschen, sich öffentlich zu ihrer Meinung zu bekennen, von der Einschätzung des Meinungsklimas ab. Widerspricht die eigene Meinung der als vorherrschend betrachteten Meinung, so gibt es Hemmungen, sie zu äußern, und zwar umso stärker, je ausgeprägter der Gegensatz wird. Daher der Begriff der Spirale. Die Massenmedien, vor allem das Fernsehen, können erheblichen Einfluss auf die Rezipienten und damit auf die öffentliche Meinung ausüben, indem sie dem Einzelnen gegenüber eine bestimmte Meinung als angebliche Mehrheitsmeinung präsentieren und ihn so unter Druck setzen, sich nicht andersartig zu äußern. Damit steht die Schweigespirale für eine erneute Hinwendung der Medienwirkungsforschung zur „vierten Gewalt", einer Hypothese der „mächtigen Medien".

Eva Herman verweist in ihrem Buch *Die Wahrheit und ihr Preis* [287] selbst auf die Schweigespirale als potenzielle Erklärung für das ihr Zugefügte:

> Nach der Kommunikationswissenschaftlerin Elisabeth Noelle-Neumann ist die Spirale des Schweigens ein in der Gesellschaft weitverbreiteter Mechanismus, der zum öffentlichen Unterdrücken von Meinungen führt und auf der unbewussten Furcht der meisten Menschen beruht, die Äußerung eigener Meinungen, die von der für vorherrschend gehaltenen „öffentlichen Meinung" abzuweichen, könne ihnen schaden und gar zu sozialer Isolierung führen.

Die Schweigespirale gemäß Noelle-Neumann kann aber auch unmittelbar mit der von mir entwickelten Systemischen Evolutionstheorie [288] erklärt werden:

Besitzt eine Person zu einem kritischen Thema eine Auffassung, die erheblich von der Mehrheitsmeinung seines sozialen Umfelds abweicht, könnte eine offene Meinungsäußerung einen komparativen Kompetenzverlust in ihrem Umfeld zur Folge haben. In vergleichsweise harmlosen Fällen mag er darin bestehen, dass die Person zum Thema weniger häufig zu Rate gezogen wird, in weniger harmlosen in einem Verlust von Ansehen, in der sozialen Ächtung beziehungsweise dem Verlust der bürgerlichen Ehre. Letzteres ist der ehemaligen Tagesschausprecherin Eva Herman geschehen.

Weil das Äußern von eigenständigen Meinungen zu kritischen Themen stets mit komparativen Kompetenzverlusten einhergehen kann und Lebewesen gemäß der *Grundannahme der Systemischen Evolutionstheorie* Kompetenzverlust vermeidende Systeme sind [289], verhalten sich viele Menschen vor dem Kundtun einer eigenen Meinung zu kritischen Themen eher vorsichtig und zurückhaltend. Psychologisch betrachtet besitzen sie eine sogenannte Verlustaversion [290]. Um nicht in eine schlechte Position oder gar Isolation zu geraten, sondieren sie zunächst das allgemeine Meinungsklima ihres Umfelds. Haben sich schließlich mehrere Meinungsführer in eine bestimmte Richtung hin geäußert, schließen sie sich oftmals deren Meinung an, obwohl sie vielleicht insgeheim einer anderen Ansicht sind. Auf diese Weise bildet sich die Schweigespirale gemäß Noelle-Neumann aus.

Wesentlich in diesem Zusammenhang ist nun allerdings, dass sich die Schweigespirale keineswegs nur auf den normalen Bürger bezieht, sondern auf die Meinungsmacher in den Medien und der Politik ebenso. Auch sie müssen als Kompetenzverlust vermeidende Systeme jederzeit darauf bedacht sein, keine Meinungen zu äußern, die vielleicht eher einem anderen Lager oder gar dem politischen Gegner zugerechnet werden können.

Erschwerend kommt die starke Konzentration in der Medienlandschaft hinzu, in Deutschland noch verstärkt durch die überaus starke finanzielle Ausstattung und Bedeutung der öffentlich-rechtlichen Sendeanstalten. Viele Journalisten werden sich aus Kompetenzverlustvermeidungsgründen nicht unbedingt trauen, öffentlich Meinungen zu vertreten, die vielleicht im scharfen Kontrast zur

Mehrheitsmeinung ihres aktuellen oder potenziellen zukünftigen Arbeitgebers stehen. Andere werden – wie im Fall Claas Relotius [291] – exakt die (gegebenenfalls gefälschten) Geschichten liefern, die den Meinungen und Erwartungen ihres Arbeitgebers in idealer Weise entsprechen. Aufgrund der Konzentration in der Medienlandschaft ist die Zahl an potenziellen zukünftigen Arbeitgebern ohnehin nicht sonderlich groß. Und nicht wenige Journalisten träumen insgeheim von einer Beschäftigung bei einer öffentlich-rechtlichen Sendeanstalt.

Der Konformitätsdruck, dem viele Journalisten hierdurch heute ausgesetzt sind, hat auf der gesellschaftlichen Ebene längst zu einem Verlust von Meinungsvielfalt [292] und demokratischer Qualität geführt [293]. In extremen Fällen kann es mittels der Schweigespirale dann sogar zu einer regelrechten Gleichschaltung von Meinungen bis hin zur gesamten Medienlandschaft kommen, und zwar ganz ohne zentralen Koordinator, Auftraggeber oder Herrscher (vergleiche Kapitel *Gleichschaltung*). Die Schweigespirale unterscheidet sich in ihrem Erklärungsansatz somit fundamental von sogenannten Verschwörungstheorien, die von einer bewussten (durch dubiose Hintermänner geplanten) Steuerung beobachteter Entwicklungen ausgehen. Anders gesagt: Bei der Schweigespirale handelt es sich um einen evolutionären (mit der *Grundannahme der Systemischen Evolutionstheorie* kompatiblen) Ansatz, bei Verschwörungstheorien hingegen um einen kreationistischen.

Um freie Meinungsäußerungen angstfrei zu ermöglichen und die Bürger dazu gar zu ermuntern, hat sich in Demokratien das Menschenrecht der Meinungsfreiheit (beziehungsweise der Meinungsäußerungsfreiheit) etabliert, über das es auf Wikipedia heißt [294]:

> Die Meinungsfreiheit ist ein Menschenrecht und wird in Verfassungen als ein gegen die Staatsgewalt gerichtetes Grundrecht garantiert, um zu verhindern, dass die öffentliche Meinungsbildung und die damit verbundene Auseinandersetzung mit Regierung und Gesetzgebung beeinträchtigt oder gar verboten wird.

Ein solches Recht setzt jedoch voraus, dass bei öffentlichen Meinungsbekenntnissen keine unabwägbaren schweren Kompetenzverluste wie Tod, Körperverletzung, Freiheitsentzug, Arbeitsplatzverlust oder soziale Ächtung drohen.

Von einigen namhaften Persönlichkeiten stammen ausgeprägt markante Formulierungen zur freien Meinungsäußerung. Beispielhaft seien an dieser Stelle Rosa Luxemburgs Satz „Freiheit ist immer Freiheit der Andersdenkenden" und das Voltaire zugesprochene Statement: „Ich verachte deine Meinung, aber ich werde bis zum letzten Atemzug dafür kämpfen, dass du sie äußern darfst" genannt.

Bereits John Stuart Mill (1806-1873) erkannte jedoch, dass eine Beschränkung der Einflussnahme des Staates zur Gewährleistung der freien Meinungsäußerung für sich allein genommen nicht ausreichend ist. Seiner Meinung nach bedürften Minderheitsmeinungen auch eines Schutzes vor dominierenden Mehrheitsmeinungen [295]:

> Schutz gegen die Tyrannei der Behörde ist daher nicht genug, es braucht auch Schutz gegen die Tyrannei des vorherrschenden Meinens und Empfindens, gegen die Tendenz der Gesellschaft, durch andere Mittel als zivile Strafen ihre eigenen Ideen und Praktiken als Lebensregeln denen aufzuerlegen, die eine abweichende Meinung haben, die Entwicklung in Fesseln zu schlagen, wenn möglich die Bildung jeder Individualität, die nicht mit ihrem eigenen Kurs harmoniert, zu verhindern und alle Charaktere zu zwingen, sich nach ihrem eigenen Modell zu formen. Es gibt eine Grenze für die rechtmäßige Einmischung öffentlicher Meinung in die persönliche Unabhängigkeit, und diese Grenze zu finden und gegen Übergriffe zu schützen, ist für eine gute Verfassung der menschlichen Angelegenheiten ebenso unerlässlich wie Schutz gegen politische Willkür.

Nimmt man die bekannte, auf der Goldenen Regel beruhende („Was du nicht willst, das man dir tut, das füg' auch keinem anderen zu") naturalistische Ethik zum Maßstab [296], dann würde ein solcher Schutzbedarf zumindest für alle Meinungsäußerungen bestehen, die keinem anderen einen direkten oder indirekten Schaden zufügen. Für persönliche Beleidigungen und Hetze gelten allerdings andere Maßstäbe.

Gemäß den obigen Ausführungen von John Stuart Mill hat der Staat Minderheitsmeinungen und die sie äußernden Personen – wie etwa Eva Herman [297] – vor den Übergriffen durch diejenigen, die sich im Besitz der Mehrheitsmeinung oder gar der alleinigen Deutungshoheit wähnen, zu schützen.

Im Fall Eva Herman ist das genaue Gegenteil geschehen, wie das problematische Urteil des BGH demonstriert.

Für den Status der in einer Gesellschaft gewährten Meinungsäußerungsfreiheit ist es im Übrigen nur von untergeordneter Bedeutung, ob die Beschränkung der Meinungsfreiheit primär durch die Exekutive, Legislative, Judikative oder die Vierte Gewalt [298], das heißt, durch die öffentlichen Medien erfolgt. Für eine davon betroffene Person können die Konsequenzen in allen Fällen verheerend sein, wie der Fall Eva Herman gezeigt hat.

243 Aus „Sin City": https://de.wikipedia.org/wiki/Sin_City_(Film)

244 http://www.unwortdesjahres.net/index.php?id=48

245 https://de.wikipedia.org/wiki/Fake_News (abgerufen am 30.11.2018)
Vergleiche auch: Kuhla, Karoline (2017): Fake News. Hamburg: Carlsen

246 https://de.wikipedia.org/wiki/Fake_News (abgerufen am 30.11.2018)
Vergleiche auch: Kuhla, Karoline (2017): Fake News. Hamburg: Carlsen

247 http://www.unwortdesjahres.net/index.php?id=51

248 http://www.islam.de/72

249 https://de.wikipedia.org/wiki/L%C3%BCgenpresse (abgerufen am 30.11.2018)

250 http://www.unwortdesjahres.net/index.php?id=48

251 https://www.reporter-ohne-grenzen.de/

252 https://www.reporter-ohne-grenzen.de/rangliste/2016/

253 https://www.reporter-ohne-grenzen.de/rangliste/2015/

254 Berliner Zeitung: „Reporter ohne Grenzen“ zum Tag der Pressefreiheit: „In Deutschland werden Journalisten überwacht“, 03.05.2016,
http://www.berliner-zeitung.de/politik/reporter-ohne-grenzen--in-deutschland-werden-journalisten-ueberwacht---23993494

255 https://www.reporter-ohne-grenzen.de/presse/pressemitteilungen/meldung/rangliste-der-pressefreiheit-veroeffentlicht/

256 https://www.reporter-ohne-grenzen.de/presse/pressemitteilungen/meldung/rog-veroeffentlicht-aktuelle-rangliste-der-pressefreiheit/

257 Ebenda.

258 https://www.reporter-ohne-grenzen.de/rangliste/2018/

259 Habe ich tatsächlich „damals“ gesagt?

260 https://www.welt.de/politik/article1707991/Als-der-Hass-auf-Axel-Springer-eskalierte.html

261 https://www.reporter-ohne-grenzen.de/fileadmin/Redaktion/Presse/Downloads/Ranglisten/Rangliste_2018/Nahaufnahme_Deutschland_2018_-_Reporter_ohne_Grenzen.pdf

262 http://ogy.de/3fg6

263 http://ogy.de/eemj

264 https://www.youtube.com/watch?v=dnqKwGetjz4&t=70s

265 http://www.spiegel.de/politik/deutschland/s-p-o-n-der-schwarze-kanal-warum-sind-so-viele-journalisten-links-a-895095.html
Vergleiche auch Endnote 293 auf Seite 201.

266 https://www.facebook.com/ZDFheute/videos/746419889056134/

267 http://www.faz.net/aktuell/politik/inland/reportage-aus-problemviertel-koeln-chorweiler-14033802.html

268 https://www.tagesspiegel.de/weltspiegel/koeln-chorweiler-ehefrau-von-koelner-rizin-bomber-festgenommen/22837506.html

269 https://de.wikipedia.org/wiki/Nikita_Dhawan

270 http://www.spiegel.de/kultur/gesellschaft/nikita-dhawan-gender-mainstreaming-kann-auch-ein-gift-sein-a-1235639.html

271 https://www.ksta.de/interaktiv/bundestagswahl-2017-in-koeln-so-haben-die-menschen-in-ihrem-veedel-gewaehlt-28480938
Alle Ergebnisse ohne Briefwähler.

272 https://de.wikipedia.org/wiki/Jakob_Augstein

273 https://twitter.com/Augstein/status/1056626690737270785

274 Meyer, Thomas (2013): Die Unbelangbaren. Wie politische Journalisten mitregieren. Frankfurt am Main: Suhrkamp

275 https://en.wikipedia.org/wiki/Shadow_banning

276 https://www.tichyseinblick.de/meinungen/wer-steht-hinter-ichbinhier/

277 http://www.faz.net/aktuell/politik/inland/gauland-hitler-nur-vogelschiss-in-deutscher-geschichte-15619502.html

278 Siehe:
https://www.facebook.com/peter.mersch.1/posts/1941461245872262

279 https://www.facebook.com/notes/peter-mersch/shadow-banning-auf-facebook/1885374258147628/

280 Mersch, Peter (2017): Das Migrations- und Kriminalverhalten von Ausländern. Norderstedt: Books on Demand

281 https://www.bild.de/regional/chemnitz/chemnitz-news/warum-kommen-sie-erst-jetzt-nach-chemnitz-frau-merkel-58467288.bild.html

282 https://www.tichyseinblick.de/meinungen/tichys-einblick-fand-die-herkunft-des-chemnitz-videos-heraus/

283 https://de.wikipedia.org/wiki/Elisabeth_Noelle-Neumann

284 Noelle-Neumann, Elisabeth (1980): Die Schweigespirale. Öffentliche Meinung – unsere soziale Haut. München: Langen Müller

285 Roessing, Thomas (2011): Schweigespirale. Baden-Baden: Nomos

286 https://de.wikipedia.org/wiki/Schweigespirale, abgerufen am 29.08.2018

287 Herman, Eva (2010): Die Wahrheit und ihr Preis. Meinung, Macht und Medien. Rottenburg: Kopp, S. 265

288 Mersch, Peter (2019): Was ist Leben? Mit den Augen eines Systemtheoretikers betrachtet. Reiskirchen: Independently Published

289 Vergleiche Mersch, Peter (2019): Was ist Leben? Mit den Augen eines Systemtheoretikers betrachtet. Reiskirchen: Independently Published

290 https://de.wikipedia.org/wiki/Verlustaversion
Vergleiche Mersch, Peter (2019): Was ist Leben? Mit den Augen eines Systemtheoretikers betrachtet. Reiskirchen: Independently Published
Daniel Kahneman erhielt 2002 für die von ihm (zusammen mit dem zu diesem Zeitpunkt bereits verstorbenen Amos Tversky) entwickelte Prospect Theory (Neue Erwartungstheorie)

den Wirtschaftsnobelpreis. Zu den wichtigsten Fundamenten der Prospect Theory gehören die menschliche Velustaversion in Kombination mit dem Besitztumseffekt (https://de.wikipedia.org/wiki/Besitztumseffekt: Individuen wertschätzen Dinge, die sich bereits in ihrem Besitz befinden, im Allgemeinen deutlich höher als Dinge, die ihnen nicht gehören.)

291 https://www.welt.de/kultur/medien/article185780076/Claas-Relotius-Spiegel-legt-Betrugsfaelle-von-eigenem-Reporter-offen.html
http://www.spiegel.de/kultur/gesellschaft/fall-claas-relotius-spiegel-legt-betrug-im-eigenen-haus-offen-a-1244579.html
http://www.spiegel.de/kultur/gesellschaft/fall-claas-relotius-seine-spiegel-artikel-von-2018-und-2017-a-1244892.html

292 Vergleiche http://www.spiegel.de/politik/deutschland/s-p-o-n-der-schwarze-kanal-warum-sind-so-viele-journalisten-links-a-895095.html
„Was die politische Überzeugung angeht, sind die Zahlen eindeutig. Nach einer der größten Studien zum Thema, 2005 durchgeführt vom Hamburger Institut für Journalistik unter 1500 Journalisten aller Gattungen, verteilt sich die politische Sympathie der im Meinungsgeschäft Tätigen wie folgt:
Grüne: 35,5 Prozent,
SPD: 26 Prozent,
CDU: 8,7 Prozent,
FDP: 6,3 Prozent
Sonstige: 4
keine Partei: 19,6 Prozent.
Dem bürgerlichen Lager neigen also gerade mal 15 Prozent der in Deutschland arbeitenden Journalisten zu."
Es ist nicht unwahrscheinlich, dass bei einer Untersuchung in 2018 die Zahlenverhältnisse noch eindeutiger ausgefallen wären.

293 Meyer, Thomas (2013): Die Unbelangbaren. Wie politische Journalisten mitregieren. Frankfurt am Main: Suhrkamp

294 https://de.wikipedia.org/wiki/Meinungsfreiheit, abgerufen am 10.09.2018

295 Mill, John Stuart (1974): Über die Freiheit. Stuttgart: Reclam, S. 12

296 Vergleiche Mersch, Peter (2019): Was ist Leben? Mit den Augen eines Systemtheoretikers betrachtet. Reiskirchen: Independently Published

297 Wobei bis heute nicht klar ist, ob die von Eva Herman geäußerte „Minderheitsmeinung" innerhalb der Gesamtbevölkerung wirklich eine Minderheitsmeinung war.

298 https://de.wikipedia.org/wiki/Vierte_Gewalt

FAZIT

Wie die Ausführungen des Buchs gezeigt haben, ist der ehemaligen Tagesschausprecherin Eva Herman im Rahmen des sogenannten Eva Herman-Skandals schwerstes Unrecht zugefügt worden. Bei der gegen sie geführten Attacke handelte es sich letztlich um kollektives Mobbing. Das Ausmaß der hierdurch bewirkten ungerechtfertigten sozialen Ächtung und Ausgrenzung war so groß, dass andere Menschen dies möglicherweise nicht ausgehalten und ihrem Leben ein Ende gesetzt hätten. In einigen wenigen Sätzen ihres Buchs *Die Wahrheit und ihr Preis* schimmern die persönlichen Folgen des ihr zugefügten Leids durch, beispielsweise [299]:

> Es ist unerträglich. Die Kerner-Sendung läuft inzwischen. Mama schaut sie sich an. Ich weiß in diesem Augenblick nicht, dass es ihr letzter Besuch bei mir ist. Dass sie über diese Sendung noch viele Male bitterlich weint und sich nur wenige Monate später von dieser Welt verabschiedet. Meine eigentlich so starke Mutter! Es war ihr kaum möglich, dieses Unglück und seine hässlichen Folgen zu verarbeiten. (…)
>
> In den kommenden Wochen schwindet mir zeitweilig die Kraft, ich leide unter Weinkrämpfen, Fieberanfällen und Schüttelfrostattacken. So lässt für eine ganze Weile mein Ehrgeiz nach, weiterzukämpfen gegen dieses Unrecht. Ich will nur irgendwie überleben.

Außergewöhnlich an diesem Fall war auch, mit welcher Unerbittlichkeit, Empathielosigkeit und zum Teil ungeheuren Grausamkeit die Aktivitäten gegen die ehemalige Tagesschausprecherin von den wesentlichen Akteuren durchgezogen wurden. Die Lust am Nachtreten, an der persönlichen Demütigung und Verletzung kann aus zahlreichen damaligen Äußerungen und Texten unmittelbar herausgelesen werden. Vielleicht war aber alles auch nur kalte Berechnung, wie von Eva Herman selbst vermutet wurde [300]:

> Wenn einer schon unten liegt, dann sollte man für die Quote und das gute Gewissen ruhig noch einmal kräftig nachtreten.

Ich bin geneigt, bei einigen damals in den Medien veröffentlichten feministischen Stellungnahmen von einem Zivilisationsbruch zu sprechen.

Bereits vor dem eigentlichen Skandal ist Eva Herman vorgeworfen worden, sich für ein rückwärtsgewandtes Familienmodell und biologistisch begründete Geschlechterrollen einzusetzen. Das mag alles sein. Verboten ist so etwas jedenfalls nicht. Allerdings ist das aktuelle gleichheitsfeministische Familienmodell (das sogenannte *Vereinbarkeitsmodell*, siehe Seite 133) letztlich kein bisschen weniger rückwärtsgewandt, da es auf der vom patriarchalischen Ernährermodell übernommenen Wirtschaftsfunktion der Familie beruht, gemäß der die Eltern die Mittel für sich und ihre Kinder selbst zu erwirtschaften haben. Hinzu kommt, dass es eine Arbeitsteilung, die sich insbesondere bei größeren Familien seit vielen Tausenden Jahren bewährt hat, durch eine normative paritätische Aufteilung von Familienarbeit unter den Geschlechtern wieder aufzuheben versucht. Es ist auch in dieser Hinsicht rückwärtsgewandt.

Was allerdings noch viel schwerer wiegt, ist seine ungemeine Erfolglosigkeit. Wie aus *Abbildung 3* auf Seite 124 und *Abbildung 4* auf Seite 125 hervorgeht, haben deutsche (überwiegend gleichberechtigt lebende) Frauen seit Anfang der 1970er Jahre kaum jemals mehr als 600.000 Kinder pro Jahr in die Welt gesetzt. Schwankungen in diesen Zahlen wurden fast ausschließlich durch die jeweiligen Jahrgangsstärken verursacht. Die Fertilitätsrate verharrte hartnäckig bei Werten um 1,45 Kinder pro Frau. Das ist viel zu wenig.

Leider wurde das Problem viel zu lange ignoriert und regelrecht ausgesessen. Der von Alice Schwarzer in einem SPIEGEL-Interview aus 2006 als Antwort auf Eva Hermans Thesen geäußerte Satz, dass sie die niedrigen deutschen Geburtenraten „nicht die Bohne“ interessiere [301], war im Grunde ein Affront gegen die nächste Generation.

Sollte das Problem nicht endlich ernsthaft angegangen und gelöst werden – ein wirksames, matriarchalisch fundiertes Konzept wurde im vorliegenden Buch einmal mehr vorgestellt –, dann wird der deutschen Bundesregierung wohl nichts anderes übrig bleiben, als die Schleusen für Migranten noch weiter zu öffnen und einen Großteil der zukünftigen Bevölkerungsreproduktion auf Zuwanderung statt Eigenreproduktion (Familien, Aufziehen von Kindern) beruhen zu lassen [302]. Die Mehrheit dieser zusätzlich benötigten Menschen dürfte dann aber aus patriarchalisch organisierten Ländern kommen, in denen der Islam die mitgliederstärkste Religion ist, denn vor allem in solchen Herkunftsländern werden noch ausreichend viele Menschen „produziert", um den zukünftigen Menschenbedarf Europas zu decken. Sowohl die Formulierung als auch Entstehungsgeschichte des globalen UN-Migrationspaktes zur „sicheren, regulären und geordneten Migration" [303] scheinen anzudeuten, dass die Politik dies nicht viel anders sieht.

Migration hat es in der Geschichte der Menschheit schon immer gegeben und sie wird es – zumindest in einem begrenzten Ausmaß – auch in Zukunft weiterhin geben (müssen). Massenhafte Wanderungsbewegungen stehen jedoch im Widerspruch zur Zivilisation, deren Voraussetzungen und Fundamente die menschliche Sesshaftigkeit und das Prinzip der Unverletzlichkeit individueller Verfügungsrechte an Ressourcen sind [304]. Anders gesagt: Zivilisierte Menschen sind keine Heuschreckenschwärme, sondern sesshaft. Und sie respektieren vorhandene Verfügungsrechte an Ressourcen. Sie nehmen nicht ungefragt das in Anspruch, was andere bereits in Besitz genommen haben.

Genau darin bleibt der UN-Migrationspakt jedoch völlig unspezifisch. In einem zivilisatorischen Sinne wäre unter „regulärer" Migration eine Einwanderung zu verstehen, die auf Einladung des Ziellandes erfolgt (bei der der Migrant folglich mit Aufenthaltstitel einreist und die Verfügungsrechte des Ziellandes an seinem Hoheitsgebiet respektiert) [305], keineswegs jedoch die illegale Einwanderung in ein Land. Letztere stellt in Deutschland eine Straftat dar. Der Migrationspakt lässt offen, ob illegale Einwanderungen in seinem Sinne ebenfalls „reguläre" Migrationen sein können beziehungsweise sind.

Gelegentlich wird behauptet, Massenmigration sei eine zwangsläufige Begleiterscheinung der Globalisierung, aus diesem Grund ließe sie sich auch nicht aufhalten. Globalisierung bedeutet in der Praxis jedoch vor allem die Internationalisierung von Kapital, Information, Waren und Dienstleistungen.

Die Menschen dagegen sollten – von relativ wenigen Ausnahmen einmal abgesehen – in der Regel dort bleiben, wo sie bereits sind. Alles andere wäre auch viel zu ineffizient. Aus diesem Grund verhält es sich in Organismen (Mehrzellern) nicht anders: Die Zellen verbleiben an ihren angestammten Positionen. Was wandert, sind Energie und Information.

Was könnte aber sonst getan werden? Ein funktionierender, öffentlich diskutierter Ansatz zur Lösung des demografischen Problems gleichberechtigter Gesellschaften per Eigenreproduktion ist nicht in Sicht, und zwar allein schon deshalb, weil der den öffentlichen Diskurs in der Familienfrage dominierende Gleichheitsfeminismus bislang noch jeden alternativen Ansatz mit kruden Argumenten, theatralischem Auftreten und Mobbingattacken systematisch bekämpft hat. Vom Nazi-Argument bis zum wenig durchdachten Spruch, dass es bereits genug Menschen auf der Erde gibt, war im Grunde alles dabei.

Wenn wir so weitermachen wie bislang, wird auch in unserer Gesellschaft die Gleichberechtigung der Geschlechter wieder dem Patriarchat weichen müssen. Die Kulmination der Emanzipation der Frauen dürfte dann der Schleier sein, der sich über sie legt. Allein schon deshalb verstand ich die ganze Aufgeregtheit der durch Eva Hermans Werke irritierten Feministinnen nicht: Im Grunde hat sie lediglich vor einer Entwicklung gewarnt, die die Emanzipation der Frauen zwangsläufig beenden wird. Und die Verantwortung dafür tragen die jetzt lebenden Gleichheitsfeministinnen, die zu ihrer Zeit nicht einsehen wollten, dass eine soziale Maßnahme nur so gut ist, wie sich mit ihr das gesellschaftliche Humanvermögen (die Summe aller menschlichen Kompetenzen einer Gesellschaft) über die Generationen hinweg schützen und entwickeln lässt. Genau dazu ist aber die bislang propagierte Geschlechtergleichberechtigung mit dem mit ihr einhergehenden, wenig durchdachten familialen *Vereinbarkeitsmodell* nicht in der Lage. Wer daran Zweifel äußerte, wurde mit überwiegend unfairen Mitteln niedergekämpft und aus dem Weg geräumt.

Im Patriarchat konnte es sich der Staat noch leisten, die Bevölkerungsreproduktion der eigenen Bevölkerung zu überlassen. „Kinder kriegen die Leute immer", war einer der bekannteren Sprüche Konrad Adenauers. Was allzu viele aber bislang übersehen oder vielleicht erst gar nicht verstanden haben: Unter der Gleichberechtigung mutiert die Bevölkerungsreproduktion zur Staatsaufgabe. Neben der Gewährleistung der inneren Sicherheit und dem Schutz vor Not (Sozialstaat), gehört die Bewahrung und Entwicklung des Humanvermögens über die Generationengrenzen hinweg dann zu den vordringlichsten Aufgaben des Staates. Von selbst wird sich die Aufgabe unter der Gleichberechtigung der Geschlechter jedenfalls nicht erledigen. Sie muss gesteuert werden.

Eine Konsequenz daraus ist, dass das Familienministerium zwangsläufig zu einem der wichtigsten und mit besonders viel Geld ausgestatteten Ministerien ausgebaut werden muss. Stattdessen wird es seit 50 Jahren praktisch wie ein Nebenkriegsschauplatz für „Gedöhns" auf geradezu amateurhafte Weise betrieben, ganz so als lebten wir noch mitten im Patriarchat und „die Leute kriegten die Kinder immer". Außer Kristina Schröder vielleicht sah ich in den letzten 50 Jahren keine einzige Familienministerin im Amt, die den Eindruck vermittelte, sie könnte den zukünftigen Anforderungen gewachsen sein.

Wie konnte es denn überhaupt passieren, dass dieses Problem seit bald 50 Jahren so wenig Aufmerksamkeit erlangt, obwohl es im Begriff ist, unsere Gesellschaft restlos zu zerstören? Und wie hätte ein Unternehmen von Weltmaßstab auf eine vergleichbare, seine gesamte langfristige Existenz bedrohende Situation reagiert?

Die Antwort ist leicht zu geben: Die meisten Unternehmen hätten in einer solchen existenziellen Krise zunächst ein Strategieprojekt gestartet, um die bedrohliche Situation von allen Seiten her zu beleuchten.

Ein solches Strategieprojekt möchte ich auch der Bundesrepublik Deutschland ans Herz legen. Und zwar nicht auf Partei-Ebene, mit Wirtschaftslobbyisten, jede Menge Sozialwissenschaftlern und der Bertelsmann-Stiftung, sondern mit Personen, die nachweislich lösungsorientiert arbeiten können, insbesondere Mathematiker, Naturwissenschaftler, zum Teil Nobelpreisträger, Ingenieure, Ökonomen. Sozialwissenschaftler könnten ebenfalls ihre Analysen und Thesen beisteuern, in den Entscheidungsprozessen sollten sie jedoch deutlich unterrepräsentiert sein. Das gleiche gilt für Vertreter der Familienverbände: Interessenvertreter hätten in dem Projekt zunächst einmal nichts zu suchen. Zudem wäre sicherzustellen, dass mindestens 50% aller Teilnehmer männlich sind, schließlich geht es darum, zukünftige Entwicklungen zu prognostizieren, die Ursachen der vorhandenen Probleme herauszufinden und pragmatische und funktionierende Lösungen zu entwickeln und vorzuschlagen, und nicht irgendwelchen Ideologien nachzurennen, die nachweislich schon mindestens einhundert Mal gescheitert sind.

Allem voran hätte das Projekt die Frage zu beantworten, wie sich eine Gesellschaft, in der Männer und Frauen gleichberechtigt sind, nachhaltig reproduzieren kann. Ich bin mir ziemlich sicher, dass in einem solchen Projekt eine pragmatische, funktionierende Lösung gefunden würde. Und dass sie dem *Familienmanager-Konzept* sehr stark ähneln würde, das im Kapitel *Senta Berger bei Kerner* ab Seite 120 kurz vorgestellt wurde.

In Debatten musste ich immer wieder feststellen, dass sehr viele Menschen eine sonderbare Vorstellung von Wirtschaft haben, so als ob sie einfach da ist und den Menschen Arbeit gibt oder auch nicht. Wirtschaft entsteht jedoch dadurch, dass Menschen Ideen haben, einige vielleicht im technologischen Bereich, andere im geschäftlichen. Das gilt übrigens auch für Ideen zur Erreichung der Klimaziele. Wenn solche Menschen in Zukunft aber erst gar nicht mehr geboren werden, dann dürfte es in Zukunft weder eine leistungsfähige deutsche Wirtschaft noch innovative Maßnahmen zur Milderung des Klimawandels geben. Es sei denn, Deutschland mutiert innerhalb der EU zu einer Art Ausbeuterstaat, der einen Großteil der nutzbaren Humankompetenzen der anderen Mitgliedsstaaten gewissermaßen wie ein Magnet ansaugt und die Herkunftsländer auf diese Weise kolonialisiert. Eine nachhaltige Bevölkerungsreproduktion ist auch aus diesem Grund unerlässlich.

Ich verstehe in diesem Zusammenhang auch einen Großteil der Zeitungsverleger nicht. Was ihre Redakteure sich heute gelegentlich zusammenschreiben, ist langfristig für sie geschäftsschädigend. Wenn die Bildungsschicht nur vergleichsweise wenige Kinder bekommt (bei einem hohen Kinderlosenanteil), gering gebildete Schichten dafür aber deutlich mehr, und die zahlenmäßig fehlenden Menschen durch überwiegend gering gebildete Zuwanderer ersetzt werden, dann werden ihren Produkten langfristig die Leser entzogen.

Für einen Großteil der Journalisten war Thilo Sarrazins Satz „Mehr Kinder von den Klugen, bevor es zu spät ist“ eine rechtspopulistische, eugenische oder gar sozialdarwinistische Äußerung. Genau das war sie aber nicht. Dennoch wurde sie von den Massenmedien, in denen sich ein Großteil der Journalisten zur absurden, und durch keinerlei wissenschaftliche Erkenntnisse gestützten Gleichheitsideologie bekennt, mehrheitlich bekämpft. Das ist fast so, als würde ein Maserati-Verkäufer mit Hammer und Sichel oder Che Guevara-Bild auf dem T-Shirt potenzielle Kunden beraten.

Und ist den Politikern der bürgerlichen Parteien wirklich nicht bewusst, dass ein Großteil des politischen Denkens in der Bundesrepublik Deutschland längst auf der problematischen sozialwissenschaftlichen Gleichheitsideologie – einem im Grunde zutiefst kommunistischen Konzept – basiert? Gemäß der Grundannahme dieser Ideologie beruhen die Unterschiede zwischen den Menschen fast ausschließlich auf sozialen, ökonomischen oder politischen, nicht aber biologischen Unterschieden. Demnach hätte es auch keine negativen Auswirkungen für die nächste Generation, wenn die Bildungs- und Mittelschicht pro Kopf deutlich weniger Kinder bekommt als gering gebildete Menschen, da aus den Kindern der Letzteren mit den geeigneten Bildungsmaßnahmen im Mittel angeblich genauso kompetente, leistungsfähige und sozialisierte Erwachsene gemacht werden könnten wie aus den Kindern der Gebildeten. Bedauerlicherweise sprechen die wissenschaftlichen Ergebnisse sehr klar dagegen [306]. Zumal dabei auch noch ignoriert wird, dass niemand einfach so gebildet werden kann. Stattdessen muss die Bildungsanstrengung vom Auszubildenden selbst gewollt und erbracht werden.

Die Gleichheitsideologie war auch der entscheidende Grund für die journalistischen und politischen Attacken gegen Thilo Sarrazins Buch *Deutschland schafft sich ab*. Sarrazin hatte unter anderem behauptet, dass die Intelligenzunterschiede zwischen den Menschen zu nennenswerten Anteilen anlagebedingt sind. Dies ist zwar eine der empirisch am besten belegtesten Aussagen in den gesamten Humanwissenschaften, sie steht jedoch im Widerspruch zur in den Medien und der politischen Linken auf breiteste Anerkennung stoßenden Gleichheitsideologie, folglich wurde sie systematisch bekämpft.

Die Gleichheitsideologie trägt auch die maßgebliche Verantwortung dafür, dass das Bildungsniveau unter den Kindern in Deutschland sinkt, dass Kinder immer mehr gesundheitliche Defizite aufweisen [307], und dass Zuwanderung mittlerweile als vollwertiger Ersatz für eigenen Nachwuchs angesehen wird. Kurzum: Die Gleichheitsideologie ist maßgeblich dafür verantwortlich, dass sich Deutschland sukzessive selbst abschafft.

Ist das den bürgerlichen Parteien bewusst? Ist den Politikern der entsprechenden Parteien bekannt, dass die deutsche Wirtschaft zwar einerseits marktwirtschaftlich organisiert ist, im gesamten reproduktiven Bereich (Bevölkerungsreproduktion, Familie, Nachwuchs, Schulbildung, Migration, …) jedoch eine vom Kern her kommunistische Ideologie dominiert, deren Grundannahme es ist, dass Menschen über keine nennenswerten analagebedingten Potenziale verfügen? Und dass auch alle Frauenquoten implizit davon ausgehen, dass selbst bei Spitzenanforderungen keine statistisch signifikanten messbaren Unterschiede zwischen den Geschlechtern bestehen? Und dies trotz der Tatsache, dass es nur deshalb einen separaten Frauensport gibt, weil alle Welt vom genauen Gegenteil ausgeht?

Im Zentrum der Auseinandersetzungen um Eva Herman und Thilo Sarrazin stand in beiden Fällen die soziologische Gleichheitsideologie. Eva Herman nahm an, dass es persönlichkeitsbestimmende biologisch bedingte Unterschiede zwischen den Geschlechtern gibt, Thilo Sarrazin, dass die Menschen bei der Geburt nicht allesamt gleich sind, sondern unterschiedliche anlagebedingte Potenziale besitzen, die sich unter anderem in einer unterschiedlichen Bildungsfähigkeit ausdrücken können. Aus wissenschaftlicher Sicht hatten beide recht, seitens der Medien und der politischen Linken wurden sie jedoch bekämpft, da in ihren Reihen das Dogma der Gleichheitsideologie regiert.

Ähnliches gilt für den modernen Kampf gegen Rassismus und „rechts". Fundament dieses Kampfes ist einmal mehr die Gleichheitsideologie. Bürgerliche, auf den Wissenschaften und der Evolutionstheorie beruhende Positionen, die davon ausgehen, dass Menschen allesamt über unterschiedliche anlagebedingte Potenziale verfügen und somit von Natur aus verschieden und gewissermaßen einzigartige Individuen statt beliebig formbaren Biomassen sind – und genau deshalb vor dem Gesetz gleich behandelt werden müssen und auch gleiche Chancen besitzen sollten –, sollen sukzessive bekämpft, zurückgedrängt und eliminiert werden. Kristina Schröders Einschätzung, dass der Kampf gegen rechts auf die bürgerliche Mitte zielt [308], ist meines Erachtens absolut zutreffend.

Die Auseinandersetzung mit den Vorstellungen Eva Hermans war gewissermaßen die Blaupause für einen solchen Kampf. Seitdem laufen auch alle sonstigen Auseinandersetzungen „gegen rechts" nach dem an Eva Herman statuiertem Exempel ab: Nicht die Meinung wird attackiert, sondern die meinende Person höchstpersönlich selbst, indem ihre Gedankengänge mit dem Nationalsozialismus in Verbindung gebracht werden. Als die ersten Attacken von Alice Schwarzer und Thea Dorn gegen Eva Herman nicht richtig zünden wollten, wurde der damaligen Tagesschausprecherin von der Journalistin Barbara Möller kurzerhand ein Nazi-Lob angedichtet.

Wie im vorliegenden Buch gezeigt wurde, ließen Eva Hermans Worte auf ihrer Arche Noah-Pressekonferenz „im Gesamtzusammenhang betrachtet, gemessen an Wortwahl, Kontext der Gedankenführung und Stoßrichtung", nicht die Deutung zu, die Barbara Möller ihr beigemessen hatte. Da die Journalistin des Hamburger Abendblattes aber schon unmittelbar nach der Pressekonferenz hätte wissen müssen, dass ihre ganz spezielle Deutung für die betroffene Person ehrverletzend war und auch gefährlich sein konnte, war ihr Verhalten aus ethischer Sicht in höchstem Maße bedenklich. Vor der Veröffentlichung einer solchen Unterstellung hätte sie sich zunächst bei Eva Herman und gegebenenfalls dem Sender RTL (hinsichtlich des Mitschnitts) rückversichern müssen. Es war nicht die Aufgabe Eva Hermans, jeden Satz auf ihrer Pressekonferenz druckfertig zu formulieren, wer kann das schon? Stattdessen lag es an Barbara Möller, das auf der Pressekonferenz Gesagte inhaltlich möglichst korrekt wiederzugeben und nicht etwas ganz anderes, auf gar keinen Fall jedoch ein nicht belegtes Nazi-Lob.

Es deutet einiges darauf hin, dass auch der „Kampf gegen rechts" im Anschluss an die Chemnitzer Vorfälle auf der Grundlage einer Fälschung geführt wurde.

Als Konsequenz aus dem Fall Eva Herman sind meiner Meinung nach die folgenden Forderungen zu stellen:

- Eva Herman ist vollständig und öffentlich zu rehabilitieren.

- Die wesentlichen Akteure des Skandals sollten sich bei ihr persönlich für das Unrecht, das ihr angetan wurde, entschuldigen. Dazu zählen nach meinem Verständnis zumindest Barbara Möller, Alice Schwarzer, Thea Dorn, alle Teilnehmer der damaligen Kerner-Talkshow, der damalige Bild am Sonntag-Chefredakteur und etliche Personen des NDR (unter anderem Volker Herres).

- Es sollte eine neutrale Instanz geschaffen werden, die bei entsprechenden Medienattacken von den betroffenen Personen angerufen werden kann.

- Das willkürliche Verknüpfen von Meinungen mit Nazibegriffen sollte unter Strafe gestellt werden.

- Der Staat sollte dafür Sorge tragen, dass Meinungen in Deutschland wieder öffentlich so geäußert werden können, wie es John Stuart Mill (siehe seine Sätze zum Schutz vor *dominierenden Mehrheitsmeinungen* auf Seite 197) bereits vor langer Zeit angedacht hatte. Verstöße gegen die von Mill genannten Prinzipien wären zu ahnden. In einer echten Demokratie sollte es keine Rolle spielen, ob allen anderen Menschen die Meinungen einer Person gefallen, ob ihnen diese Meinungen krude erscheinen, ob sie das Weltbild der Person für antiquiert halten oder was auch immer: Die Person muss in der Lage sein, Meinungen, die anderen keinen Schaden zufügen, ohne Angst vor Repressalien durch den Staat oder sonstigen Gruppierungen zu äußern.

299 Herman, Eva (2010): Die Wahrheit und ihr Preis. Meinung, Macht und Medien. Rottenburg: Kopp, S. 250

300 Herman, Eva (2010): Die Wahrheit und ihr Preis. Meinung, Macht und Medien. Rottenburg: Kopp, S. 250

301 DER SPIEGEL 22/2006: „Panik im Patriarchat", Interview mit Alice Schwarzer, 29.05.2006, http://www.spiegel.de/spiegel/print/d-47074011.html

302 Die Zuwanderung nach Deutschland im Rahmen der Flüchtlingskrise 2015/6 ist von Anfang an auch demografisch begründet worden, beispielsweise von Katrin Göring-Eckardt (Die Grünen) im Juni 2016: „Die Einwanderer bezahlen die Renten derjenigen, die in Dresden auf die Straße gehen und gegen Asylbewerber und Einwanderer demonstrieren."
https://www.youtube.com/watch?v=MirQM_B9wvc&t=94

303 http://www.un.org/depts/german/migration/A.CONF.231.3.pdf

304 Siehe Mersch, Peter (2019): Was ist Leben? Mit den Augen eines Systemtheoretikers betrachtet. Reiskirchen: Independently Published
Unabhängig davon birgt Massenmigration auch erhebliche globale gesundheitliche Risiken. Epidemien könnten sich gegebenenfalls in rasender Geschwindigkeit über die ganze Erde ausbreiten, auch dorthin, wo die Menschen noch keine Abwehrkräfte gegen den Erreger ausgebildet haben.

305 http://www.faz.net/aktuell/wirtschaft/mayers-weltwirtschaft/f-a-s-kolumnist-thomas-mayer-ueber-migration-und-wohlstand-15884133.html

306 Und nicht nur wissenschaftliche Erkenntnis spricht dagegen, sondern das in unserer Gesellschaft Beobachtbare ebenso. Beispielsweise ergab eine von der Universität Bielefeld im Auftrag der DAK-Gesundheit durchgeführte und im August 2018 veröffentlichte Vollauswertung aller Daten der bei der DAK-Krankenkasse versicherten 580.000 Kinder und ihrer 426.000 Eltern, dass die Gesundheit

von Kindern in Deutschland in starkem Maße von der Bildung der Eltern abhängt, und zwar in einem weit stärkeren Maße als vom zur Verfügung stehenden Familieneinkommen. Die Bildung der Eltern war letztlich entscheidend. Man könnte es auf die einfache Formel bringen: Von Hartz IV lebende, akademisch ausgebildete Alleinerziehende hatten im Mittel gesündere Kinder (weniger Zahnfäule, weniger Übergewicht, weniger Diabetes II) als über mehr Einkommen verfügende gering gebildete Eltern. Die Ergebnisse lassen sich mit der Gleichheitsideologie nicht erklären.
https://www.zeit.de/wissen/gesundheit/2018-08/kinder-und-jugendreport-gesundheit-kinder-bildungsstatus-karies-uebergewicht
https://www.aerztezeitung.de/politik_gesellschaft/praevention/article/970299/dak-analyse-bildung-eltern-beeinflusst-gesundheit-kinder.html
Zudem lässt sich seit Jahrzehnten in Deutschland beobachten, dass auch Bildungsabschlüsse von „Generation zu Generation vererbt werden", wie es in einem Artikel des Stern vom 26.06.2013 mit dem Titel „Studenten in Deutschland: Akademikerkinder dominieren weiter die Hochschulen", der anlässlich der Veröffentlichung der 20. Sozialerhebung des Deutschen Studentenwerkes (DSW) veröffentlicht wurde, ausgedrückt wurde
(https://www.stern.de/panorama/gesellschaft/studentenin-deutschland-akademikerkinder-dominieren-weiter-die-hochschulen-3801290.html).
So heißt es unter anderem in dem Artikel: „‚Das Thema Chancengerechtigkeit bleibt eine wichtige Herausforderung der Bildungspolitik in den nächsten Jahren' sagt der Parlamentarische Bildungs-Staatssekretär Thomas Rachel (CDU) zu der kaum veränderten sozialen Zusammensetzung der Studentenschaft. Von 100 Akademikerkindern in Deutschland studieren 77, von 100 Nicht-Akademikerkindern nur 23. ‚Gute Hochschulbildung bleibt ein Privileg der höheren Schichten, akademische Abschlüsse werden weiterhin von Generation zu Generation vererbt', kommentiert die neue Vize-Vorsitzende des Deutschen Gewerkschaftsbundes, Elke Hannack, dieses Ergebnis der Sozialerhebung."
Die beiden im Artikel zitierten Aussagen beruhen auf der soziologischen Gleichheitsideologie. Wird hingegen – den wissenschaftlichen Ergebnissen entsprechend – davon ausgegangen, dass Eltern wesentliche (zum Teil auch biologisch bedingte) Kompetenzen an ihre Kinder weitergeben, dann entlarven sich beide Aussagen schlagartig als unsinnig und linkspopulistisch.

307 Etwa per Nürnberger Trichter:
https://de.wikipedia.org/wiki/N%C3%BCrnberger_Trichter

308 Schröder, Kristina: Der „Kampf gegen rechts" zielt auf die bürgerliche Mitte. WELT 24.11.2018, https://www.welt.de/debatte/kommentare/plus181283652/Kristina-Schroeder-Der-Kampf-gegen-rechts-zielt-auf-die-buergerliche-Mitte.html

LITERATUR

[1] Bertram, Hans/Rösler, Wiebke/Ehlert, Nancy (2005): Nachhaltige Familienpolitik. Zukunftssicherung durch einen Dreiklang von Zeitpolitik, finanzieller Transferpolitik und Infrastrukturpolitik. Berlin: Bundesministerium für Familie, Senioren, Frauen und Jugend

[2] Betzig, Laura L. (1986): Despotism and Differential Reproduction. A Darwinian View of History. New York, NY: Aldine Publishing Company

[3] Boll, Christina/Bonin, Holger/Gerlach, Irene/Hank, Karsten/Laß, Inga/Nehrkorn-Ludwig, Marc-André/Reich, Nora/Reuß, Karsten/Schnabel, Reinhold/Schneider, Ann Kristin/Stichnoth, Holger/Wilke, Christina B. (2013): Geburten und Kinderwünsche in Deutschland. Bestandsaufnahme, Einflussfaktoren und Datenquellen – Gutachten im Auftrag der Prognos AG für das Bundesministerium der Finanzen und das Bundesministerium für Familie, Senioren, Frauen und Jugend. Mannheim: ZEW

[4] Clark, Gregory (2014): The Son Also Rises. Surnames and the History of Social Mobility. Princeton, NJ: Princeton University Press

[5] Friedan, Betty (1998): It Changed My Life: Writings on the Women's Movement. Boston: Harvard University Press

[6] Hakim, Catherine (2005): Work-Lifestyle Choices in the 21st Century. Preference Theory. Oxford: Oxford University Press

[7] Herman, Eva (2006): Das Eva-Prinzip. Für eine neue Weiblichkeit. München/Zürich: Pendo

[8] Herman, Eva (2007): Das Prinzip Arche Noah. Warum wir die Familie retten müssen. München/Zürich: Pendo

[9] Herman, Eva (2010): Die Wahrheit und ihr Preis. Meinung, Macht und Medien. Rottenburg: Kopp

[10] Hoffmann, Arne (2007): Der Fall Eva Herman. Hexenjagd in den Medien. Grevenbroich: Lichtschlag

[11] Höhn, Charlotte/Ette, Andreas/Ruckdeschel, Kerstin/Grothe, Friederike (2006): Kinderwünsche in Deutschland. Konsequenzen für eine nachhaltige Familienpolitik. Wiesbaden: Bundesinstitut für Bevölkerungsforschung/Robert Bosch Stiftung

[12] Hopcroft, Rosemary L. (2006): Sex, status, and reproductive success in the contemporary United States; In: Evolution and Human Behaviour, 27, 104-112

[13] Kambouri, Tania (2015): Deutschland im Blaulicht. Notruf einer Polizistin. München: Piper

[14] Kant, Immanuel (1784): Was ist Aufklärung? In: Berlinische Monatsschrift 4 (1784), S. 481-494

[15] Klein, Doreen (2006): Zum Kinderwunsch von Kinderlosen in Ost- und Westdeutschland; In:

BiB, Materialien zur Bevölkerungswissenschaft (2006), Heft 11

[16] Kuhla, Karoline (2017): Fake News. Hamburg: Carlsen

[17] Longman, Phillip (2004): The Empty Cradle. How Falling Birthrates Threaten World Prosperity and What to Do about It. New York, NY: Basic Books

[18] Lucke, Albrecht von (2008): 68 oder neues Biedermeier. Der Kampf um die Deutungsmacht. Berlin: Verlag Klaus Wagenbach

[19] Mersch, Peter (2016): Familie als Beruf. Erstauflage 2008. Norderstedt: Books on Demand

[20] Mersch, Peter (2017): Die Familienmanagerin. Kindererziehung und Bevölkerungspolitik in Wissensgesellschaften. Erstauflage 2006. Norderstedt: Books on Demand

[21] Mersch, Peter (2017): Das Migrations- und Kriminalverhalten von Ausländern. Norderstedt: Books on Demand

[22] Mersch, Peter (2018): Hurra, wir werden Unterschicht! Zur Theorie der gesellschaftlichen Reproduktion. Erstauflage 2007. Norderstedt: Books on Demand

[23] Mersch, Peter (2019): Was ist Leben? Mit den Augen eines Systemtheoretikers betrachtet. Reiskirchen: Independently Published

[24] Mersch, Peter (2019): Wie sich Deutschland noch retten lässt. (im Erscheinen)

[25] Meyer, Thomas (2013): Die Unbelangbaren. Wie politische Journalisten mitregieren. Frankfurt am Main: Suhrkamp

[26] Miegel, Meinhard/Wahl, Stefanie (1994): Das Ende des Individualismus. Die Kultur des Westens zerstört sich selbst, München: mvg Verlag

[27] Mill, John Stuart (1974): Über die Freiheit. Stuttgart: Reclam

[28] Murray, Douglas (2018): Der Selbstmord Europas. Immigration, Identität, Islam. München: FinanzBuch Verlag

[29] Myers, David G. (2010): Psychology. New York, NY: Worth Publishers

[30] Noelle-Neumann, Elisabeth (1980): Die Schweigespirale. Öffentliche Meinung – unsere soziale Haut. München: Langen Müller

[31] Popper, Karl R. (2002): Logik der Forschung. Tübingen: Mohr Siebeck

[32] Reich, Wilhelm (1971): Die Massenpsychologie des Faschismus. Erweiterte und revidierte Fassung, Köln: Kiepenheuer & Witsch; Originalausgabe Kopenhagen: 1933

[33] Roessing, Thomas (2011): Schweigespirale. Baden-Baden: Nomos

[34] Sarrazin, Thilo (2010): Deutschland schafft sich ab. Wie wir unser Land aufs Spiel setzen. München: Deutsche Verlags-Anstalt

[35] Schwarzer, Alice (2002): Der kleine Unterschied und seine großen Folgen. Frankfurt: Fischer Taschenbuch

[36] Schwarzer, Alice (Hrsg.) (2002): Man wird nicht als Frau geboren, 2. Auflage. Köln: Kiepenheuer & Witsch

[37] Stearns, Stephen C./Hoekstra, Rolf F. (2005): Evolution. An introduction. Oxford: Oxford University Press

[38] Träger, Jutta (2007): Neue Wege familialer Arbeitsteilung. Neuorientierung in der Familienpolitik? in: Auth, Diana/Holland-Cunz, Barbara (Hrsg.): Grenzen der Bevölkerungspolitik. Strategien und Diskurse demographischer Steuerung. Opladen: Verlag Barbara Budrich

[39] Voland, Eckart (2000): Grundriss der Soziobiologie. Heidelberg: Spektrum Akademischer Verlag

[40] Wippermann, Wolfgang (2008): Autobahn zum Mutterkreuz. Historikerstreit der schweigenden Mehrheit. Berlin: Rotbuch

ÜBER DEN AUTOR

Peter Mersch, Jahrgang 1949, ist Systemanalytiker und Zukunftsforscher. Seine Forschungsschwerpunkte liegen in den Gebieten Migräne, Evolutionstheorie, soziokulturelle Evolution, Demografie und Soziologie.

Von ihm stammen die Systemische Evolutionstheorie, das Familienmanager-Konzept und die energetische Migränetheorie.

Daneben beschäftigt er sich mit den Ursachen der Übergewichts- und Demenzepidemie. Auch dazu hat er eigene theoretische und praktische Konzepte vorgelegt.